भारत का अनकहा इतिहास

आक्रांता, क्रूरता और षड्यंत्र

भारत का अनकहा इतिहास

आक्रांता, क्रूरता और षड्यंत्र

रघु हरि डालमिया

प्रकाशक

प्रभात प्रकाशन प्रा. लि.

4/19 आसफ अली रोड, नई दिल्ली-110002

फोन : 011-23289777 • हेल्पलाइन नं. : 7827007777

इ-मेल : prabhatbooks@gmail.com ❖ वेब ठिकाना : www.prabhatbooks.com

संस्करण

2025

पेपरबैक मूल्य

चार सौ रुपए

मुद्रक

आर-टेक ऑफसेट प्रिंटर्स, दिल्ली

———— ★ ————

AAKRANTA, KROORTA AUR SHADYANTRA

by Shri Raghu Hari Dalmia

Published by **PRABHAT PRAKASHAN PVT. LTD.**

4/19 Asaf Ali Road, New Delhi-110002

ISBN 978-93-5562-583-0

₹ 400.00 (PB)

अपनी बात

इस्लाम के जन्म के 100 वर्षों के भीतर तत्कालीन ईसाई धर्म के दो-तिहाई भाग, संपूर्ण फारसी और यहूदी भूमि पर विजय प्राप्त कर ली गई, लेकिन हिंदू मातृभूमि आज भी स्वतंत्र है, इसका कारण सनातनी हिंदू हैं, जिन्होंने विपरीत परिस्थितियों में भी आत्मसमर्पण नहीं किया, अंतिम साँस तक लड़े, कर्तव्य पथ से कभी डिगे नहीं। यदि किसी कारणवश असहज भी हुए तो पूरे जोश के साथ पुनः मोर्चा सँभाला, उन्हें ज्ञात था कि स्वातंत्र्य की रक्षा के लिए कोई भी कठिनाई असहनीय नहीं है।

भारत का अनकहा इतिहास शृंखला की हमारी दूसरी पुस्तक 'मेवाड़ एवं मराठाओं की सहस्र वर्षों की शौर्यगाथा' प्रकाशित हुई, जिसमें चित्तौड़ के सिसोदिया वंश के वीरों बप्पा रावल से लेकर राणा राज सिंह तक के शौर्य की कहानियाँ हैं, वहीं दूसरी ओर मराठा इतिहास के कालजयी व्यक्तित्व छत्रपति शिवाजी महाराज से लेकर संभाजी महाराज और अंत में अन्य मराठाओं के शौर्य और पराक्रम शामिल हैं, जिन्होंने औरंगजेब और बाद में मुगलों से युद्ध किया। समय आने पर करीब-करीब संपूर्ण भारत मराठा साम्राज्य के अंतर्गत था। इसी समय अंग्रेजों का भारत में पदार्पण हुआ। अब अंग्रेज भी मराठाओं से निरंतर युद्धरत थे। पूर्व में प्रकाशित अपनी दूसरी पुस्तक में हम स्पष्ट कर चुके हैं कि अंग्रेजों ने भारत की सत्ता मुगलों से नहीं, बल्कि मराठाओं से हासिल की। उसके पश्चात् अंग्रेजों ने लगभग 200 वर्षों तक भारत पर शासन कर हमारी सभ्यता और संस्कृति को नष्ट करने के साथ-साथ हमारी धन-संपदा को भी लूटा।

गांधी से लेकर सावरकर, पटेल, नेताजी से लेकर नेहरू और उससे भी आगे के भारतीयों की कहानियाँ हमारी भारत का अनकहा इतिहास शृंखला की पहली पुस्तक 'राजनीति की खुलती परतें' में बताई गई हैं। जहाँ हमने स्पष्ट किया कि हमने अपनी स्वतंत्रता कैसे प्राप्त की··· ?

अब उस दौर में वापस चलते हैं, जब अरब आक्रांता भारत पर आक्रमण कर

हमारी धन-संपदा को लूटने आए थे, क्योंकि हमारा देश धन-वैभव-संपन्नता के लिए प्रसिद्ध था। दुनिया हमें सोने की चिड़िया कहती थी।

इस पुस्तक की कहानी पैगंबर मुहम्मद से प्रारंभ होती है, जिनका जन्म अरब के एक कबीले में हुआ था। उन्होंने अनेक साहसिक कार्य कर अपने अनुयायियों के साथ इस्लाम को एक मजहब के रूप में स्थापित किया। यहाँ तक कि जहाँ भी आवश्यकता पड़ी, उन्होंने तलवार के जोर पर भी मजहब को स्थापित किया, जब तक कि उनकी मृत्यु 632 ई. में नहीं हो गई। उसके बाद 'खलीफा' की स्थापना हुई, जिसने फिर से इस्लाम को नए क्षेत्रों में फैलाया।

7वीं शताब्दी के अंत में उन्होंने हमारे संसाधनों को लूटने के उद्देश्य से भारत में प्रवेश करने का प्रयास किया, किंतु विभिन्न हिंदू राजाओं की संयुक्त सेना की ताकत से उन्हें बार-बार खदेड़ दिया गया। आखिरकार 712 ई. में मुहम्मद बिन कासिम सिंध में घुसने में सफल हो गया। उसने भारत की धन-संपदा को लूटकर महिलाओं के साथ बलात्कार किया, पुरुषों और बच्चों को गुलाम बनाकर वापस ले गया।

हालाँकि लगभग 25 साल बाद जब कासिम की मृत्यु के पश्चात् उसका उत्तराधिकारी जुनैद-अल-मर्री भारत आया तो उसे बप्पा रावल ने बेरहमी से खदेड़ दिया। यह कहानी हमारी पुस्तक 'मेवाड़ एवं मराठाओं के सहस्र वर्षों की शौर्यगाथा' में विस्तार से बताई गई है। मुसलमान भारत पुनः आने से इतना डरते थे कि अगले आक्रमण के लिए 300 साल लग गए, जब महमूद गजनवी 11वीं शताब्दी के आरंभ से 17 बार भारत आया। आखिरकार सोमनाथ पर आक्रमण करने के चार साल बाद उसकी मृत्यु हो गई।

मुहम्मद गोरी लगभग 200 साल बाद आया, उसने पृथ्वीराज चौहान को छल से हराया और अपने सेनापति कुतुबुद्दीन ऐबक को दिल्ली में शासन करने के लिए छोड़ दिया। और तब आरंभ हुआ भारत में हिंदुओं का अनवरत शोषण, महिलाओं का बलात्कार, जीवन के हर चरण में हर दिन अपमान, मंदिरों को लूटना, उन्हें नष्ट करना और उन पर मसजिदें बनाना। आने वाला प्रत्येक वंश पिछले वंशों से एक कदम आगे था, मानो अधिक से अधिक क्रूर बनने की होड़ में शामिल होना हो।

गुलाम वंश, खिलजी वंश, तुगलक वंश, सैयद वंश, लोदी वंश, मुगल वंश, सूरी वंश और फिर से मुगल वंश। मुगल वंश का राज तो 1757 के आसपास समाप्त हो गया था, जब ब्रिटिश राज ने अपना अधिकार जमा लिया था। उस वंश के अंतिम राजा बहादुर शाह जफर का राज्य 1857 के युद्ध के बाद समाप्त हुआ।

अकबर महान्! ऐसा ही हमें बचपन से पढ़ाया गया, किंतु यह महज एक कुत्सित धारणा थी, जो हिंदुओं को नीचा दिखाने के लिए और इस्लाम वंशों

को श्रेष्ठ सिद्ध करने के लिए किया गया। उसकी क्रूरता का वर्णन इस पुस्तक में किया गया है।

औरंगजेब ने तो क्रूरता की हद पार कर दी थी, किंतु उसकी क्रूरता को इतिहास के पन्नों में कम करके बहुत सलीके से प्रस्तुत किया गया। गुरु तेगबहादुरजी और उनके साथियों के साथ औरंगजेब की बर्बरतापूर्ण हत्या के सच को छिपाया गया। दक्षिण में संभाजी महाराज को कैसे 40 दिनों तक यातना देकर मारा गया? उसकी कहानी में यह सब पूरा उजागर किया गया है।

इस्लाम के आने के पहले हमारा भारत कैसा था, सैकड़ों दशकों के मुसलिम शासन के बावजूद भारत का सनातन धर्म ज्यों-का-त्यों बना रहा, जबकि बाकी बहुत से देश पूर्ण रूप से मुसलिम हो गए। इसका क्या कारण था? इस विषय पर भी प्रकाश डालने की चेष्टा की गई है।

पुस्तक के द्वितीय खंड में जिहाद का मूल चरित्र में बताया गया है कि कैसे मजहब के ठेकेदारों ने जिहाद शब्द का गलत प्रयोग कर देश-दुनिया के अन्य धर्मों में आस्था रखने वालों की अस्मिता के साथ खिलवाड़ किया।

'जिहाद' का आविर्भाव भले ही मुसलिम समाज को एकजुट होने के लिए किया गया था, किंतु मुसलिम समाज ने एक अलग ही प्रकार के जिहाद को अंगीकार कर लिया है, जिसका सीधा सा अर्थ है हिंदुओं को प्रताड़ित करना, चाहे वह जनसंख्या के माध्यम से हो, आर्थिक षड्यंत्र से हो या फिर अजान, नमाज और हिंदू बहन-बेटियों को बहला-फुसलाकार उनका जबरन धर्म-परिवर्तन करके हो।

क्या इन सब षड्यंत्रों के चलते हिंदू-मुसलिम एकता का तराना गाया जा सकता है? आप स्वयं विचार करें…!

तृतीय खंड में देश में हुए हिंदू नरसंहार का वर्णन कई फाइलों के रूप में संदर्भित किया गया है, जिनमें मरीचझापी, पटना, कोलकाता और मोपला एवं कश्मीर जैसे स्थानों पर हुए नरसंहार की कहानी बताई गई है। इसमें से 'पटना फाइल', 'नोआखाली फाइल', 'मोपला फाइल', 'कोलकाता फाइल', 'ब्राह्मण दंगे' पर शोधपूर्ण लेख श्री प्रखर श्रीवास्तव द्वारा लिखे गए हैं। इस हेतु प्रखरजी का हार्दिक आभारी हूँ।

चतुर्थ खंड में हिंदुओं में स्व का आविर्भाव किस प्रकार हो, इसके लिए हिंदू जागरण और हिंदू एकता जैसे विषयों पर विचार किया गया है, जिससे हमारी भविष्य की पीढ़ियाँ घृणित कुचक्रों से सावधान हो सकें। ये दोनों अध्याय श्री विवेक मिश्र द्वारा लिखे गए हैं।

—रघु हरि डालमिया

अनुक्रम

अपनी बात 5

खंड-1
इस्लाम के पहले और बाद का भारत

1. पैगंबर मुहम्मद 13
2. इस्लाम से पहले भारत 22
3. इस्लामी आक्रमण और सल्तनत काल 30
4. मुगल 44
5. औरंगजेब 62
6. उत्तरवर्ती मुगल शासक (औरंगजेब के पश्चात्) 76
7. हिंदुओं का अस्तित्व 88

खंड-2
जिहाद का मूल चरित्र

1. जनसंख्या जिहाद 95
2. आर्थिक जिहाद 99
3. हिजाब जिहाद 102
4. अजान जिहाद 104
5. नमाज जिहाद 107
6. जमीन जिहाद 110
7. लव जिहाद 114
8. फिल्म जिहाद 117
9. विक्टिम जिहाद 120
10. डायरेक्ट जिहाद 123

खंड-3
हिंदू नरसंहार

1. मोपला फाइल 129
2. कोलकाता फाइल 137
3. नोआखाली फाइल 143
4. पटना फाइल 150
5. पूर्वी पाकिस्तान फाइल 155
6. रजाकार फाइल 163
7. मरीचझापी फाइल 168
8. कश्मीर फाइल 172

खंड-4
हिंदुओं में स्व का आविर्भाव

1. हिंदू जागरण 181
2. हिंदू एकता 186

खंड-1

इस्लाम के पहले और बाद का भारत

1
पैगंबर मुहम्मद

15 अगस्त!...

यों तो यह तारीख हमें उन वीर-वीरांगनाओं का स्मरण कराती है, जिन्होंने भारतीय स्वाधीनता के लिए अपने प्राणों की आहुति दे दी।

किंतु वर्ष 2021 ई. में इसी दिन 20 वर्षों की लंबी अवधि के पश्चात् अमरीकी सेना अफगानिस्तान की धरती से पलायन कर गई। जनता द्वारा चुनी गई लोकतांत्रिक सरकार को अपदस्थ करते हुए तालिबान ने पूरे अफगानिस्तान पर कब्जा कर लिया।

इस्लामिक सत्ता को स्थापित करने के लिए शरिया कानून लागू किया गया और इसी के साथ शुरू हुई अफगानिस्तान के धार्मिक, सामाजिक एवं आर्थिक ताने-बाने के विध्वंस की कहानी!

- लड़कियों की स्कूली शिक्षा को प्रतिबंधित कर दिया गया।
- महिलाओं के ब्यूटी पार्लर जाने पर पाबंदी लगा दी गई।
- अकेले यात्रा करने से उन्हें वंचित कर दिया गया।
- संगीत को प्रतिबंधित कर दिया गया।
- महिला टी.वी. एंकरों को अपना सिर ढकना अनिवार्य कर दिया गया।
- दुकानों एवं मॉल में लगे पुतलों के सिर कलम करवा दिए गए।
- 50 प्रतिशत पत्रकारों की नौकरी चली गई।
- कामकाजी महिलाओं की संख्या नगण्य हो गई।

अब प्रश्न यह उठता है कि 21वीं सदी के इस दौर में जिस इस्लामिक अधिसत्ता की स्थापना के पीछे इन रूढ़िवादी एवं दकियानूसी मानसिकता को बलपूर्वक लागू करने का प्रयास किया जा रहा है वो आखिर है क्या?

आइए, इस अध्याय में हम चर्चा करते हैं कि किस प्रकार इस्लाम की उत्पत्ति हुई और इस्लामिक अधिसत्ता का विस्तार किया गया...।

पैगंबर मुहम्मद

मुहम्मद साहब का जन्म 570 ई. में अरब के रेगिस्तानी शहर मक्का में कुरैश जनजाति में हुआ था। मक्का व्यापार के दो प्रमुख मार्गों के मध्य स्थित एक महत्त्वपूर्ण शहर था, जो शीघ्र ही तत्कालीन शक्तियों द्वारा नियंत्रित किया जाने वाला केंद्र बन गया। मुहम्मद साहब ने 25 वर्ष की आयु में मक्का की चालीस वर्षीय अमीर व्यवसायी महिला से शादी कर ली। पहले वह अपने कबीले के बहुदेवतावादी धर्म के अनुसार मूर्ति पूजा का पालन करते थे, किंतु शादी के पश्चात् अपनी पत्नी और उनके चचेरे भाई-बहन के प्रभाव के कारण उनकी यहूदी और ईसाई धर्मशास्त्र की ओर रुचि बढ़ गई।

उन्होंने अपने दादा की तरह मक्का के पास स्थित हीरा पर्वत की गुफा में ध्यान (Meditation) लगाना शुरू किया, जो कि उपवास के माह के दौरान एक आम प्रथा थी। उन्होंने 15 वर्षों तक ध्यान किया। क्योंकि वे Moses की कहानी से प्रेरित थे, उनका परिवार भी इसमें शामिल होता था। वह अकसर अपने ध्यान के अंतिम काल में यहूदी रब्बाइयों और ईसाई पादरियों से मिलते थे। ऐसा माना जाता है कि वह सार्वजनिक दृष्टि से दूर एक ईश्वरवादी धर्मशास्त्र से परिचित हुए। वह संभवत: मूर्तिपूजकों को एक—ईश्वरवादी—विचार का प्रचार करने के लिए स्वयं को तैयार कर रहे थे।

मक्का में उनका प्रारंभिक मिशन

एक दिन ध्यान अवस्था के दौरान उन्होंने कुछ आवाजें सुनीं, जिससे वो घबराकर पसीना-पसीना हो गए, किंतु उनकी पत्नी और चचेरे भाई वारका ने उन्हें विश्वास दिलाया कि Moses की ही तरह ईश्वर ने उनसे भी बात की है।

उन्होंने अपने शुरुआती विचार यहूदियों से प्राप्त किए, एक यहूदी रबी से उनकी मित्रता थी, उसने मुहम्मद साहब को यहूदी परंपराओं और धर्मग्रंथों के बारे में समझाया और वे बाइबिल की टिप्पणियों के अध्ययन के लिए उनके मक्का स्थित घर जाते थे। कुरान 46:10 में हम कुरान और यहूदी शास्त्रों के मध्य समझौते को देख सकते हैं। मुहम्मद साहब मूर्तिपूजकों के बीच एक ईश्वरवादी दर्शन पर उपदेश दे रहे थे। उन्होंने यहूदियों के कई रीति-रिवाजों को अपनाया जिसमें उपवास रखना, खतना करना और प्रार्थना करने के लिए यरूशलम की ओर मुड़ना आदि थे। इस अवस्था में लोग उन्हें पैगंबर कहने लगे और कालांतर में वे पैगंबर मुहम्मद या हजरत मुहम्मद के नाम से जाने गए।

तीन वर्ष तक पैगंबर मुहम्मद अपने करीबी दोस्तों और सहयोगियों के मध्य

प्रचार करते रहे। उन्होंने दावा किया कि काबा उनके ईश्वर (अल्लाह) का मूल घर था। उन्होंने मक्का के लोगों से मूर्तिपूजा छोड़ने और उनके पंथ का पालन करने का आग्रह किया। इससे उनके ही समुदाय के लोग उनके विरुद्ध हो गए। उस समय मक्का के लोग कई तरह के देवताओं का पूजन करते थे, जिनकी मूर्तियाँ मक्का में स्थापित थीं।

15 वर्षों के प्रचार के पश्चात् भी वह केवल 100-150 लोगों को ही अपना अनुयायी बना पाए। उनके विद्रोही विचारों को उनके समुदाय ने पसंद नहीं किया और उन्हें मक्का से निष्कासित कर दिया जिसके पश्चात् उन्होंने 622 ई. में मदीना में शरण ली।

मदीना

जब मुहम्मद साहब मदीना शरण लेने पहुँचे तो वहाँ यहूदियों के तीन कबीले थे। उस समय पैगंबर मुहम्मद शक्ति में कमजोर थे, उन्होंने मदीना में दावा किया कि मैं वही दूत हूँ जिसका आप इंतजार कर रहे थे। यहूदियों ने उनके इस दावे को नकार दिया, जिसके पश्चात् मुहम्मद साहब चुप रहे।

यहूदियों के तीन प्रसिद्ध कवियों ने मुहम्मद साहब के दावों के विरुद्ध व्यंग्यात्मक कविताएँ लिखीं। मुहम्मद साहब ने एक-एक करके उन सभी को मार डाला, किंतु यहूदी चुप रहे।

मदीना एक बहुसांस्कृतिक और सर्वदेशीय शहर था। यह तब भी था, जब वहाँ शांति दूत होने का दावा करने वाला कोई नहीं था। पैगंबर के आने से पहले वहाँ पूर्णरूप से शांति थी।

तीनों लड़ाइयों में, जिसके बारे में आगे बताया जाएगा, उन्होंने यहूदियों को उनके घरों से बाहर निकाल दिया और उन्हें वहाँ से कुछ भी नहीं लेने दिया।

तीसरी लड़ाई बिना किसी परिणाम के समाप्त हो गई थी इसलिए वह वापस मदीना पहुँचे और वहाँ की अंतिम जनजाति को आत्मसमर्पण करने के लिए कहा और बिना किसी विरोध के यहूदियों ने आत्मसमर्पण कर दिया। उन्होंने युवा लड़कों और वयस्कों को मार डाला, महिलाओं और बच्चों को गुलाम बना लिया और उन्हें अपनी नवगठित सेना (जिन्हें शांति सैनिक कहा जाता था) में बाँट दिया।

अब यही स्थिति वर्तमान भारत में देखिए जहाँ कैराना के हिंदुओं ने अपने घर खाली कर दिए और उनके पास कोई खरीदार नहीं था। वे अपने घरों से बिना एक पैसा लिए निकल गए। सैकड़ों वर्षों से लोगों के सहज समर्पण की प्रवृत्ति रही है, इसलिए आक्रमणकारियों के लिए उन पर विजय पाना आसान हो जाता है।

जब उन्होंने मदीना में उपदेश देना शुरू किया तो इसका धनी यहूदी समुदाय पर बुरा प्रभाव पड़ा, इसलिए उन्होंने विशेष रूप से उन्हें समझाने के लिए बनाई गई आयतों को प्रस्तुत करना शुरू किया।

उन्होंने कहा जो लोग कुरान को मानते हैं, जिनमें ईसाई, यहूदी आदि शामिल हैं, उन्हें ईश्वर के पास उनका इनाम मिलेगा, उन्हें डरने या शोक करने की जरूरत नहीं होगी। (कुरान 2:62, 22:17)

जल्द ही मूर्तिपूजक जनजाति के कई नागरिक उनके मिशन में शामिल हो गए। एक वर्ष के भीतर कबीलों के साथ उनकी संधि मदीना का संविधान बन गई। उन्होंने इन लोगों को मुसलमान कहा। इस संधि में विशेष रूप से कुरैश जनजाति के प्रति हिंसक मंशा थी। यह जनजाति हिंसक तरीकों के पक्ष में नहीं थी इसलिए अल्लाह ने धार्मिक कर्तव्य के रूप में लड़ाई को मंजूरी देने वाली आयतें भेजीं और कुरैश से लड़ने के लिए यह ईश्वरीय आदेश बन गईं।

पैगंबर मुहम्मद ने कुरैश को दुष्ट, पापी और नीच कहा (कुरान 56:46), जिन्हें अल्लाह की हिदायत के मुताबिक आग और खौलते पानी में फेंक दिया जाएगा। (कुरान 56:41-42)

अल्लाह की राह में उनसे लड़ो जो तुमसे लड़ते हैं, लेकिन हद नहीं देखो (No Limits) (कुरान 2:190) और उन्हें जहाँ कहीं भी पकड़ो मार डालो, उनका वध कर उन्हें उनके धर्म से आजाद कर दो। (कुरान 2:191)

हिंसा के प्रति उनकी अरुचि के कारण ये आयतें किसी को भी प्रेरित करने के लिए पर्याप्त नहीं थीं। इसलिए अल्लाह मुसलमानों के लिए एक बाध्यकारी कर्तव्य बनाने के लिए नई आयतें लेकर आया। (कुरान 2:216)

अल्लाह नई आयतों के साथ आया, जिसमें लड़ना मुसलमानों का बाध्यकारी कर्तव्य बना दिया। भले ही उन्हें यह पसंद न हो पर यह उनकी अपनी भलाई के लिए था। (कुरान 8:17)

जब जिहाद ने बेगुनाहों की जान लेना शुरू किया तो अल्लाह ने मुसलमानों का गुनाह माफ कर दिया जैसा कि उन्होंने कहा—तुमने उन्हें नहीं मारा, यह अल्लाह ने किया था। (कुरान 8:17)

अल्लाह ने मुसलमानों को जिहाद के लिए अपनी सारी शक्ति और संसाधनों का निवेश करने के लिए प्रोत्साहित किया और साथ ही उन्हें पूरा भुगतान करने का वादा किया। हिंसा के लिए ईश्वरीय आज्ञा के साथ पैगंबर मुहम्मद ने फरवरी 623 ई. में पहले जिहाद हमले (गजवा) का आदेश दिया, किंतु कुछ असफल हमलों के पश्चात् उन्होंने स्वयं ही हमलों की कमान सँभालनी शुरू कर दी।

नखला की छापेमारी

जनवरी 624 ई. में पैगंबर मक्का के काफिले पर आक्रमण करने के लिए आए, आक्रांताओं ने अपना सिर मुँड़वाकर स्वयं को तीर्थयात्रियों के रूप में दिखाया, जिससे काफिले को किसी प्रकार के खतरे का आभास नहीं हुआ। जैसे ही वे करीब आए उन्होंने उस पर आक्रमण किया और धन लूट कर कैदियों के साथ मदीना लौट आए।

इस घटना से मदीना के नागरिकों और उनके शिष्यों में असंतोष फैल गया। पवित्र महीने में भी रक्तपात को सही ठहराने के लिए अल्लाह बचाव में आयतें लेकर आया। यह आयत मुसलमानों के बीच एक चेतावनी थी जो इस घटना से खुश नहीं थे, उन्हें बताया कि वे आग में जलेंगे और उनके जीवन का कोई मतलब नहीं होगा। (कुरान 2:217) इसलिए किसी भी समय कहीं भी किसी भी कारण से हत्या करना ईश्वरीय रूप से उचित हो गया।

इस आक्रमण से पहले पैगंबर मुहम्मद के समुदाय को अत्यधिक वित्तीय कठिनाइयों का सामना करना पड़ा था तो अल्लाह ने लूट के माल को मुसलमानों के लिए हलाल करार दे दिया। (कुरान 8:69)।

यह आजीविका के प्रमुख स्रोत के रूप में गैर-मुसलिमों से लूटपाट की शुरुआत थी।

जैसे ही यहूदियों ने इस्लाम अपनाने के उपदेशों को नजरअंदाज किया, यहूदियों के प्रति अल्लाह के स्वर और मुहम्मद के भाव बदलने लगे। पहले वह चाहते थे कि यरूशलम उनके धर्म का केंद्र हो किंतु बाद में अल्लाह ने नई दिशा दिखाई, जिसमें मक्का को केंद्रित किया गया। एक नया केंद्र होने के कारण उन्होंने मक्का की ओर नमाज की दिशा बदल दी, जुम्मा को शनिवार की जगह शुक्रवार कर दिया और उपवास के नियमों को बदल दिया। (कुरान 2:144)

624 ई. में कुरैश के खिलाफ अपनी जीत के पश्चात् उन्होंने यहूदियों के खिलाफ अपनी तलवार उठा ली।

बद्र की लड़ाई

624 ई. में पैगंबर ने कुरैश के एक अमीर कारवाँ पर आक्रमण किया। उन्हें बचाने के लिए मक्का की सेना बद्र आई, किंतु गर्म रेगिस्तान में प्यासे मक्कावासियों को क्रूरतापूर्वक मौत के घाट उतार दिया गया। इसके कारण सबसे धनी यहूदी जनजाति बानू कुरैजा पर आक्रमण हुआ। उसने यहूदियों को सीरिया में निर्वासित कर दिया और उनकी संपत्तियों को लूट लिया। उसने बानू कुरैजा के लगभग 900

आदमियों को मार डाला और अपनी सेना से कहा कि दासों और धन पर कब्जा करना अल्लाह का काम है। (कुरान 33:26-27)।

ओहद की लड़ाई

625 ई. में मुहम्मद साहब ने मक्का के तीन और कारवाँ पर आक्रमण किया। कुरैश ने मदीना के उहुद में अपने 3,000 लड़ाकों के साथ 700 मुसलमानों के खिलाफ वापस लड़ने का फैसला किया। मुसलमान सैनिक भयभीत होकर युद्ध लड़ने से इंकार करने लगे, अब अल्लाह ने मुसलमानों को लड़ने के आदेश का पालन न करने के लिए दोषी ठहराते हुए आयतों की एक श्रृंखला भेजी (कुरान 3: 120-200) इसलिए वे लड़े, लेकिन हार गए।

5 महीने के पश्चात् उसने बानू नादिर जनजाति पर आक्रमण किया और उन्हें निर्वासित कर दिया, किंतु कुरैश के साथ विनाशकारी पराजय के पश्चात् उसने कुछ समय के लिए छापेमारी बंद कर दी। एक वर्ष के भीतर उन्होंने अपनी ताकत वापस पा ली और इस बार वे सफल रहे।

खाई की लड़ाई

627 ई. में कुरैश ने मुहम्मद के 3000 लोगों के खिलाफ पड़ोसी जनजातियों के साथ मिलकर 10,000 लोगों को इकट्ठा किया। जब कुरैश ने घेराबंदी की तो वे पैगंबर द्वारा बनाई गई खाई को पार करने में विफल रहे और उन्हें पीछे हटना पड़ा।

628 ई. में जैसे ही पैगंबर शक्तिशाली हुए, उन्होंने मक्का की ओर कूच किया। अपने विनाश को देखते हुए कुरैश ने 10 वर्ष की शांति संधि में प्रवेश किया किंतु पैगंबर ने 2 वर्ष के भीतर 10,000 आदमियों के साथ मक्का पर आक्रमण कर दिया।

कुरैश नेता अबू सुफियान इस मुद्दे को हल करने के लिए गया, लेकिन उसे खुद को अल्लाह के हवाले करने के लिए मजबूर होना पड़ा। अबू सुफियान ने हार स्वीकार की और कहा—'असलीम तसलाम' (यदि आप सुरक्षित रहना चाहते हैं तो मुसलमान बनें)। पैगंबर ने काबा की सभी मूर्तियों और अपने ही कबीले के देवताओं को नष्ट करने का आदेश दिया। केवल एक मूर्ति को छोड़कर जो आज भी वहाँ स्थापित है।

एजेंडा और इस्लाम फैलाने की रणनीति

मूर्तिपूजकों को जहाँ भी पाओ उनका कत्ल करो, उन्हें बंदी बनाओ और उन्हें घेर लो, अगर वे मुसलमान बन जाएँ तो उन्हें उनके रास्ते जाने दो। (अल्लाह, कुरान 9:5)

जिहाद में धर्मांतरण करवाना मुसलमानों का कर्तव्य है। यह दायित्व समय या स्थान की सीमा से परे है। यह तब तक जारी रहना चाहिए जब तक कि पूरी दुनिया इस्लाम धर्म को स्वीकार नहीं कर लेती। (बर्नार्ड लेविस, द पॉलिटिकल लैंग्वेज ऑफ इस्लाम, पृष्ठ 73)

मुसलमानों को दूसरे देशों के लोगों को इस्लाम की जानकारी देनी थी, लेकिन अन्य शासक इस्लाम की बातों की अनुमति नहीं देते थे। अतः पैगंबर ने पड़ोसी शासकों को इस्लाम में आमंत्रित करने के लिए पत्र भेजना शुरू कर दिया, अगर उन्होंने इस आवाहन को अस्वीकार कर दिया तो वे अपने लोगों को गुमराह कर रहे होंगे। इस तरह पैगंबर ने इस्लाम के लिए आसपास के देशों के साथ युद्ध शुरू कर दिया।

पैगंबर ने कमजोर लोगों को विदेशी शासन की गुलामी से मुक्त करने के लिए अल्लाह के निर्देश का भ्रम पैदा किया, किंतु कुरान स्वयं गुलामी की मंजूरी देता है और मुसलमान आक्रामक युद्धों द्वारा बचे युद्ध बंदियों को गुलाम बनाने के पक्षधर थे।

पैगंबर की मृत्यु और उसके बाद

जब मुहम्मद की मृत्यु हुई, तब तक मक्का और मदीना से सारे काफिर मौत के घाट उतार दिए गए थे। नबी ने पहले ही तलवार के बल पर अरब में नए इस्लामिक राज्य से मूर्तिपूजा को हटा दिया था।

पैगंबर की मृत्यु 632 ई. में हुई और उनके ससुर अबू बकर इस्लामिक राज्य के पहले खलीफा बने। 634 ई. में अबू बक्र की मृत्यु हो गई, जिसके पश्चात् दूसरा ससुर उमर अगला खलीफा बन गया। पैगंबर मुहम्मद की मृत्यु के पश्चात् जिन लोगों ने गदीर के मैदान में मुहम्मद के कहे अनुसार अली को उत्तराधिकारी माना और अपना इमाम स्वीकार कर लिया, वे लोग शिया कहलाए।

केवल 12 वर्षों की अवधि में तलवार के बल पर मक्का के काबलेश्वर महादेव (काबा) को छोड़कर सभी अरबवासियों का धर्मांतरण कर किसी भी तरह की मूर्तिपूजा का विध्वंस कर दिया गया।

- उमर ने 634 ई. से 644 ई. तक कई लड़ाइयाँ लड़ीं। फिलिस्तीन, लेबनान और जॉर्डन आदि को 634 ई. से 650 ई. के मध्य इस्लाम कबूल करने के लिए मजबूर कर दिया।
- 637 ई. में अरब सेना ने ईरान की राजधानी ससानिद पर कब्जा कर लिया। 641-42 ई. में उन्होंने ससानिद सेना को हराया। इसमें सवाद की समृद्ध भूमि, मध्य और दक्षिणी इराक में समृद्ध मैदान शामिल थे।

- 634-651 ई. के मध्य मात्र 16 वर्षों में मुसलमानों ने सभी फारसियों को बलपूर्वक धर्मांतरित कर दिया।
- 640 ई. में इस्लाम ने पहली बार मिस्र में कदम रखा और केवल 15 वर्षों में पूरे मिस्र को इस्लाम में धर्मांतरित होने के लिए मजबूर किया गया।
- उथमान (उस्मान बिन अफ्फान) 644 ई. में अगला खलीफा बना, उसने 647 ई. में साइप्रस पर विजय प्राप्त की और 654 ई. में इस्लाम को उत्तरी अफ्रीका में भी फैलाया, हालाँकि 656 ई. में उथमान भी मारा गया।
- मुहम्मद की मृत्यु के दो दशकों के पश्चात् मुसलिम समुदाय के बीच आंतरिक संघर्ष शुरू हो गया। पैगंबर के दामाद अली ने अन्य मुसलमानों के साथ 'ऊँट की लड़ाई' और 'सिफिन की लड़ाई' में मुहम्मद की पत्नी आयशा से युद्ध लड़ा। 661 ई. में अली की हत्या के पश्चात् अधिकांश मुसलिम समुदाय ने मुआविया को खलीफा घोषित किया। वह उमय्यद वंश का पहला खलीफा बना।
- अली के सबसे छोटे बेटे हुसैन ने मुआविया के बेटे और उत्तराधिकारी यजीद प्रथम के शासन और आदेशों को मानने से इंकार कर दिया और मक्का चला गया, जहाँ उन्हें शियाओं का नेतृत्व करने के लिए कहा गया, जिनमें से अधिकांश उस समय इराक में विद्रोह कर रहे थे।
- मुहर्रम को इस्लाम के पवित्र महीनों में से एक माना जाता है और इस दौरान युद्ध करना निषिद्ध है, किंतु इराक के कर्बला में हुसैन और उनके 200 पुरुष और महिला अनुयायियों को लगभग 4,000 उमय्यद सैनिकों ने मुहर्रम के महीने में मार दिया। उमय्यद सैनिकों ने अपने सरदार के सामने हुसैन का सिर प्रस्तुत किया। 680 ई. में मुहर्रम के दसवें दिन हुसैन की मृत्यु सभी शियाओं के लिए शोक का दिन है।
- सबसे दर्दनाक सीरिया की कहानी है। मुसलिम सैनिकों ने अपनी पत्नियों को ईसाइयों के विरुद्ध युद्ध के मोर्चे पर लगा दिया। ये महिलाएँ अपनी सुरक्षा की गुहार लगाने के लिए ईसाइयों के पास गईं। ईसाइयों ने मूर्खता का प्रदर्शन किया और उन्हें शरण दे दी। रात में महिलाओं ने सभी ईसाइयों को बेरहमी से मरवा दिया। अल्जीरिया, ट्यूनीशिया और मोरक्को जैसे उत्तरी अफ्रीकी देशों को 640 ई. से 711 ई. तक पूरी तरह से इस्लाम में धर्मांतरित कर दिया गया।
- स्पेन पर 711 ई. में हमला हुआ और 730 ई. तक स्पेन की 70% आबादी मुसलिम हो गई।

- केवल 19 वर्षों में उमय्यद सेना ने कुछ योद्धाओं के साथ मार्च किया, 651 ई. में तुर्कों के प्रति जिहाद शुरू किया और 751 ई. तक बलपूर्वक सभी तुर्कों को इस्लाम में धर्मांतरित कर दिया गया।
- इंडोनेशिया के खिलाफ जिहाद 40 साल की अवधि में पूरा हुआ, 1260 ई. में मुसलमानों ने इंडोनेशिया के लोगों को लूटा और मार डाला। 1300 तक सभी इंडोनेशियाई लोगों को जबरन इस्लाम में धर्मांतरित कर दिया गया।
- 712 ई. में बिन कासिम भारत पर सफलतापूर्वक आक्रमण करने वाला पहला मुसलिम आक्रमणकारी बना। उसने सिंध में प्रवेश किया और निर्दयता से हिंदुओं को मारा, लूटा और गुलाम बना लिया।

संदर्भ सूची

- Islamic Jihad by MA Khan Chapter 3, p. 13-71, Chapter 4, p. 73-89
- Sharma SS 2004, Caliphs & Sultans: Religious Ideology and Political Praxis, p. 63-64, 144-45,
- Walker B 2002, Foundation of Islam, p. 37,44, 119-20
- Muir W 1894, The life of Mahomet, p. 62, 63, 80, 114, 129-30, 165, 225-28, 306-14, 348-65
- Ibid, p. 71-72, 111, 121-22, 165-67, 204, 289-314, 465
- Ibn Ishaq, p. 83, 121-22, 231-33, 287, 192-199,286-88, 306, 465-66, 500-09, 544
- The taking of Makkah, Ministry of Hajj (Saudi Arabia), www.hajniformation.com/main/b2109.htm

□

2

इस्लाम से पहले भारत

"चतुरधिकं शतमष्टगुणं द्वादशस्तथा सहस्त्रणाम्
आयुत्द्वयविष्कंभस्यासन्नो वृत्तपरिण:"

अर्थात्—"100 में 4 जोड़ें, 8 से गुणा करें और 62,000 जोड़ें। यह लगभग 20,000 व्यास वाले एक वृत्त की परिधि है।"

इस श्लोक से इसकी value निकलती है—

X=62832/20000=3.1416

यह श्लोक है 'आर्यभट्टीयम' नामक ग्रंथ का, जिसमें आर्यभट्ट ने पाई (π) का मान व्यक्त किया था। दरअसल उन्होंने ऋग्वेद के एक श्लोक से संकेत लिया है, जिसमें पाई का मान 32 दशमलव स्थानों तक सटीक बताया गया है। (जबकि पश्चिम के आधुनिक गणितज्ञ अभी तक पाई का मान दशमलव के बाद चार अंकों तक ही निकाल पाए हैं)

"गोपीभाग्य मधुव्रत: श्रृंगशोधि संगत:।
खलजीवितखातव ग्लहला रसन्धर:॥"

इन अक्षरों को उनके संगत अंकों के साथ प्रतिस्थापित करने पर हमें 'pi' (पाई) का मान 3.1415926535897932384626433832792 प्राप्त होता है।

कितनी आश्चर्यजनक बात है कि अध्यात्म से लेकर विज्ञान तक जीवन के प्रत्येक पहलू से अवगत कराने वाली प्राचीन भारत की महान् ज्ञान संपदा को स्वाधीनता के 75 वर्षों पश्चात् भी पिछड़ा और रूढ़िवादी कहकर नकारने का कुत्सित प्रयास किया जा रहा है। आज आवश्यकता है कि हम वर्तमान पीढ़ी को अपने पूर्वजों द्वारा कठोर परिश्रम से अर्जित किए गए ज्ञान से अवगत कराएँ।

आइए, जानते हैं श्लोकों के रूप में व्यक्त की गई उस प्राचीन भारतीय ज्ञान संपदा के बारे में जो पश्चिमी जगत् के आधुनिक विज्ञान से भी उन्नत थी।

भारत का इतिहास हजारों वर्ष पुराना है, समय की गणना के अनुसार मेरे अनुमान से लाखों वर्ष पुराना है।

प्राचीन काल में भारत को विश्वगुरु माना जाता था। विश्व भर में व्याप्त ज्ञान, संस्कृति और व्यापार की समृद्ध परंपराओं का केंद्र भारत था। भारत ज्ञान का प्रतीक था। उन दिनों के ऋषि ज्ञान के प्रतीक थे, वे महान् विचारक और दार्शनिक होने के साथ-साथ आध्यात्मिक गुरु भी थे। वर्षों के कठोर परिश्रम से प्राप्त इस ज्ञान की महान् संपदा को वेदों, उपनिषदों आदि ग्रंथों में उल्लेखित किया गया। उन्होंने जीवन, स्वयं की समग्र समझ के साथ-साथ सत्य और मुक्ति का ज्ञान भी प्रदान किया।

ब्रह्मांड, खगोल विज्ञान, गणित आदि के रहस्यों में उनकी गहरी अंतर्दृष्टि ने भारतीय ज्ञान परंपरा की नींव रखी। यह ज्ञान का वह पावन स्रोत था, जिसने अध्ययन के विभिन्न क्षेत्रों के विकास को बढ़ावा दिया और भारत की समृद्धि की नींव रखी।

समय रेखाएँ (कालखंड)

भारतीय पद्धति में समय की गणना कम-से-कम 4 अरब 32 करोड़ वर्ष से भी अधिक तक जाती है। हालाँकि अपनी चर्चा के लिए हम एक अलग प्रणाली पर कायम हैं। चार युग हैं—सतयुग, त्रेता, द्वापर और कलियुग। आइए! हम इन युगों की काल अवधि पर चर्चा को आगे बढ़ाते हैं।

(1) सतयुग

सतयुग का कालखंड 17,28,000 वर्ष था। यही वह काल था, जब ऋग्वेद की स्थापना हुई। उन दिनों ज्ञान केवल श्रवण के माध्यम से गुरु से शिष्य तक पहुँचाया जाता था। व्यवस्था ऐसी थी कि ध्यान और जप के माध्यम से विद्यार्थियों के लिए हजारों श्लोकों को सीखना, समझना और याद करना आसान हो जाता था। यह प्रक्रिया पीढ़ी-दर-पीढ़ी चलती रहती थी। लिखित ग्रंथ बहुत बाद में आए। (किंतु जैसा कि हमें पढ़ाया जाता है कि यह लगभग 3000 ईसा पूर्व का था, जो बिल्कुल गलत है।)

यह वह समय था, जब मनुष्य विभिन्न ग्रहों की यात्रा कर सकते थे, उच्चतर प्राणियों के साथ वार्त्तालाप कर सकते थे और उनके साथ गतिविधियों में प्रतिभागी बन सकते थे। निस्संदेह, केवल ऐसे मनुष्य ही ऐसा कर सकते थे, जिन्होंने मस्तिष्क का अत्यंत उच्च स्तर प्राप्त कर लिया हो।

यह अत्यंत उच्च स्तर के आदर्शों, अनुशासित व्यवहार और आध्यात्मिकता का काल था। इस प्रकार महान् गुरुओं की शिक्षाएँ छात्रों द्वारा आसानी से आत्मसात् कर ली गईं।

यह वह कालखंड था जिसमें हिरण्याक्ष, हिरण्यकशिपु जैसे राक्षस; ध्रुव, प्रह्लाद जैसे भक्त; महर्षि दधीचि, भृगु, कश्यप, अत्रि, मरीचि आदि कई महान् ऋषि हुए।

(2) त्रेतायुग

यह 12,96,000 वर्ष का काल था। अनुशासित व्यवहार, आदर्श और आध्यात्मिकता का स्तर अभी भी अत्यंत उच्च था, किंतु अब राक्षस पृथ्वी पर घूमते हुए ऋषियों को प्रताड़ित करने की कोशिश करने लगे थे, ताकि वे आध्यात्मिकता या विकास के उच्च स्तर को प्राप्त न कर सकें। हालाँकि ऋषियों को सक्षम राजाओं द्वारा संरक्षित किया जाता था। विभिन्न ग्रहों की यात्रा अभी भी संभव थी, राजा दशरथ इसका उदाहरण हैं।

यह सूर्य वंश का काल था, जब श्रीराम ने अयोध्या में जन्म लिया और राक्षस रावण का वध किया। (इस पावन कथा से हम सभी परिचित हैं।) हालाँकि ये राक्षस अत्यंत ज्ञानी थे, उन्होंने उच्च स्तर की आध्यात्मिकता प्राप्त कर ली थी, किंतु अपने अहंकार के कारण वे राक्षस बन गए थे और दूसरों पर अत्याचार किया करते थे। श्रीराम का काल काम-से-कम 10 लाख वर्ष पूर्व था।

इस कालखंड में वाल्मीकि, विश्वामित्र, वसिष्ठ, गौतम, अगस्त्य आदि महान् ऋषि हुए।

(3) द्वापरयुग

द्वापर 8,64,000 वर्ष का काल था। लोगों में आध्यात्मिकता, अनुशासित व्यवहार और आदर्शों का स्तर धीरे-धीरे क्षीण होता गया। पृथ्वी पर विचरण करते राक्षसों की संख्या बहुत अधिक हो गई थी, अब उनके द्वारा सामाजिक मानदंडों का भी पालन नहीं किया जाता था, यहाँ तक कि साधारण नागरिकों पर भी अत्याचार किया जाने लगा। हालाँकि हर जगह ऐसी स्थिति नहीं थी किंतु कंस, जरासंध जैसे राक्षसों के राज्यों में जनसाधारण पर किए जाने वाले अत्याचारों ने सभी पराकाष्ठाओं को पार कर दिया।

विभिन्न ग्रहों की यात्रा अभी भी संभव थी, भले ही ऐसा करने वाले लोगों की संख्या बहुत कम थी। अर्जुन इसका एक उदाहरण है।

यह श्रीकृष्ण के महाभारत का काल था, जब कौरवों और पांडवों के मध्य भयंकर युद्ध हुआ। यह वह काल भी था, जब अहंकार और अत्याचार त्रेतायुग से भी अधिक व्याप्त था। महाभारत और श्रीकृष्ण की कहानी से हम सभी भली-भाँति परिचित हैं। विभिन्न विशेषज्ञों द्वारा की गई गणनाओं के अनुसार महाभारत का युद्ध लगभग 5,000 से 8,000 वर्ष पूर्व हुआ था। इस कालखंड में व्यास, गर्ग आदि महान् ऋषि हुए।

(4) कलियुग

यह काल 4,32,000 वर्ष है। (विभिन्न विद्वानों के मतानुसार श्रीकृष्ण के इस धरती से चले जाने के पश्चात् ही कलियुग की शुरुआत हो गई थी।) यह जनसामान्य के बीच उच्चतम स्तर के अहंकार एवं स्वार्थ का युग है। यह वह समय है जब धन ने ज्ञान की तुलना में कहीं अधिक महत्त्वपूर्ण भूमिका निभाई, जैसा कि संस्कृत के एक श्लोक में उल्लेखित भी किया गया है—"सर्वे गुण: कंचनम आश्रयन्ते।"

यह काल अभी भी जारी है और इसने भारत में कई साम्राज्यों का उत्थान और पतन देखा है—उत्तर में नंद वंश एवं मौर्य वंश से लेकर गुप्त वंश आदि, पूर्व में अहोम वंश, दक्षिण में चोल, चालुक्य वंश आदि और साथ ही पश्चिम में भी कई।

सरस्वती सभ्यता

सरस्वती नदी हिमालय से निकलने वाली एक शक्तिशाली नदी थी, जो दक्षिण-पश्चिम में अरब सागर में गिरती थी। यह इतनी तेजस्वी थी कि कई स्थानों पर यह मीलों चौड़ी थी, यहाँ तक कि इसका दूसरा किनारा लोगों को दिखाई नहीं देता था।

इसका आरंभिक संदर्भ हमें ऋग्वेद में प्राप्त होता है अर्थात् यह कम-से-कम 20,000 वर्ष पूर्व प्रवाहित होती थी, पर मेरे अनुमान से लाखों वर्ष¨हालाँकि इसका अंतिम संदर्भ महाभारत के दौरान आता है, जहाँ इसे एक बहुत छोटी नदी के रूप में प्रदर्शित किया गया है।

सरस्वती नदी के किनारे पर ही भारत की अधिकांश सभ्यता विकसित हुई, हालाँकि भारत के पूर्व-पश्चिम के साथ-साथ दक्षिण में भी महान् सभ्यताएँ मौजूद थीं।

भारतीय ज्ञान परंपरा

भारतीय ज्ञान परंपरा के विकास की यात्रा अत्यंत लंबी है अर्थात् युगों पहले

प्रारंभ हुई भारतीय ज्ञान परंपरा के विकास की प्रक्रिया वर्तमान में भी अनवरत रूप से जारी है। आइए! इसे कुछ उदाहरणों के माध्यम से संक्षेप में समझते हैं—

मनुस्मृति

यह राजा व महर्षि मनु द्वारा लिखी गई थी। यह समाज की प्रणालियों और उसके शासनतंत्र पर एक ग्रंथ था। इस ग्रंथ से हमें स्पष्टत: ज्ञात होता है कि तत्कालीन समय में भी एक उच्च स्तरीय सभ्य समाज का अस्तित्व था।

वेद

संपूर्ण ज्ञान प्रणाली सतयुग के दौरान ऋग्वेद से शुरू होकर सामवेद, यजुर्वेद और अथर्ववेद विभिन्न उपनिषदों तक विभिन्न कालखंडों में अस्तित्व में आई। इन सभी ग्रंथों में हर प्रकार के ज्ञान एवं आध्यात्मिकता से लेकर सामाजिक मानदंड, खगोल विज्ञान, गणित, चिकित्सा व सर्जरी, भौतिकी, रसायन विज्ञान, धातु विज्ञान, वास्तुकला, निर्माण, मूर्तिकला और इसी तरह के शोध शामिल हैं।

खगोल विज्ञान

बिना किसी दूरबीन के हमने ग्रहों, तारों, उनकी दूरियों, उनके आकार, सूर्य एवं चंद्र ग्रहण, सूर्य के चारों ओर घूर्णन, अंडाकार पथ, पृथ्वी के चारों ओर चंद्रमा के घूर्णन व मनुष्यों पर उनके प्रभाव, ज्योतिष की उत्पत्ति एवं पंचांग के निर्माण के विषय में ज्ञान विकसित किया। पचांग का सूर्य सिद्धांत उपरोक्त विषयों का विवरण देने वाला एक अत्यंत प्रसिद्ध ग्रंथ है।

गणित

लोग कहते हैं कि शून्य की खोज भारत में शायद 500 या 600 ईसा पूर्व के आसपास हुई थी।

अब प्रश्न यह है कि क्या हजारों-लाखों वर्षों तक चलने वाली भारतीय समय गणना शून्य के बिना संभव हो सकती है ? निश्चित रूप से नहीं।

वास्तव में गणना के एक भाग के रूप में शून्य बहुत पहले से अस्तित्व में था किंतु 500 या 600 ईसा पूर्व के आसपास इसे पुनः परिभाषित किया गया।

गणित, खगोल विज्ञान और भौतिकी साथ-साथ चलते हैं इसलिए परस्पर आवश्यकता पड़ने पर इनका विकास एक साथ हुआ। गुरुत्वाकर्षण (Gravity) की खोज हुई, बीजगणित (Algebra) की खोज हुई, ज्यामिति (Geometry) और

त्रिकोणमिति (Trigonometry) की खोज हुई, दशमलव प्रणाली (Decimal System), वर्गमूल (Square Root), ऋणात्मक संख्याएँ (Negative Numbers) विभिन्न सतहों और आकृतियों के क्षेत्रफल (Area) और आयतन (Volume) आदि की सूची लंबी है।

इस ज्ञान के विकास में कई वैज्ञानिकों ने योगदान दिया, जैसे—ब्रह्मगुप्त, आर्यभट्ट, वराहमिहिर, भास्कराचार्य आदि।

रसायन विज्ञान और धातुकर्म

मानवीय क्षमता का विकास कर जीवन को बेहतर बनाने के लिए विभिन्न रसायनों और धातुओं पर कार्य किया गया और नए अनुप्रयोगों में सुधार किया गया। इनसे न केवल युद्ध में सहायता प्राप्त हुई, बल्कि विमान शास्त्र को विकसित करने के साथ-साथ समाज को बेहतर बनाने में भी सहायता मिली।

चिकित्सा

शल्य (सर्जरी) चिकित्सा, अच्छे स्वास्थ्य के लिए योग, ध्यान, रोग प्रतिरोधक क्षमता विकसित करना, सही खान-पान आदि के विषय में पतंजलि, चरक, सुश्रुत जैसे अनेक चिकित्सा वैज्ञानिकों के माध्यम से जानकारी प्राप्त हुई।

दर्शन, भाषा और साहित्य

चाणक्य, पाणिनि, गार्गी, कालिदास और वाल्मीकि जैसे कई अन्य विद्वानों ने इस क्षेत्र में व्यापक कार्य किया।

वास्तुकला

इसका सर्वश्रेष्ठ उदाहरण है हजारों वर्ष पूर्व निर्मित एलोरा का कैलाश मंदिर जिसे नीचे से ऊपर की बजाय एक ही चट्टान को ऊपर से नीचे की ओर काटकर बनाया गया था। यह विशाल मंदिर वर्तमान में भी भारत के मध्य भाग में विराजमान है।

तंजौर में स्थित बृहदेश्वर मंदिर की कोई नींव नहीं है और इसका गोपुरम् 80 टन के पत्थर का एक टुकड़ा है। वास्तुकला के ऐसे अनेक उदाहरण सर्वत्र बिखरे पड़े हैं। ये सभी उस इंजीनियरिंग कौशल को दरशाते हैं, जो उस समय भी मौजूद था।

शिक्षा के केंद्र

प्राचीन काल में ऋषियों ने आश्रम स्थापित किए थे। वास्तविकता यह है कि

ये न केवल आध्यात्मिक उन्नति के लिए थे, बल्कि विकास की प्रयोगशालाएँ थीं। ऊपर उल्लिखित सभी ज्ञान ऐसे ही विकासों का परिणाम थे। वहाँ अध्ययन वाले सभी विद्यार्थियों को उनकी रुचि के अनुसार विषय पढ़ाए जाते थे।

कालांतर में मंदिर शिक्षा के केंद्र बन गए। मंदिरों का निर्माण पृथ्वी में ऊर्जा की सघनता को ध्यान में रखकर किया जाता था। इस प्रकार मंदिर सकारात्मक ऊर्जा से भरपूर थे और आध्यात्मिक रूप से सीखने के साथ-साथ उपचार में भी सहायक थे। इस प्रकार अन्य विद्याओं के साथ-साथ कला और शास्त्रीय पद्धति का भी विकास हुआ।

कालांतर में विश्वविद्यालयों की स्थापना हुई और ये उच्च शिक्षा के महान् केंद्र बन गए। यह तब हुआ जब यूनान, फारस, चीन आदि देशों से विद्वान् सीखने और विशेषज्ञ बनने के लिए भारत आने लगे, तत्पश्चात् यहाँ से अर्जित ज्ञान को अपने देशों में ले गए। वहाँ से भारत का ज्ञान धीरे-धीरे, लेकिन लगातार पश्चिम तक फैल गया। यह क्रम कुछ इस प्रकार था—

- भारत ⟶ यूनान ⟶ पश्चिम
- भारत ⟶ यूनान ⟶ फारस ⟶ पश्चिम
- भारत ⟶ फारस ⟶ यूनान ⟶ पश्चिम
- भारत ⟶ फारस ⟶ पश्चिम

जैसा कि हमें ज्ञात है कि जब 1700 के दशक में पश्चिम ने भारत पर आक्रमण किया और हम पर शासन करना शुरू किया तो उन्होंने हमारी भाषा, हमारे इतिहास, हमारे ज्ञान, हमारी संस्कृति को खत्म कर दिया। हमें बताया कि हम मूर्ख एवं असभ्य थे और सारा ज्ञान पश्चिम से आया है। पश्चिम द्वारा किए गए इस दुष्प्रचार का ही परिणाम है कि वर्तमान में भारत की संपूर्ण शिक्षण प्रणाली अंग्रेजी में है। इतना ही नहीं, वर्तमान में भी किसी भी विषय पर हमें पश्चिमी विचारकों का ही उदाहरण दिया जाता है।

समृद्धि

भारत विश्व का सबसे समृद्ध क्षेत्र था। संपन्न अर्थव्यवस्था—कृषि, हस्तशिल्प; सोना, चाँदी, ताँबा, लोहा जैसे कीमती और अर्द्ध-कीमती पत्थरों; रेशम, कपास, ऊन आदि जैसे उच्च गुणवत्तायुक्त वस्त्रों के प्रचुर संसाधनों पर आधारित थी। इन सभी को अंतरराष्ट्रीय बाजार में अत्यधिक महत्त्व दिया गया था। गुणवत्तायुक्त मिट्टी के बरतनों, चीनीमिट्टी की चीजें और धातु के बरतनों के उत्पादन की हर जगह से माँग थी।

उच्च स्तरीय धातुकर्म प्रौद्योगिकी के कारण यहाँ बनी तलवारें आदि उत्तम गुणवत्ता की होती थीं। इस प्रकार अंतरराष्ट्रीय व्यापार पर भारत का प्रभुत्व हो गया और हम उच्च स्तरीय व्यापार के साथ बहुत समृद्ध हो गए।

हाल ही में केरल के पद्मनाभन मंदिर में इतनी बड़ी मात्रा में संपत्ति प्राप्त हुई है। एक अनुमान के अनुसार इसका मूल्य कम-से-कम 5 लाख करोड़ रुपए है। कल्पना कीजिए कि यह केवल एक ही मंदिर की बात है, संपूर्ण भारत में न जाने कितने ऐसे ही मंदिर मौजूद थे। ध्यान रहे, धन-संपदा केवल मंदिरों तक ही सीमित नहीं थी, बल्कि राजाओं और धनी परिवारों के पास भी थी।

ऐसा था—भारत का गौरव! जब अरबों की बुरी नजर हम पर पड़ी। यह एक ऐसी जगह थी, जहाँ लूटने और अपना खजाना भरने के लिए प्रचुर मात्रा में धन था। 7वीं शताब्दी के उत्तरार्ध में आक्रमण प्रारंभ हो गए, किंतु प्रारंभिक आक्रमण बुरी तरह विफल रहे। अंततः मुहम्मद बिन कासिम ने 712 ई. में सिंध पर आक्रमण किया, राजा दाहिर की हत्या कर दी, उन सभी पुरुषों की हत्या कर दी गई, जिन्होंने इस्लाम में परिवर्तित होने से इंकार कर दिया, सभी महिलाओं और बच्चों को बंदी बना लिया और वापस चला गया। 300 वर्षों के पश्चात् महमूद गजनवी ने भारत पर कई बार आक्रमण किया, अंत में सोमनाथ आया, सारा धन लूट लिया, कत्लेआम किया और महिलाओं एवं बच्चों को बंदी बना लिया, हमारे शिवलिंग को नष्ट कर दिया और एक मसजिद की सीढ़ियों के नीचे रख दिया। 1192 ई. में मुहम्मद गौरी ने आक्रमण किया, पृथ्वीराज को बंदी बना लिया और अपने गुलाम कुतुबुद्दीन ऐबक को उसकी ओर से भारत पर शासन करने के लिए छोड़ दिया।

संदर्भ सूची

- Srinivasan Chakrapani, Roots of modern science in ancient scriptures, Times of India, June 11, 2022
- माहेश्वरी, गोपाल, वर्ष प्रतिपदा हिंदू कालगणना के वैज्ञानिक तथ्य, सुरुचि प्रकाशन, मार्च 2019
- YAAJNASENI, Saraswati River As Described In Rig Veda Did Exist: What Latest Research Means For IVC And Aryan 'Invasion', Swarajya Portal, Dec 03, 2019
- Indian Knowledge System (https://iksindia.org)
- Astronomy, Britannica, June 17, 2024

□

3

इस्लामी आक्रमण और सल्तनत काल

नालंदा! 'सर्वजन हिताय सर्वजन सुखाय' की सनातन संस्कृति को प्रदर्शित करता विश्व का प्रथम विश्वविद्यालय जिसे एक मुसलिम आक्रांता द्वारा सिर्फ और सिर्फ इसलिए जला दिया गया, ताकि तार्किकता एवं वैज्ञानिक गुणों से सुशोभित महान् भारतीय ज्ञान परंपरा को जिहाद की कुत्सित विचारधारा से कुचला जा सके।

नालंदा विश्वविद्यालय की तीन महीनों तक जलती हुई पुस्तकों से उड़ता हुआ धुआँ प्रतीक था उस धर्मांधता एवं कट्टरपंथी सोच का जो विपरीत विचारधारा को समूल नष्ट कर मिटा देना चाहती है और संपूर्ण विश्व को गजवा-ए-हिंद के अंधकार से ढक देना चाहते हैं।

इस अध्याय में हम जानेंगे कि किस प्रकार दो पुत्रियों ने अपने पिता की मृत्यु का प्रतिशोध लिया। किस प्रकार सोमनाथ मंदिर को नष्ट करने वाले एक दुष्ट का भयंकर अंत हुआ और किस प्रकार एक घोड़े ने अपने कर्तव्य का पालन करते हुए अपनी अंतिम साँस तक अपने स्वामी की रक्षा की।

इतना ही नहीं, इस अध्याय में हम कुतुबमीनार की उस सच्चाई से भी परिचित होंगे जिसे अनेक वर्षों तक वामपंथी इतिहासकारों द्वारा छुपाए रखा गया।

पैगंबर मुहम्मद के निधन (632 ई.) के पश्चात् 662 ई. में अपनी विशाल सेना के साथ एक और खलीफा ने सिंध की ओर बढ़ने का दुस्साहस किया, किंतु जाटों के शौर्य एवं पराक्रम के सम्मुख उसे नतमस्तक होना पड़ा। इसके पश्चात् अगले 20 वर्षों तक सभी खलीफाओं ने भारत के खिलाफ लगातार अपने अभियान चलाए, किंतु भारतीय हिंदू राजाओं ने अपने युद्ध कौशल से इन सभी विदेशी आक्रांताओं के कुत्सित प्रयासों को असफल कर दिया।

708 ई. में अलहज्जाज ने अपनी सेना को देबल पर आक्रमण करने के लिए भेजा, किंतु इस युद्ध में भी उसे पराजय ही हाथ लगी। इतना ही नहीं, भारतीय

शूरवीरों ने उसके सेनापति को भी मौत के घाट उतार दिया। इस शर्मनाक पराजय के पश्चात् भयभीत खलीफा ने उसे आदेश दिया कि वह हिंद विजय की अपनी महत्त्वाकांक्षा भूल जाए। अलहज्जाज अत्यंत व्यथित हो गया। प्रतिशोध की आग में जल रहे अलहज्जाज ने अपने अधूरे स्वप्न को पूरा करने के लिए मुहम्मद बिन कासिम को तैयार करने का निश्चय किया।

मुहम्मद बिन कासिम (712-715 ई.)

देबल युद्ध में मिली पराजय के पश्चात् अगले चार वर्षों तक अलहज्जाज ने धीरे-धीरे कासिम को तैयार किया। अलहज्जाज के अधूरे स्वप्न को पूरा करने के लिए कासिम 712 ई. में मूल स्थान (मुल्तान) पहुँचा। उसने पीने के पानी की आपूर्ति अवरुद्ध कर जलस्रोतों को नष्ट कर दिया। विवश होकर स्थानीय लोगों को कासिम के सम्मुख बिना शर्त आत्मसमर्पण करना पड़ा।

इसके पश्चात् उसने देबल (मूल देवालय) पहुँचकर किले की घेराबंदी कर ली, किंतु उस अभेद किले की मजबूत दीवारों को तोड़कर उसके अंदर प्रवेश करना नामुमकिन था। तभी अचानक समय ने करवट ली और भाग्य ने उसका साथ दिया। घेराबंदी के ठीक आठवें दिन किले के अंदर से एक गद्दार की मदद से कासिम की सेना ने किले में प्रवेश किया।

दरअसल यह संपूर्ण क्षेत्र सिंध राज्य के अंतर्गत आता था, जिसके शासक थे—राजा दाहिर। राजा दाहिर ने इमाम हुसैन के पोतों (प्रपौत्र) को शरण दी थी, इसके बावजूद अरबों ने उन पर आक्रमण किया और उनके राज्य में रहने वाले सामान्य जनमानस के घरों में भी लूटपाट कर भयंकर उत्पात मचाया।

जैसा कि सिसोदिया वंश की गौरवपूर्ण ऐतिहासिक यात्रा के प्रथम पड़ाव में हमने चर्चा की थी कि राजा दाहिर और उनकी सेना ने अरबों के साथ अत्यंत वीरतापूर्ण युद्ध किया, किंतु अपनों के विश्वासघात के कारण उन्हें पराजय का मुँह देखना पड़ा। दाहिर की पत्नी रानीबाई ने रावर किले की रक्षा करने की कोशिश की, किंतु जब किले में रसद समाप्त हो गई तो महिलाओं ने आत्मसम्मान की रक्षा हेतु जौहर का विकल्प चुना।

जैसा कि हम जानते हैं इस्लामी आक्रांता अपनी विकृत मानसिकता के कारण शवों के साथ भी अनैतिक कार्य किया करते थे, अत: हिंदू वीरांगनाओं ने अपने शरीर को जलती हुई अग्नि को समर्पित करने का निश्चय किया।

कासिम ने 2-3 दिनों के अंतराल में किले पर धावा बोल दिया। दाहिर की दूसरी पत्नी रानी लाडी और उनकी दोनों बेटियों को कासिम ने बंदी बना लिया।

उसने रानी को अपने पास रख लिया और बेटियों को खलीफा के पास भेज दिया।

दाहिर की दोनों पुत्रियों ने अपने पिता की मृत्यु का प्रतिशोध लेने के लिए खलीफा से यह झूठ कहा कि कासिम ने उन्हें तीन दिनों तक अपने हरम में रखा था। क्रोधित खलीफा ने आदेश दिया कि कासिम को गिरफ्तार कर लिया जाए और बैल की खाल में लपेटकर उसके पास लाया जाए, किंतु दम घुटने से कासिम की रास्ते में ही मौत हो गई।

कुछ समय पश्चात् कासिम का उत्तराधिकारी जुनायद अपनी विशाल सेना के साथ सिंध से आगे निकला और दक्षिणी राजस्थान एवं गुजरात के कई शहरों को नष्ट करता आगे बढ़ा।

738 ई. में बप्पा रावल ने अजमेर, जैसलमेर आदि राज्यों को एकीकृत कर योद्धाओं का संघ बनाया। मेवाड़ के बप्पा रावल और राष्ट्रकूट शासक जयसिम्हा वर्मन के नेतृत्व में संयुक्त हिंदू राजाओं ने कई लड़ाइयाँ (राजस्थान की लड़ाई) लड़ीं। बप्पा रावल ने गजनी (अफगानिस्तान) से भी आगे तक अरबों की सेना का पीछा किया, जिनमें से अधिकांश आक्रमणकारी युद्ध में मारे गए। बप्पा रावल ने रावलपिंडी (वर्तमान पाकिस्तान में स्थित) नाम का शहर बसाया। वहाँ से बप्पा ने गजनी अफगानिस्तान से लेकर ईरान तक करीब 15 हमले किए। इस्लामी आक्रांताओं के मन-मस्तिष्क में बप्पा रावल का इतना भय व्याप्त हो गया कि अरब अगले 300 वर्षों तक गौरवशाली भारत पर आक्रमण करने से डरते रहे।

महमूद गजनवी (1001-30 ई.)

जैसे ही भारत के हिंदू राजाओं की आपसी फूट के कारण केंद्रीय सत्ता कमजोर हुई, एक बार पुनः भारत पर इस्लामी आक्रमण का दौर शुरू हो गया। इनमें प्रमुख नाम था—मुसलिम सेनापति महमूद गजनवी जिसने अपने जीवनकाल के दौरान 17 बार हिंदू राज्यों पर आक्रमण कर लूटपाट की।

1001 ई. में महमूद गजनवी ने काबुल, कंधार और पश्चिमी पंजाब पर आक्रमण कर दिया। ये क्षेत्र हिंदू राजा जयपाल के राज्य के अंतर्गत आते थे। महमूद गजनवी द्वारा किया गया आक्रमण अप्रत्याशित था। जयपाल की सेना इसके लिए तैयार नहीं थी, परिणामस्वरूप जयपाल इस्लामिक युद्ध का पहला बंदी बना। महमूद ने नागरिकों से मोती, जवाहरात, सोना और माणिक लूट लिए और हजारों की संख्या में लोगों को गुलाम बनाकर अपने साथ ले गया।

1004 ई. में उसने बलूचिस्तान से प्रस्थान किया और मुल्तान के पास सिंधु नदी को पार कर भाटिया शहर पहुँचा, जहाँ जयपाल के पुत्र बाजी राय का शासन

था। 1005 ई. में गजनवी इस शहर में भयंकर लूटपाट करता हुआ आगे बढ़ गया।

20 वर्षों से भी कम समय में गजनवी ने थानेश्वर, मथुरा, कन्नौज और प्रभास पाटन को नष्ट कर दिया, जो आधुनिक समय में हरियाणा, उत्तर प्रदेश और गुजरात में स्थित हैं। एक महत्त्वपूर्ण तथ्य यह भी है कि गजनवी ने क्षत्रिय राजा विद्याधर चंदेल और पराक्रमी परमदेव भोज द्वारा शासित क्षेत्रों को छूने की हिम्मत भी नहीं की।

1023 ई. में गजनवी ने 30,000 घुड़सवारों तथा भोजन-पानी ढोने के लिए 30,000 ऊँटों सहित विशाल सेना के साथ थार रेगिस्तान की ओर कूच किया। जब गजनवी धधकते रेगिस्तान से बाहर आया तो उसने सबसे पहले जैसलमेर के पास आक्रमण किया।

तत्कालीन समय में मूलराज द्वारा स्थापित गुजरात के चालुक्य वंश के शासक थे—महाराज भीम। चालुक्य वंश के शासकों के संरक्षक देवता थे—भगवान् सोमनाथ (भगवान् शिव के प्रतिरूप)। लाखों भक्तों द्वारा भगवान् सोमनाथ के मंदिर में पूजा-अर्चना की जाती थी। प्राचीन भारतीय मंदिर धार्मिक जीवन के साथ-साथ राजनीति, सामाजिक जीवन तथा आर्थिक गतिविधियों के भी केंद्रबिंदु थे। राजवंश के साथ-साथ सामान्य जनमानस द्वारा दिए गए दान के कारण सोमनाथ के मंदिर में विशाल स्वर्ण भंडार थे।

1026 ई. में गजनवी ने हिंदू आस्था पर प्रहार करते हुए सोमनाथ मंदिर को नष्ट कर दिया, सारी संपत्ति लूट ली और हजारों पुरुषों, महिलाओं और बच्चों को गुलाम बना लिया। महमूद गजनवी इतना धर्मांध था कि उसने सोमनाथ के शिवलिंग का विखंडन कर गजनी (अफगानिस्तान) स्थित मसजिद की सीढ़ियों के नीचे गड़वा दिया।

गजनवी के इस कुकृत्य से आक्रोशित हिंदू राजाओं ने उसका सिर काटने का प्रण लिया। गजनवी इतना भयभीत हो गया कि उसने वापस जाने के लिए उसी रास्ते का इस्तेमाल करने के बजाय थार के रेगिस्तान के रास्ते से भागना ही उचित समझा, उसने कच्छ पार किया और दक्षिण के रास्ते से थार रेगिस्तान में प्रवेश किया।

किंतु रेगिस्तान को पार करने के लिए उसे एक मार्गदर्शक की आवश्यकता थी। सोमनाथ का एक भक्त उसका मार्गदर्शक बनकर उसकी सेना को मुख्य मार्ग से दूर तीन दिन और तीन रात के लिए रेगिस्तान के उस हिस्से में ले गया जहाँ पानी तक नहीं था। गर्मी और प्यास के कारण कई सैनिकों की मौत हो गई। उसकी गाड़ी ढोने वाले जानवर भी गर्मी में मारे गए और इस प्रकार उसकी जय-पराजय में परिवर्तित हो गई। गजनवी ने क्रोधित होकर मार्गदर्शक की हत्या कर दी।

कुछ दिनों तक बिना पानी के दिशाहीन भटकने के पश्चात् वह मुल्तान पहुँचा, जहाँ रास्ते में उसे जाटों से युद्ध करना पड़ा। जाटों ने उसकी कमजोर हो चुकी सेना से जो भी अच्छा था वो छीन लिया। महमूद गजनवी को मलेरिया (Malaria) व क्षय रोग (Tuberculosis) हो गया, जिससे वह कभी उबर नहीं पाया। अप्रैल 1030 ई. में उसका उसी प्रकार भयानक अंत हुआ जिस प्रकार एक दुष्ट का होना चाहिए।

मुहम्मद गौरी (1178-1206 ई.)

महमूद गजनवी के पश्चात् मुहम्मद गौरी ने 1178 ई. में पश्चिमी राजस्थान में थार रेगिस्तान के मार्ग से भारत पर आक्रमण किया। भूख से व्याकुल और थकी हुई सेना के साथ मुहम्मद गौरी माउंट आबू की तलहटी में पहुँचा।

गौरी को लगा कि अन्हिलवाड़ा में सोलंकी वंश के राजा अजयपाल की मृत्यु के पश्चात् सत्ता की बागडोर तो एक महिला रानी के हाथ में है तो वह आसानी से विजय प्राप्त कर लेगा। कदाचित् उसे इस बात का आभास ही नहीं था कि महारानी नाइकी देवी भी अपने पति राजा अजयपाल की ही तरह वीर और साहसी थीं। 1178 ई. में कायदरा के युद्ध में रानी नाइकी देवी की सेना ने बड़ी वीरता के साथ गौरी की सेना से युद्ध किया और उसे बहुत ही बुरी तरह से पराजित किया। गौरी अपनी जान बचाकर युद्ध के मैदान से भाग खड़ा हुआ। भारतीय वीरांगना से बुरी तरह पराजित मुहम्मद गौरी ने फिर कभी गुजरात की तरफ आँख उठाकर नहीं देखा।

1178 ई. में पेशावर, 1185 ई. में सियालकोट और 1186 ई. में लाहौर में जीत की एक श्रृंखला के पश्चात् गौरी ने 1191 ई. में पृथ्वीराज के साथ कूटनीतिक संबंध स्थापित करने का भरसक प्रयत्न किया, किंतु पृथ्वीराज ने साफ इंकार कर दिया।

कूटनीतिक संबंध स्थापित करने के विफल प्रयासों के पश्चात् पृथ्वीराज को भड़काने के लिए गौरी ने बाड़मेर के पास स्थित सोमेश्वर मंदिर में तोड़फोड़ की और नाडोल पर अधिकार कर लिया। मूलराज द्वितीय ने एक बार पुनः गौरी को परास्त किया। तत्पश्चात् गौरी ने पृथ्वीराज के क्षेत्र में आने वाले सरहिंद के किले पर अधिकार कर लिया।

जब पृथ्वीराज को यह बात पता चली तो उन्होंने 300 हाथियों के साथ लगभग 3 लाख सैनिकों की विशाल सेना का नेतृत्व करते हुए 1191 ई. में दिल्ली से 80 मील दूर स्थित तराइन के मैदान में गौरी की सेना को बुरी तरह परास्त कर दिया। दिल्ली के गवर्नर गोविंद राजा ने युद्ध में सहायता करते हुए गौरी की बाँह में

गड्ढे जैसा बड़ा घाव कर दिया। इस घातक प्रहार से गौरी अपने घोड़े से नीचे गिर गया। अब वह अपने घोड़े की लगाम नहीं थाम सकता था। गौरी को कैद कर लिया गया, किंतु बाद में उसे माफ कर दिया गया।

1192 ई. में गौरी ने तुर्कों, अफगानों और खोकरों से संगठित 1,30,000 बख्तरबंद घुड़सवारों की विशाल सेना के साथ एक बार पुनः आक्रमण किया। इस बार गौरी ने चालाकी दिखाते हुए पृथ्वीराज के सामने शांति की भावना प्रदर्शित की जिस क्षण पृथ्वीराज को गौरी से कोई खतरा नहीं लगा और उन्होंने अपनी सतर्कता कम की, गौरी ने अगली ही सुबह अप्रत्याशित रूप से पृथ्वीराज की सेना पर आक्रमण कर दिया और उसने यह युद्ध विश्वासघात से जीत लिया।

तथाकथित सूफी संत 'ख्वाजा मोइनुद्दीन चिश्ती' ने गौरी को सुझाव दिया कि वो पृथ्वीराज को अंधा कर दे और उसकी पत्नी संयोगिता को बलात्कार के लिए अपनी सेना को दे दे, हालाँकि संयोगिता प्रसंग का इतिहास में प्रामाणिक उल्लेख नहीं है। इसके पश्चात् उसने अजमेर में पृथ्वीराज की हत्या कर दी।

यहाँ एक अन्य महत्त्वपूर्ण तथ्य यह है कि 'पृथ्वीराज रासो' एक कल्पित रचना है। इसमें लिखी गई बातों को इतिहास नहीं माना जा सकता। इसमें लिखा है कि पृथ्वीराज और गौरी के मध्य 17 बार युद्ध हुआ, लेकिन सत्य यह है कि युद्ध दो बार हुआ। 'पृथ्वीराज रासो' में जयचंद को गद्दार कहा गया है, परंतु इसका भी कोई प्रामाणिक उल्लेख नहीं है कि जयचंद गद्दार था।

पृथ्वीराज की हत्या के पश्चात् गौरी ने दिल्ली को लूटा और अपने गुलाम कुतुबुद्दीन ऐबक को दिल्ली सुल्तान के रूप में तैनात कर वापस चला गया। कुतुबुद्दीन ऐबक के शासनकाल से ही भारत में मुसलिम सल्तनत का आरंभ हुआ।

इधर गौरी ने 1206 ई. में लाहौर के नजदीक 5 महीने तक खोखरों के साथ युद्ध लड़ा, जिसमें खोखरों ने उसका वध कर दिया।

कुतुबुद्दीन ऐबक

कुतुबुद्दीन ऐबक मुहम्मद गौरी का गुलाम था। उसने गौरी की सेवा में स्वयं को साबित किया, जिस वजह से उसे सैन्य पद पर नियुक्त किया गया। गौरी ने तराइन के द्वितीय युद्ध में विजय के पश्चात् ऐबक को अपने भारतीय क्षेत्रों का प्रभारी बना दिया और खुरासान लौट गया। गौरी की मृत्यु के पश्चात् वह दिल्ली सल्तनत का सुल्तान बन गया। उसने लाहौर को अपनी राजधानी बनाई।

सुल्तान बनते ही उसने राजपूतों के साथ युद्ध प्रारंभ कर दिया और इसी शृंखला में वह उदयपुर के राजकुमार कर्ण सिंह को बंदी बनाकर अपने साथ ले

गया। कर्ण सिंह के पास शुभ्रक नामक एक अत्यंत सुंदर घोड़ा था, जो ऐबक को पसंद आ गया। इसलिए उसे भी वो अपने साथ लाहौर ले गया।

ऐबक ने कर्ण सिंह को मृत्युदंड की सजा सुनाई। ऐबक को पोलो खेलने का शौक था, इसलिए तय हुआ कि कर्ण सिंह को जन्नत बाग लाया जाएगा और वहाँ ऐबक उनके सिर को काटकर उससे पोलो खेलेगा। आदेश के अनुसार कर्ण सिंह को बेड़ियों में बाँधकर जन्नत बाग लाया गया और ऐबक शुभ्रक पर सवार होकर आया।

शुभ्रक अपने स्वामी को इस स्थिति में देखकर भावुक हो गया। जब कर्ण सिंह का सिर काटने के लिए जंजीरों को खोला गया तो शुभ्रक आक्रोशित हो गया और उसने ऐबक को गिराकर उस पर अपने पैरों से अनेक वार किए, जिससे 1210 ई. को ऐबक की मृत्यु हो गई। अवसर मिलते ही कर्ण सिंह शुभ्रक पर सवार हो गए और लाहौर से उदयपुर बिना रुके वापस आ गए। वहाँ उतरकर उन्होंने अपने घोड़े शुभ्रक की गर्दन पर हाथ फिराया तो वह प्रतिमा की भाँति खड़ा रह गया, उसके प्राण जा चुके थे। आपने महाराणा प्रताप के घोड़े चेतक के बारे में पढ़ा होगा, किंतु भारतीय इतिहास में चेतक के साथ-साथ शुभ्रक जैसे भी अनेक घोड़े हुए जिन्होंने अपने स्वामी की रक्षा हेतु अपने प्राण निछावर कर दिए।

कुतुबमीनार की सच्चाई

वामपंथी इतिहासकारों द्वारा वर्षों तक हमें यह झूठ बताया और पढ़ाया गया कि कुतुबमीनार कुतुबुदीन ऐबक ने बनवाया था, किंतु भारतीय पुरातत्त्व विभाग के पूर्व अध्यक्ष धर्मवीर शर्मा ने इस इमारत के निर्माण का समय 5वीं शताब्दी बताया है। धर्मवीर शर्मा और अन्य शोधकर्ताओं के अनुसार यह इमारत गुप्त साम्राज्य के राजा विक्रमादित्य द्वारा बनवाई गई थी। अब यह शोध का विषय है कि सच्चाई क्या है?

तीन महीने तक जलता रहा नालंदा विश्वविद्यालय

नालंदा के जलने की कहानी अत्यंत दुःखद है। इस कहानी में जहाँ एक और हिंदू संस्कृति के 'सर्वजन हिताय, सर्वजन सुखाय' के संस्कार हैं तो दूसरी ओर एक आक्रांता की ईर्ष्या और उस ईर्ष्या में जलते ज्ञान का भंडार है। यह कहानी है 1193 ई. और 1197 ई. के मध्य की।

हुआ कुछ यों कि एक बार बख्तियार खिलजी गंभीर रूप से बीमार हो गया, मुसलिम हकीमों ने अपनी दवाओं से उसका इलाज करने की बहुत कोशिश की,

लेकिन वो असफल रहे। अंततः किसी ने सुझाव दिया कि उसे अपना उपचार नालंदा के विद्वान् वैद्य से कराना चाहिए। बख्तियार खिलजी को मुसलिम संस्कृति पर अत्यधिक विश्वास था इसलिए उसने किसी काफिर (गैर-मुसलिम) से अपना उपचार कराने से मना कर दिया। किंतु जब उसका स्वास्थ्य और बिगड़ने लगा तो विवश होकर उसने नालंदा के विद्वान् वैद्य को इलाज के लिए आमंत्रित किया।

उसने नालंदा के वैद्य के सम्मुख शर्त रखी कि वो उसे बिना किसी दवाई के ठीक करें क्योंकि वह किसी काफिर के हाथ की दवाई नहीं खाना चाहता था। तब कुछ दिन पश्चात् वैद्य ने खिलजी को अपनी बीमारी के इलाज के लिए रोज कुरान के कुछ पन्ने पढ़ने को कहा। खिलजी ने ठीक वैसा ही किया और आश्चर्यजनक रूप से वह ठीक भी हो गया। उसने आचार्य से पूछा कि आपने यह कैसे किया? वैद्य ने उत्तर दिया कि उन्होंने कुरान के पन्नों पर दवा लगा दी और जब खिलजी कुरान के पन्ने पलटता और अपनी उँगलियों को चाटता तो दवा उसका इलाज करती। इस बात को सुनकर सब स्तब्ध रह गए।

इस बात से नाराज होकर कि एक हिंदू विद्वान् उसके दरबार के हकीमों से अधिक कैसे जान सकता है? और भारतीय ज्ञान इतना महान् कैसे हो सकता है? धर्मांध बख्तियार खिलजी ने नालंदा में आग लगवा दी और सभी अध्यापकों और विद्यार्थियों को मौत के घाट उतार दिया। 90 लाख पुस्तकें या यों कहें कि हमारे पूर्वजों द्वारा परिश्रम से सँजोया गया हजारों वर्षों का ज्ञान तीन महीनों तक जलता रहा।

अब प्रश्न यह उठता है कि नालंदा में ऐसा क्या था?

चीन के मशहूर दार्शनिक ह्वेनसांग ने 7वीं शताब्दी में यहाँ आकर शिक्षा ली थी। उन्होंने अपनी पुस्तक में वर्णन किया है कि—

"नालंदा वह जगह है, जहाँ महात्मा बुद्ध ने अपना तीसरा उपदेश दिया था और इसके हजार वर्ष पश्चात् पाँचवीं शताब्दी में कुमारगुप्त प्रथम के द्वारा नालंदा विश्वविद्यालय की स्थापना की गई। नालंदा विश्वविद्यालय में 10,000 से अधिक विद्यार्थी और 2,000 से अधिक अध्यापक थे। चीन, जापान, कोरिया, इंडोनेशिया, रूस, तुर्की और श्रीलंका से लोग यहाँ पढ़ने आते थे।"

वैसे तो इस विश्वविद्यालय में पढ़ाए जाने वाले विषयों का दायरा अत्यंत व्यापक था। इसमें वैदिकशास्त्र, अंकशास्त्र, ज्योतिष, खगोलशास्त्र, दर्शनशास्त्र, तत्त्वज्ञान जैसे विषय पढ़ाए जाते थे। आर्यभट्ट जैसे महान् गणितज्ञ यहाँ के प्रमुख हुआ करते थे। उनके अलावा इस विश्वविद्यालय में हर्षवर्धन और नागार्जुन जैसे ज्ञानी भी रह चुके हैं।

यहाँ एक प्रश्न मन में उठना स्वाभाविक है कि जब नालंदा न ही राजा का किला था, न ही यहाँ मंदिर था जहाँ पर बेशकीमती हीरे-जवाहरात रखे हों तो आखिर खिलजी ने आक्रमण क्यों किया?

दरअसल नालंदा पर आक्रमण उस कुत्सित विचारधारा को प्रदर्शित करता है, जिनके लिए तार्किक एवं वैज्ञानिक ज्ञान का कोई महत्त्व नहीं। जिन्हें नफरत थी प्रगतिशीलता से, नालंदा विश्वविद्यालय की जलती हुई पुस्तकों से उड़ता हुआ धुआँ प्रतीक था उनकी धर्मांधता एवं कट्टरपंथी सोच का जो विपरीत विचारधारा को समूल नष्ट कर मिटा देना चाहते हैं और संपूर्ण विश्व को गजवा-ए-हिंद के अंधकार से ढक देना चाहते हैं।

खिलजी राजवंश

अलाउद्दीन खिलजी ने अपने चाचा जलालुद्दीन की हत्या कर दी और विद्रोह करने वाले लोगों को उनकी पत्नियों और बच्चों सहित मार डाला। 1299 ई. में उसने गुजरात पर आक्रमण किया और सोमनाथ, सूरत सहित सैकड़ों शहरों को नष्ट कर दिया। व्यापक स्तर पर मंदिरों को लूटकर तोड़ दिया गया और नागरिकों को गुलाम बनाया गया जिसमें मलिक काफूर भी शामिल था, जो सिर्फ 11 साल का था और कालांतर में सेनापति बना।

कुंबायत में हिंदुओं को नींद से जगाकर मार डाला गया। सोमनाथ मंदिर के विनाश के दौरान मुसलमानों ने लगभग 20 हजार महिलाओं और बच्चों को गुलाम बना लिया और उनकी संपत्ति पर कब्जा कर लिया। मसजिद के प्रवेश द्वार पर रखने के लिए मंदिर के टुकड़े दिल्ली ले जाए गए, ताकि मुसलमान उन पर चल सकें और अपनी जीत को याद कर सकें।

जब खिलजी ने रणथंभौर पर आक्रमण किया तो राजा हम्मीर ने उसके शीर्ष सेनापति नुसरत खान का वध कर दिया। जैसा कि सिसोदिया वंश की गौरवपूर्ण ऐतिहासिक यात्रा के तीसरे पड़ाव में हमने चर्चा की थी कि खिलजी की सेना राजपूतों से अत्यंत भयभीत थी और खिलजी स्वयं राजपूतों के किले की सुरक्षा को नहीं तोड़ सकता था। किंतु अंदरूनी मदद से रणथंभौर का द्वार खुल गया, गद्दार रणमल से पराजय की झूठी खबर सुनकर महिलाओं ने किले में जौहर कर लिया। महाराणा हम्मीर और उनकी सेना ने अनगिनत तुर्कों को मौत के घाट उतार दिया, किंतु जब उन्होंने देखा कि उनकी पत्नी और बेटियों ने जौहर कर लिया है तो व्यथित होकर उन्होंने अपना शीश काटकर महादेव मंदिर में समर्पित कर दिया। खिलजी शाही परिवार के एक भी सदस्य को बंदी नहीं बना सका।

1302 ई. में खिलजी ने चित्तौड़ किले के बाहर घेराबंदी की और रावल रतन सिंह ने उसकी सेना को इतनी बुरी तरह परास्त किया कि खिलजी को वापस दिल्ली भागना पड़ा। फिर 1303 ई. में खिलजी ने रानी पद्मिनी को देखने की माँग करते हुए चित्तौड़ के बाहर घेराबंदी की। हालाँकि उसका एकमात्र इरादा चित्तौड़ पर अधिकार करना था। संधि पर चर्चा करने के लिए खिलजी रावल रतन सिंह के किले में जाता है। कहानियाँ हमें बताती हैं कि रानी पद्मिनी को पानी में उनकी छवि के माध्यम से खिलजी को दिखाया गया था। हालाँकि यह कहानी झूठी है। जैसा कि सिसोदिया वंश की गौरवपूर्ण ऐतिहासिक यात्रा के तीसरे पड़ाव में हमने चर्चा की थी कि हिंदू लेखों में कहीं भी यह उल्लेख नहीं है कि राजपूतों ने खिलजी को रानी पद्मिनी को देखने की अनुमति दी थी। पद्मिनी के अस्तित्व के 250 वर्ष पश्चात् पद्मावत लिखने वाले मलिक मुहम्मद जायसी ने न जाने कितने झूठ और काल्पनिक बातें लिखी, जिन्हें हमने सच मान लिया।

खिलजी ने छलपूर्वक रावल रतन सिंह को बंदी बना लिया। तत्पश्चात् उसने चित्तौड़ संदेश भिजवाया कि रानी पद्मिनी के बदले में रावल रतन सिंह को रिहा कर दिया जाएगा। गोरा और बादल ने दिल्ली के लिए 700 पालकियों में सर्वश्रेष्ठ सैनिकों को भेजने की योजना बनाई। हर पालकी के अंदर 4 कहार और एक सैनिक बैठाया गया। योजना के मुताबिक बादल पद्मिनी की जगह श्रृंगार करके विशेष डोली में बैठ गया।

खिलजी अंतिम बार महारानी को रावल रतन सिंह से मिलने का अवसर देता है और इस अवसर का लाभ उठाते हुए महारानी पद्मिनी रतन सिंहजी को कैद से मुक्त करवाती हैं। गोरा और बादल भयंकर युद्ध लड़ते हैं और महाराजा और महारानी सकुशल वापस चित्तौड़ आ जाते हैं। गोरा वहीं बलिदानी हो जाते हैं। बादल घायल अवस्था में वापस आते हैं। यद्यपि बादल की आयु उस समय मात्र 12 वर्ष थी फिर भी युद्ध के रण में इस राजपूत युवा का युद्ध कौशल एक प्रशिक्षित सैनिक से कहीं भी कमतर नहीं था।

बादल जब वापस आते हैं तो गोरा की पत्नी बादल से अपने पति के युद्ध कौशल के विषय में पूछती हैं, जिसके बारे में प्रसिद्ध लेखक टॉड लिखते हैं कि गोरा द्वारा रणक्षेत्र में किए गए पराक्रम के बारे में बादल कहते हैं कि "वह युद्ध में किसी किसान की तरह अपनी फसल काट रहे थे। वे स्वयं शत्रुओं के मृत शरीर को शय्या बनाकर उनका तकिया लगाकर सो रहे हैं, जहाँ एक बर्बर आततायी ने उन पर हमला किया और वे वीरगति को प्राप्त हुए।"

चित्तौड़ की पौराणिक लोकोक्तियों में गोरा की वीरता का विवरण करते

हुए कहा गया है कि गोरा का धड़ गर्दन कटने के बाद भी लड़ता रहा और उसने खिलजी के मुख्य सेनापति जफर का सिर काट दिया।

खिलजी से मुक्त होने के पश्चात् महाराणा रतन सिंह 6 माह तक महल में रहते हैं। उसके पश्चात् एक बार पुनः खिलजी चित्तौड़ को चारों तरफ से घेर लेता हैं। चित्तौड़ का रसद धीरे-धीरे समाप्त होने लगता है। राजकोष और अन्य वस्तुएँ भी समाप्त होने लगती हैं, तब इतिहासकार टॉड की मानें तो रावल रतन सिंहजी को स्वप्न में चित्तौड़ की कुलदेवी का दर्शन होता है और कुलदेवी रतन सिंहजी से कहती हैं कि "अगर तुम चाहते हो तुम्हारा वंश चलता रहे तो 12 राजपूतों की बलि देनी होगी।" उसी समय राजा अपने सामंतों को कुलदेवी का आदेश सुनाते हैं और अपने 12 पुत्रों में से 11 पुत्र स्वयं बलि के लिए तैयार करते हैं और 12वें पुत्र करण सिंह को महल के गुप्त दरवाजे से बाहर सुरक्षित निकाल देते हैं।

सांसारिक बंधनों से मुक्त वीर राजपूत अपने राज्य और आत्मसम्मान की रक्षा हेतु अपने महाराणा के साथ कंधे-से-कंधा मिलाकर खड़े हो जाते हैं और 8,000 सैनिकों वाली राजपूत सेना अपने से तीन गुना बड़ी खिलजी की सेना पर टूट पड़ती है। वीरतापूर्वक लड़ते हुए अंत में राजा रतन सिंह शहीद हो जाते हैं और महारानी पद्मिनी 20 से 30 हजार स्त्रियों के साथ जौहर कर लेती हैं। ऐसा कहा जाता है कि कुंभा महल के नीचे आज भी इस महारानी की आत्मा की आवाज सुनाई देती है।

1315 ई. में मलिक काफूर ने सिंहासन पर अधिकार करने के लिए धीरे-धीरे खिलजी को जहर देना शुरू किया, परिणामस्वरूप खिलजी गंभीर रूप से बीमार हो गया और 1316 ई. में खिलजी की मृत्यु हो गई, लेकिन मलिक काफूर को गद्दी नहीं मिली। हालाँकि मलिक काफूर भी खिलजी की तरह ही घृणित मानसिकता वाला था।

एक बार खिलजी ने मलिक काफूर को दक्षिण विजय के लिए भेजा, जिसके विषय में मशहूर इतिहासकार सीताराम गोयल लिखते हैं कि "अमीर खुसरो प्रसन्नतापूर्वक वर्णन करता है कि कैसे ब्राह्मणों के सिर उनकी गर्दनों से नाचते हुए लुढ़ककर उनके पैरों के पास जमीन पर आ पड़े, जिनका मलिक काफूर ने चिदंबरम मंदिर के विध्वंस के दौरान अन्य काफिरों के साथ कत्लेआम किया था।"

तुगलक वंश

1321 ई. में मुहम्मद बिन तुगलक को सुरक्षा देने से इंकार करने पर काकतीय वंश पर आक्रमण करने के लिए भेजा गया, किंतु वह बुरी तरह परास्त हो गया। दिल्ली का तथाकथित सुल्तान बनते ही उसने राजधानी (1324-27 ई.) को दिल्ली

से देवगिरि स्थानांतरित कर उसका नया नाम दौलताबाद कर दिया। यह एक असफल निर्णय रहा और लोग 1335 ई. में दिल्ली लौट आए। दिल्ली आर्थिक रूप से बर्बाद हो गया। उसने करों को कठोर तरीके से एकत्र किया, जिसका भुगतान करने में असमर्थ हिंदुओं ने अपने अनाज के भंडारों में आग लगा दी और मवेशियों को अपने घरों से भगा दिया।

तुगलक ने अपने सैनिकों को जनता को लूटने और जंगलों में छिपने की कोशिश कर रहे लोगों को आग लगाने का आदेश दिया। अनाज की बर्बादी के कारण ऐसा अकाल पड़ा जो 7 वर्षों तक चला। असंतोष और अकुशल राजस्व नीतियों के कारण विद्रोहों का सिलसिला शुरू हो गया। उसने गुजरात की ओर आक्रमण करने के लिए कूच किया, किंतु अपनी अनुपस्थिति में वह दौलताबाद हार गया।

जालौर के मालदेव और तुगलक ने 1325–30 ई. के आसपास चित्तौड़ पर अधिकार कर लिया, किंतु महाराणा हम्मीर सिंह ने 1336 ई. में चित्तौड़ वापस प्राप्त कर लिया। तुगलक ने पुनः चित्तौड़ की ओर कूच किया, किंतु 1338–40 ई. में सिंगोली के युद्ध में हम्मीर सिंह ने तुगलक को गिरफ्तार कर लिया और 6 महीनों तक कठोर कारावास में रखा। तत्पश्चात् उसे इस समझौते के साथ क्षमा कर दिया गया कि राजस्थान, हरियाणा, पंजाब, सिंध, अफगानिस्तान की बहुत सारी संपत्ति महाराणा हम्मीर सिंह को दी जाएगी।

उसने 5,000 मंगोलों की मदद से अपने ही गुलाम शासक से लड़ने के लिए सौराष्ट्र और थट्टा में मुहिम चलाई, किंतु निचले सिंध तक पहुँचने से पूर्व ही उसकी मृत्यु हो गई।

उसके चचेरे भाई फिरोज शाह तुगलक ने कांगड़ा के ज्वालामुखी मंदिर को नष्ट कर दिया। मूर्ति के टुकड़ों को गोमांस में लपेटकर ब्राह्मणों के गले में लटकाकर कांगड़ा के शिविर में परेड करवाई गई और मुख्य मूर्ति को मदीना भेज दिया गया। उसके शासन काल के दौरान गुलामों की संख्या बढ़कर लगभग 1,80,000 हो गई।

फिरोज ने इस्लाम में जबरन धर्म–परिवर्तन शुरू किया और गैर–मुसलिमों पर जजिया कर लगाया। हिंदू पुस्तकों–मूर्तियों को सार्वजनिक रूप से जलाया जाने लगा और नष्ट किए गए मंदिरों पर मसजिदें बनवाई गईं। उसने अमीरों और उलेमाओं को खुश करने के लिए जागीर का अंधाधुंध वितरण किया। परिणामस्वरूप प्रांतों में विद्रोह हो गया। उत्तर और दक्षिण में राज्य स्वतंत्र होते चले गए और सल्तनत का पतन हो गया।

लोदी वंश

आगरा को 1504 ई. में इटावा, बियाना, ग्वालियर और धौलपुर पर नियंत्रण रखने के लिए स्थापित किया गया था। सिकंदर लोदी ने मथुरा के मंदिर को तोड़ने का आदेश दिया और उस स्थान पर अतिथि गृह और मसजिद बनवाए। कसाई मांस काटने का काम मूर्तियों पर करते थे। 1505 ई. में सिकंदर शाह ने कई शहरों के मंदिरों को नष्ट कर दिया और गैर-मुसलिमों को मार डाला। सिकंदर शाह ने नगरकोट पर्वत के ज्वालामुखी मंदिर की मूर्तियों को तोड़ा। हिंदुओं के यमुना में स्नान करने पर प्रतिबंध लगा दिया गया। नाइयों को आदेश दिया गया कि वे लोगों के सिर के बाल और दाढ़ी न काटें। इस सबने लोदी राजवंश के लिए आदर को समाप्त कर दिया। चंदेरी का किला जीतने के बाद इसे अफगान सरदारों को दे दिया। अंततः नवंबर 1517 ई. में सिकंदर की एक बीमारी से मृत्यु हो गई।

इब्राहिम लोदी ने सिंहासन के लिए अपने छोटे भाई जलाल खान की हत्या कर दी। उसने मेवात पर आक्रमण करने के लिए एक बड़ी सेना इकट्ठी की। अफगान सैनिकों ने बड़ी संख्या में राजपूतों की हत्या की। तत्पश्चात् महाराणा सांगा ने अपनी सेनाओं को एकत्र किया और लोधी सम्राटों के विरुद्ध 18 युद्धों में विजय प्राप्त की। इब्राहिम के चाचा आलम खान ने विद्रोह कर दिया और इब्राहिम को हराने के लिए बाबर को आमंत्रित किया। बाबर ने पानीपत की पहली लड़ाई में इब्राहिम को पराजित कर मौत के घाट उतार दिया। इस प्रकार अप्रैल 1526 ई. में 75 वर्षों तक शासन करने वाले लोदी राजवंश का भी अंत हो गया।

संदर्भ सूची

- Invaders and Infidels by Sandeep Balakrishnan, p. 102-122

Slave Dynasty

- Qutubuddin-Aibak by Nikhil (https://upscwithnikhil.com/article/history/qutubuddin-aibak.
- Shubhrak Story: (https://navbharattimes.indiatimes.com/india/shubhrak-the-honest-horse-of-udaipur-rajkumar-karna-singh-who-killed-qutubuddin-aibak-all-details-here/articleshow/97123072.cms)
- Nalanda: 9 million books burnt by Rayvi Pillai (https://www.myindiamyglory.com/2017/09/11/nalanda-9-million-books-burnt/)
- Invaders and Infidels-Sandeep Balakrishna, p. 165-166
- Bappa Rawal to Rawal Ratan Singh by Omendra Ratnu with R.H.

Dalmia. (https://www.youtube.com/watch?v=7Q5H0eonMsM&list=PLvjZU6KaVp8Rqzaz2OoCXwGkcLAfV0mmr&index=1&t=2416s)

Tughlaq Dynasty

- Medival India from Sultanute to Mughals by Satish Chandra (http://www.berhamporegirlscollege.ac.in/studyMaterial/15947UG2Sem-History-Hons.-on-Muhammad-Bin-Tughluq-Satish-Chandra-04-06-2020.pdf
- Medival India: from sultanut to Mughals, p. 99-112, Satish Chandra. (Then Tughlaq dynasty's 'pagla' sultan (https://www.newindianexpress.com/cities/bengaluru/2012/dec/13/the-tughlaq-dynastys-pagla-sultan-433605.html)
- 'The tradition of Kshaatra in India: Barbarism of Timut, Tughlaq and Vasco de Gama' by Shatvadhani Dr. R. Ganesh (https://www.prekshaa.in/tradition-kshaatra-india-barbarism-timur-muhammad-bin-tughlaq-vasco-da-gama)
- The Delhi Sultanate's Treatment of Hindus by Christopher Klune. (https://www.e-ir.info/2014/02/11/the-delhi-sultanates-treatment-of-hindus/)
- Research paper-History of India by Dr Neerja Sharma, Asst. Professor DU, 1207-1757AD, p. 42-50
- Bright and Dark-Sides of the Rule of Firoz Shah Tughlaq by Sonali (https://www.historydiscussion.net/articles/bright-and-dark-sides-of-the-rule-of-firoz-shah-tughlaq/2688)
- Sangam Talks, Prithviraj Chauhan, a Ray of light on the History, Virendra S Rathod (https://youtu.be/LdtA6bvvdMU)

Lodhi Dynasty

- Delhi's Valley of Kings The Tribune 1 March, 2004.
- Causes of the downfall of Lodhi Dynasty.
- https://www.jagranjosh.com/general-knowledge/causes-of-the-downfall-of-lodhi-dynasty-1441273943-1
- History of Medieval India From 1000-1707 A.D. Ripu Daman Singh, Manu Sharma-http://ebooks.lpude.in/arts/ba/year_1/DHIS102_HISTORY_OF_MEDIEVAL_INDIA_FROM_1000-1707_A.D_ENGLISH.pdf

□

4

मुगल

"खानवा के युद्ध में बाबर की विजय हुई थी।"

"अकबर धर्मनिरपेक्ष और महान् था।"

"जहाँगीर न्यायप्रिय था।"

"मुगल सल्तनत इतनी वैभवशाली थी कि शाहजहाँ ने विश्व के सात आश्चर्यों में शामिल ताजमहल का निर्माण करवाया।"

मुसलिम तुष्टीकरण की राजनीति करने वाले अपने राजनीतिक आकाओं को खुश करने के लिए कुछ दरबारी इतिहासकारों ने ऐतिहासिक तथ्यों पर वामपंथी पर्दा डालकर न केवल अनेक झूठ गढ़े, बल्कि वर्षों तक प्रचारित भी किए।

इस अध्याय में इन्हीं ऐतिहासिक तथ्यों की पड़ताल करते हुए हम जानेंगे कि किस प्रकार हल्दीघाटी के युद्ध में महाराणा प्रताप की तथाकथित पराजय का षड्यंत्र रचा गया। किस प्रकार तेजो महल को शाहजहाँ द्वारा निर्मित बताकर शाहजहाँ के शासनकाल को भारतीय वास्तुकला का स्वर्णिम युग घोषित कर दिया गया जबकि यही मुगल अपनी मातृभूमि अरब में किसी साधारण सी इमारत का भी निर्माण नहीं कर पाए।

इस अध्याय में हम जानेंगे कि वामपंथी इतिहासकार जिस मुगलकालीन वैभव की बात करते हैं उसमें मात्र दो वक्त की रोटी के लिए माँ-बाप अपने बच्चों को गुलामों की तरह बेच दिया करते थे। मुगल इतने वीर थे कि एक बार गढ़वाल की रानी कर्णावती ने मुगल सेनापति की नाक काट ली थी।

बाबर (1526-30 ई.)

बाबर एक उज्बेक था। बाबर पिता की ओर से तैमूर का पाँचवाँ तथा माता की ओर से चंगेज का 14वाँ वंशज था। अपने पिता की मृत्यु के पश्चात् वह समरकंद की गद्दी पर बैठा। अपनी महत्त्वाकांक्षी प्रवृत्ति के कारण उसने अपने राज्य का विस्तार करना प्रारंभ किया। आरंभ में कुछ क्षेत्रों पर उसे सफलता अवश्य

प्राप्त हुई, किंतु अंततः वह समरकंद भी हार गया।

बाबर के चाचा उलूग बेग द्वितीय काबुल के शासक थे, वह उत्तराधिकारी के रूप में अपने अल्पायु पुत्र को छोड़कर मर गए, जिसके पश्चात् काबुल पर मुकिन बेग ने अधिकार कर लिया। 1504 ई. में बाबर ने काबुल पर आक्रमण कर विजय प्राप्त की और वहाँ का शासक बन गया।

1519 ई. में बाबर ने वर्तमान पाकिस्तान में स्थित पंजाब पर पहला आक्रमण कर भयंकर लूटपाट की, इसके पश्चात् उसने 1519 ई. से 1524 ई. के मध्य कई बार पंजाब पर आक्रमण किए। उस समय तथाकथित दिल्ली सल्तनत पर लोदी वंश के अंतिम शासक इब्राहिम लोदी का शासन था और दौलत खान लोदी पंजाब का गवर्नर था। इब्राहिम लोदी से नाराजगी के चलते दौलत खान लोदी ने इब्राहिम लोदी पर आक्रमण करने के लिए बाबर को भारत आने का निमंत्रण दिया था।

वास्तव में यह दौलत खान की एक भयंकर भूल साबित हुई। बाबर 1526 ई. में पानीपत के प्रथम युद्ध में इब्राहिम लोदी को हराकर दिल्ली का शासक बन गया। उसने ग्वालियर, कन्नौज आदि क्षेत्रों पर अधिकार कर लिया। इब्राहिम लोदी का भाई बंगाल भाग गया और वहाँ उसने एक सेना खड़ी की।

इधर राणा सांगा को लगा कि इब्राहिम लोदी को पराजित कर बाबर वापस लौट जाएगा, किंतु उसकी भारत में राज्य स्थापना की महत्त्वाकांक्षा का पता चलने पर दोनों के बीच युद्ध की परिस्थिति उत्पन्न हो गई।

फरवरी 1527 में राणा सांगा ने अपनी 2 लाख सेना के साथ बयांग दुर्ग में बाबर के साथ युद्ध किया। स्वयं को बचाने के लिए बाबर को वहाँ से भागना पड़ा। बाद में उसने राणा सांगा के साथ समझौते का प्रस्ताव रखा, लेकिन राणा ने साफ इंकार कर दिया। 'बाबरनामा' में इन सब बातों का स्पष्ट उल्लेख है।

मार्च 1527 में खानवा में बाबर और राणा सांगा के मध्य एक और युद्ध हुआ। इस बार बाबर के पास तोपें भी थीं। राजपूतों ने बहुत साहस दिखाया, किंतु फिर भी उन्हें अपने कई योद्धाओं को खोना पड़ा। राणा सांगा के हाथ में बुरी तरह चोट लग गई और वह बेहोश हो गए। उन्हें युद्ध के मैदान से ले जाना पड़ा, लेकिन युद्ध जारी रहा। अंततः युद्ध एक गतिरोध (stalemate) पर समाप्त हुआ, जिसमें दोनों पक्षों को भारी नुकसान का सामना करना पड़ा। मेवाड़ के शौर्य को देखकर बचे हुए मुगलों ने राणा के शिविर पर हमला करने की हिम्मत नहीं की। बाबर ने अपनी आत्मकथा 'बाबरनामा' में लिखा है कि बाबर 2 मील तक शिविर की ओर बढ़ा, लेकिन अंततः उसने पीछे मुड़ने का फैसला किया।

दरबारी इतिहासकारों ने लिखा है कि खानवा के युद्ध में बाबर ने राणा सांगा

को पराजित किया, किंतु यह सच नहीं है।

- यदि बाबर विजयी होता तो वह राणा सांगा को जिहादी नियमों के अनुसार मार डालता, किंतु राणा सांगा युद्ध के पश्चात् भी जीवित थे।
- 'बाबरनामा' में भी राणा सांगा की हार का कोई प्रमाण नहीं मिलता है।
- खानवा के विजयी हिंदू योद्धाओं के लिए दर्जनों स्मारक बनाए गए, जो इंगित करते हैं कि खानवा अभी भी राणा सांगा के अधीन था।

बाबर ने अपने सेनापति मीर बाकी को अयोध्या के राममंदिर को नष्ट करने का आदेश दिया और हिंदू भावनाओं का अपमान करने के लिए उस पर बाबरी मसजिद का निर्माण करवाया।

बाबर ने अपनी आत्मकथा 'बाबरनामा' या 'तुजुक-ए-बाबरी' में मुसलिम सेना द्वारा हिंदू गाँवों और कस्बों में किए गए नरसंहार को स्वयं लिखा है। 'तुजुक-ए-बाबरी' के अनुसार बाबर के अभियान ने उत्तर-पश्चिम भारत में हिंदू और सिख नागरिकों के साथ-साथ इस्लाम के गैर-सुन्नी संप्रदायों को भी निशाना बनाया। बड़ी संख्या में लोग मारे गए, मुसलिम शिविरों को इस तरह वर्णित किया गया कि पहाड़ की चोटी पर 'काफिरों की खोपड़ी की मीनार' बनाई गई।

बाबर की क्रूरता का वर्णन करते हुए गुरुनानकजी ने भी कहा है कि "महिलाओं के सिर कैंची से मुँड़ा दिए गए और मुँह में रेत भरकर गला घोट दिया गया। सैनिकों को महिलाओं का बलात्कार करने और उन्हें अपने साथ ले जाने का आदेश दिया गया।"

बाबर ने कामरान को काबुल और हुमायूँ को दिल्ली शासन करने के लिए दिया। 1530 ई. में बाबर की मृत्यु हो गई। उसे आगरा के आराम बाग में दफनाया गया और कालांतर में उसके अवशेषों को काबुल ले जाया गया।

हुमायूँ (1530-40 ई. तथा 1555-56 ई.)

हुमायूँ जब गद्दी पर बैठा तो उसका राजकोष खाली था, किंतु अपने पिता बाबर की इच्छानुसार हुमायूँ ने अपने भाई अस्करी को संभल, हिंडाल को अलवर और कामरान को काबुल और कंधार का प्रांत दे दिया। हालाँकि कामरान इससे खुश नहीं था, उसने पंजाब पर आक्रमण कर पूरे पंजाब को अपने नियंत्रण में ले लिया। हुमायूँ कमजोर होने के कारण विरोध नहीं कर सका और चुप रहा।

पूर्व में उनकी स्थिति खतरे में थी क्योंकि कई शासक सत्ता में आने की कोशिश कर रहे थे। गुजरात का बहादुर शाह आगरा आ रहा था और सबसे खतरनाक था—शेरशाह सूरी।

1531 ई. में बहादुर शाह की पराजय हुई और हुमायूँ ने अहमदाबाद पर अधिकार कर लिया। किंतु शीघ्र ही बहादुर शाह फिर से सेना इकट्ठा करने में सफल रहा और अंततः मुगलों को पराजित कर अपने खोए हुए सभी प्रदेशों को पुनः प्राप्त कर लिया।

हुमायूँ के भाई अस्करी को दिल्ली में शांति बनाए रखनी थी, किंतु वह असफल रहा। इस बीच शेरशाह सूरी की ताकत बढ़ रही थी। वह हिंदू गाँवों पर धावा बोलकर महिलाओं और बच्चों को गुलाम बना लेता था।

हुमायूँ को शेरशाह सूरी की बढ़ती हुई शक्ति का भय था, इसलिए 1537 ई. में उसने उस पर हमला करने के बजाय चुनार के किले पर हमला किया, छह महीने तक घेराबंदी की जिसमें उसने बहुत समय और ऊर्जा बर्बाद की। इस बीच जब हुमायूँ चुनार में अपनी जीत का जश्न मना रहा था तब शेरशाह ने स्वयं को और मजबूत किया।

1540 ई. में शेरशाह ने हुमायूँ से कन्नौज में युद्ध किया। इस युद्ध में मुगल बुरी तरह हार गए और हुमायूँ एक भगोड़ा बन गया। चूँकि हुमायूँ के भाई उसके खिलाफ थे इसलिए वह जोधपुर के राजा मालदेव के पास गया जिसने उसकी सैन्य सहायता करने का वचन दिया, किंतु शीघ्र ही उसे पता चल गया कि मालदेव उसे कैद करना चाहता है। वह अमरकोट की तरफ गया और एक स्थान से दूसरे स्थान की ओर भागता रहा।

इधर कामरान पूरे अफगान क्षेत्र का स्वामी बन गया। अतः हुमायूँ फारस के शाह से सहायता माँगने के लिए फारस गया। फारस का शाह काबुल और कंधार को जीतने में सहायता करने के लिए इस शर्त पर सहमत हुआ कि उसे शिया इस्लाम में परिवर्तित होना होगा, हुमायूँ के पास सहमत होने के अलावा कोई विकल्प नहीं था। शाह की सेना की सहायता से उसने मार्च 1545 में कामरान पर आक्रमण कर काबुल पर अधिकार कर लिया। युद्ध में पराजय के पश्चात् कामरान को अंधा करके अस्करी के साथ मक्का भेज दिया गया।

अब हुमायूँ ने भारत में अपने क्षेत्रों को फिर से जीतना शुरू किया। नवंबर 1554 में उसने लाहौर में प्रवेश किया। उसने सरहिंद के निकट सिकंदर शाह सूरी को परास्त किया, सिकंदर शाह सूरी मैदान छोड़कर भाग गया और हुमायूँ को बिना किसी प्रतिरोध के सत्ता प्राप्त हो गई। किंतु उसके एक वर्ष के भीतर ही हुमायूँ दिल्ली किले में स्थित पुस्तकालय की सीढ़ियों से नीचे गिर गया और जनवरी 1556 ई. में उसकी मृत्यु हो गई।

अकबर (1556-1605 ई.)

अकबर ने 13 वर्ष की अल्पायु में जब गद्दी सँभाली तो कई अफगान शासकों ने दिल्ली पर दावा करना शुरू कर दिया। आदिल शाह के मुख्यमंत्री हेमू को दिल्ली पर अधिकार करने का कार्य सौंपा गया। उस समय अकबर जालंधर में था।

अक्तूबर 1556 में हेमू ने मुगलों पर एक आश्चर्यजनक हमले का नेतृत्व किया और जीत हासिल की। उसने राजा विक्रमादित्य के रूप में दिल्ली का शासक होने की घोषणा की।

नवंबर 1556 में पानीपत के द्वितीय युद्ध में अकबर ने राजा विक्रमादित्य की सेना से युद्ध किया। एक तीर राजा विक्रमादित्य के सिर में घुस गया, जिससे वह बेहोश हो गए और अकबर ने उनका सिर धड़ से अलग कर दिया। अब अकबर ने अपने सैनिकों को राजा विक्रमादित्य की सेना के प्रत्येक सैनिक के सिर काटने का आदेश दिया। राजकोष की अपार संपत्ति को लूट लिया गया और विक्रमादित्य के पिता को इस्लाम न कबूल करने के कारण मार डाला गया। लगभग 30,000 हिंदुओं का नरसंहार हुआ। अकबर राजा विक्रमादित्य के कटे हुए सिर को जीत के प्रतीक के रूप में दिल्ली ले गया। अकबर ने दिल्ली के केंद्र में हेमू (विक्रमादित्य) के सैनिकों की खोपड़ियों की एक मीनार बनाने का आदेश दिया।

चित्तौड़ साका

अकबर की राजपूतों पर आक्रमण करने की हिम्मत नहीं थी, इसलिए उसने 1567 ई. में 'शादी करो या मरो' की नीति अपनाई। कुछ सत्ता के भूखे राजपूतों ने ऐसे गठजोड़ कर लिए और अंततः उनके किलों पर अकबर की सेना का अघोषित कब्जा हो गया। जब मेवाड़ के महाराणा उदय सिंह ने संधि करने से इंकार कर दिया तो अकबर ने 1567 ई. में चित्तौड़ के लिए चढ़ाई आरंभ की। अकबर के दरबार में शामिल शक्ति सिंह ने उदय सिंह को सूचना दी कि अकबर 80,000 की सेना के साथ उन पर आक्रमण करने वाला है।

गुजरात के बहादुर शाह से लड़ते हुए मेवाड़ की सेना समाप्त हो गई थी। 8,000 सैनिकों के साथ जयमल और पट्टा सिंह को चित्तौड़ (राजधानी) सौंपकर महाराणा उदय सिंह उदयपुर की पहाड़ी पर चले गए

अकबर ने चित्तौड़ की दीवारों को तोड़ने के लिए तोपों का इस्तेमाल किया; किंतु किले की दीवारें अत्यंत मजबूत थीं। आखिरकार अकबर ने दीवार तक जाने वाली दो भूमिगत सुरंगों को विस्फोटकों से उड़ाने का आदेश दिया।

राजपूत सेना किले से प्रतिदिन लगभग 200 मुगल सैनिकों को मार दिया करती थी, अकबर ने खुदाई करने के लिए इन मृत सैनिकों को दीवार के रूप में इस्तेमाल किया।

एक दिन अकबर ने एक गोली चलाई, जो जयमल के कूल्हे में लगी जिससे मेवाड़ सेना का मनोबल टूट गया। किले में मौजूद राशन भी धीरे-धीरे समाप्त हो रहा था।

आखिरकार अधिक-से-अधिक मुगलों का वध करने के लिए किले के द्वार खोले गए। महिलाओं और 10 वर्ष से कम आयु के बच्चों ने जौहर कर लिया। किले के कई स्थानों में जौहर की लौ जली। अगली सुबह चित्तौड़ के द्वार खुलते ही भगवाधारी राजपूत सैनिकों ने मुगलों पर हमला कर दिया। जयमल चल नहीं सकता था इसलिए उसके भाई कल्ला राठौड़ ने उसे अपने कंधों पर बिठा लिया। जयमल अपनी अंतिम साँस तक मुगलों का वध करता रहा, आखिरकार अकबर ने जयमल का सिर धड़ से अलग कर दिया। राजपूत सैनिकों ने अकबर के 300 हाथियों को मार डाला। राजपूतों के युद्ध कौशल को देखकर अकबर दंग रह गया।

जयमल के वीरगति प्राप्त होते ही राजपूत सेना का नेतृत्व करते हुए भगवाधारी पट्टा सिंह मुगल सेना पर कहर बनकर टूटने लगे, लेकिन अंतोगत्वा पट्टा सिंह को भी वीरगति प्राप्त हुई।

युद्ध समाप्त होने के पश्चात् अकबर ने चित्तौड़ के 40,000 निहत्थे हिंदुओं के नरसंहार का आदेश दिया। अकबर ने अपनी सफलता मारे गए हिंदुओं से लिए गए जनेऊ की मात्रा से मापी। 2890 किलो जनेऊ को आगरा ले जाकर दिखाया गया कि उसने कितनी निर्ममता से इस युद्ध का नेतृत्व किया।

हल्दीघाटी और दिवेर का युद्ध

1572 ई. में महाराणा प्रताप ने मुगलों को परास्त करने के लिए एक दीर्घकालिक योजना का निर्माण किया, जिसके अंतर्गत गुरिल्ला युद्ध नीति को चुना गया। 1572 ई. से 1576 ई. तक प्रताप ने अन्य राजपूत घरानों के साथ गठजोड़ किए, वित्तीय संसाधन जुटाए और भीलों के बिखरे हुए नेटवर्क के साथ सैन्य ठिकानों का निर्माण किया। भील प्रताप के जासूस, अन्नदाता, रक्षक और दूत थे अन्य शब्दों में कहा जाए तो भील प्रताप के प्रतिरोध की रीढ़ थे।

इधर अकबर जानता था कि यदि एक और साका हुआ तो मुगल साम्राज्य बिखर जाएगा, क्योंकि अरावली पर्वत श्रृंखला में उसकी तोपें बेकार थीं। यह क्षेत्र ऐसे थे कि 20-30 राजपूत 1,000 मुगलों को आसानी से मार सकते थे। अतः

अकबर ने अपने मंत्रियों के माध्यम से कई बार शांति प्रस्ताव भेजा, किंतु प्रताप की शर्तें अकबर को स्वीकार नहीं थीं। दरअसल महाराणा प्रताप अकबर को उलझाकर रखना चाहते थे, ताकि उन्हें अपनी योजना को कार्य रूप में परिणत करने के लिए और समय मिल जाए।

अप्रैल 1576 में अकबर ने 20 हजार मेवाड़ी योद्धाओं का सामना करने के लिए मान सिंह के नेतृत्व में 80,000 मुगल सैनिकों को मेवाड़ की ओर रवाना किया। 1576 में हल्दीघाटी में दोनों ओर की सेना ने बहादुरी से लड़ाई लड़ी। मेवाड़ की सेना संख्या बल में कम थी। प्रताप ने स्वयं उस समय तक आठ घाव सहे थे। मुगलों ने चेतक पर सवार घायल प्रताप का पीछा करने का निश्चय किया। हकीम खान और झाला मान दोनों ने प्रताप को बचाने के लिए अपने प्राणों की आहुति दे दी। शक्ति सिंह बचाव में आए और प्रताप का पीछा कर रहे मुगल सेनापतियों को मार डाला। चेतक ने बिलोचा में समाधि ले ली और प्रताप ने अपनी युद्ध-यात्रा जारी रखने का निश्चय किया। मुगल सेना को उसके आकार की एक-चौथाई सेना ने बुरी तरह से परास्त किया, हालाँकि मेवाड़ को भी भारी नुकसान हुआ।

हल्दीघाटी के युद्ध परिणाम से निराश अकबर ने मान सिंह और आसिफ खान का पद छोटा कर दिया। भूराजस्व दस्तावेजों से ज्ञात होता है कि प्रताप ने सितंबर 1576 में अपने लोगों को जागीरें जारी की थीं, जिसका अर्थ है कि युद्ध के पश्चात् भी उनका उस क्षेत्र पर स्वामित्व था।

नवंबर 1576 में अकबर एक बड़ी सेना के साथ गोगुंदा तक आया, अगर वह हल्दीघाटी युद्ध जीत गया होता तो वह फिर से उसी क्षेत्र पर आक्रमण नहीं करता।

मार्च में मान सिंह और आसिफ खान गोगुंदा क्षेत्र में फँस गए और उनके सैकड़ों सैनिक भूख और बीमारी से मर गए। अकबर को उन्हें वापस बुलाना पड़ा और उनकी असफलता पर उन्हें फिर से पदावनत किया गया।

अकबर और प्रताप दोनों ने महसूस किया कि मुगलों के पास सिसौदिया सेना के पहाड़ी युद्ध कौशल का कोई जवाब नहीं था। इससे साबित होता है कि हल्दीघाटी युद्ध बिना किसी परिणाम के समाप्त हुआ।

प्रताप ने दिवेर में अंतिम युद्ध के लिए मैदान तैयार किया। वित्तीय संसाधनों को जुटाने के लिए प्रताप ने भामा शाह और ताराचंद को मालवा भेजकर अकबर के कारवाँ को लूटने का निर्देश दिया। अकबर इस्लामिक खलीफा को तुर्की और अरब में भारी मात्रा में सोना और धन भेजने के लिए समुद्री मार्गों का उपयोग कर रहा था, क्योंकि वह स्वयं अगला खलीफा बनना चाहता था। भामा शाह और ताराचंद पाँच वर्षों तक मुगलों द्वारा बाहर भेजे जा रहे खजाने को लूटते रहे और देखते-ही-देखते

इन्होंने पच्चीस लाख स्थानीय मुद्राएँ और बीस हजार स्वर्ण मुद्राएँ एकत्र कर लीं।

दिवेर के युद्ध में महाराणा प्रताप ने लगभग 10,000 कुशल योद्धाओं की सेना का नेतृत्व किया। मुगल सैनिकों की संख्या लगभग 15,000 थी। मुगलों की ओर से सेरीमा खान, जो दिवेर थाने की देख-रेख करता था, प्रताप के पुत्र अमर सिंह के भाले से मारा गया। मृत्यु शय्या पर उसने प्रताप से गंगाजल के लिए अनुरोध किया, जिसे प्रताप ने स्वयं उसे दिया। इसके पश्चात् दिवेर का युद्ध समाप्त हो गया और अमर सिंह ने राजपूत सैनिकों की एक टुकड़ी का नेतृत्व करते हुए मुगलों का पीछा कर उन्हें मौत के घाट उतार दिया। प्रताप ने कुंभलगढ़ और उदयपुर को वापस पा लिया। 1583 ई. में मेवाड़ के चारों ओर के 32 थानों को मुगलों ने रातोरात खाली कर दिया। इसके पश्चात् 1597 ई. तक किसी भी मुगल की मेवाड़ की ओर दृष्टि डालने की हिम्मत नहीं हुई।

अकबर और सलीम

- 1590 ई. में जब अकबर अस्वस्थ था तो उसके तीनों पुत्रों ने उत्तराधिकार के लिए युद्ध की योजना बनानी शुरू कर दी।
- 1591 ई. में अबुल फजल ने आरोप लगाया कि शहजादे सलीम ने अकबर को जहर देने का षड्यंत्र रचा। सत्ता के मद में चूर अकबर ने सलीम को अदालत में अपमानित किया। सलीम इस अपमान को कभी नहीं भूला। साम्राज्य और पारिवारिक मामलों पर सलाह के लिए अकबर ने हमेशा अपने बेटों की उपेक्षा की इसलिए उन्होंने अकबर के आदेशों की अवहेलना की।
- 1597 ई. में अकबर ने सलीम को दानियाल के असफल अभियान में सहायता करने के लिए दक्कन जाने का आदेश दिया, जिसे सलीम ने मना कर दिया। अत: क्रोधित होकर अकबर ने पोते खुसरो को और अधिक शक्तियाँ देनी शुरू कर दीं।
- 1599 ई. में अकबर नहीं चाहता था कि सलीम नूरजहाँ से शादी करे इसलिए नूरजहाँ की शादी अपने एक मंत्री से करा दी और सलीम को मेवाड़ के साथ युद्ध करने का आदेश दिया। सलीम ने अकबर के आदेश की अवहेलना कर विद्रोह कर दिया। सलीम ने शाही खजाने को चुराने के लिए आगरा के किले की ओर कूच किया, तत्पश्चात् स्वतंत्र शासन स्थापित करने के उद्देश्य से इलाहाबाद (वर्तमान प्रयागराज) चला गया। अकबर ने सलीम के विद्रोह को रोकने के लिए उसे बंगाल का राज्यपाल

नियुक्त कर दिया, लेकिन सलीम ने विद्रोह को रोकने से इंकार कर दिया।

- सलीम को अपने पिता के करीबी दोस्तों और नवरत्नों के कड़े विरोध का सामना करना पड़ रहा था, इसलिए उसने 1602 ई. में अबुल फजल को मार डाला। सलीम अब बिना किसी बड़े विरोध के आगरा जा सकता था और अपने दुश्मनों को खत्म कर सकता था, चाहे वो अकबर का कितना भी करीबी क्यों न हो।
- 1604 ई. में अकबर ने सलीम को रोकने के लिए स्वयं मोर्चा सँभालने का निश्चय किया, किंतु अपनी माँ की मृत्यु का समाचार मिलते ही वह आगरा लौट आया। अकबर ने अंतिम संस्कार के समय सलीम को पकड़ लिया और कुछ दिनों के लिए जेल में डाल दिया।
- मार्च 1605 में अकबर के पुत्र दानियाल की मृत्यु हो गई। दूसरी ओर मानबाई ने अफीम का सेवन किया और उसकी भी मृत्यु हो गई। मानबाई की मौत ने सलीम के हौसले तोड़ दिए और उसने अपने पिता के साथ रहने का फैसला किया। लेकिन रिश्तेदारों और सज्जन लोगों ने उन्हें दूर रखने की पूरी कोशिश की।
- एक बार अकबर की तबीयत बहुत खराब हो गई। अकबर जानता था कि उसका अंतिम समय आ गया है, अत: उसने सलीम को आगरा किले में बुलाकर अगला बादशाह घोषित कर दिया।
- अक्तूबर 1605 में अकबर की मृत्यु हुई और उसे आगरा में स्थित सिकंदरा में दफनाया गया। अंतिम संस्कार के पश्चात् उसका राज्याभिषेक किया गया। खुसरो और राजा मान सिंह बंगाल भागने की योजना बना रहे थे।

राजनीति से प्रेरित थी अकबर की तथाकथित 'धर्मनिरपेक्षता'

अकबर जानता था कि बहुसंख्यक हिंदुओं का पूर्ण इस्लामीकरण असंभव है, अत: उसने धर्मनिरपेक्षता का स्वाँग रचा। वास्तविकता यह है कि अकबर की तथाकथित धर्मनिरपेक्षता राजनीति से प्रेरित थी और इसका सहिष्णु शासक से कोई लेना-देना नहीं है।

उसने दीन-ए-इलाही धर्म की स्थापना की ताकि उसे हजारों पत्नियाँ रखने के लिए नैतिक बनाया जा सके। वह अप्रत्यक्ष रूप से अपने सेनापतियों को मंदिरों को नष्ट करने, लोगों और गायों को मारने और उनके धन को लूटने का आदेश देता था। मंदिरों को अकसर मसजिदों और मदरसों में बदल दिया जाता था।

वह धर्मनिरपेक्षीकरण में असफल हो गया, इस्लाम ने उसके शासन में गिरावट

देखी, किंतु उसके बेटे जहाँगीर ने उसकी नीति को उलट दिया। उसने गोंडवाना की रानी दुर्गावती पर भी आक्रमण किया। रानी ने वीरतापूर्वक युद्ध लड़ते हुए अपने प्राण निछावर कर दिए। मुगलों ने अपार धन-संपत्ति, जैसे—सोना, चाँदी और जवाहरात के साथ-साथ 1,000 हाथियों को भी जब्त कर लिया।

अकबर द्वारा ज्वाला देवी मंदिर को सोने का छत्र दान करने की सच्चाई

हिमाचल प्रदेश के कांगड़ा जिले में स्थित ज्वाला देवी मंदिर 51 शक्तिपीठों में से एक है। यहाँ शक्ति की ज्वाला के रूप में पूजा की जाती है। इस मंदिर के सूचना पट्ट पर लिखा है कि—"एक बार अकबर इस मंदिर में आया तो उसने अपने लोगों को मंदिर में जल रही ज्वाला को बुझाने का आदेश दिया, लेकिन वो इस लौ को नहीं बुझा सके। अत: वह माँ के चमत्कार से प्रभावित हुआ। अकबर नंगे पाँव माँ के दर्शन करने आया और माँ पर सोने का छत्र चढ़ाने के साथ-साथ कई 100 बीघा जमीन मंदिर को दान में दी।"

यह सर्वविदित है कि अकबर एक क्रूर और अत्याचारी शासक था, जिसने हिंदुओं पर असंख्य अत्याचार किए। अब विचारणीय तथ्य यह है कि क्या ऐसा हिंदू विरोधी क्रूर शासक किसी हिंदू मंदिर में जाकर सोने का छत्र चढ़ाएगा?

सेवानिवृत्त प्रो. रामशरण भारद्वाज ने इस संदर्भ में व्यापक शोध करते हुए कई लेख लिखे। उन्होंने अकबर और ज्वाला देवी मंदिर की सच्चाई उजागर करते हुए लिखा है कि—

"अकबर नूरपुर और चंबा पर हमला करने के लिए ज्वाला देवी मंदिर आया था और उसने मंदिर की ज्वाला को बुझाने की कोशिश की, किंतु जब वह नहर का पानी मंदिर में लाकर भी ज्वाला को बुझा नहीं सका तो उसने मंदिर को नष्ट कर दिया। सभी सेवादारों और पुजारियों आदि को मृत्युदंड देकर मार डाला और ज्योति स्थल को बड़े-बड़े पत्थरों से ढक दिया। कुछ समय पश्चात् चंबा के राजा संसार चंद ने मंदिर का पुनर्निर्माण करवाया और महाराजा रणजीत सिंह ने मंदिर में सोने का छत्र लगवाया, साथ ही महाराजा के पुत्र शेर सिंह ने मंदिर के मुख्य द्वार को चाँदी की चादर से सजवाया।"

वास्तव में तथाकथित हिंदू-मुसलिम भाईचारे को बढ़ाने और अकबर को महान् बताने के लिए मंदिर के बाहर सूचना पट्ट लगाया गया और एक एजेंडे के तहत वामपंथी इतिहासकारों ने यह झूठ प्रसारित करने का षड्यंत्र रचा।

नौरोज मेला : अकबर की वासना का घिनौना प्रदर्शन

अकबर सुंदर युवतियों को खोजने और अपनी वासना को संतुष्ट करने के लिए हर साल नौरोज का मेला आयोजित करता था। एक बार उसकी नजर शक्ति सिंह की बेटी किरण देवी पर पड़ी। वह उसकी सुंदरता पर मोहित हो गया। अकबर का इशारा मिलते ही सखियों ने रानी किरण देवी को धोखे से जनाना महल में पहुँचा दिया। अकबर ने उसे तरह-तरह के प्रलोभन दिए, किंतु वह नहीं मानी।

जैसे ही अकबर ने उन्हें छूने का प्रयास किया, महारानी किरण ने अपना खंजर निकालकर वार कर दिया। अकबर लड़खड़ाकर गिर पड़ा। महारानी किरण उसके सीने पर बैठ गईं और दहाड़ते हुए कहा—"अपनी माँ की कसम खाकर कहो कि आज से यह नौरोज का मेला नहीं लगेगा और किसी औरत का अपमान नहीं होगा।" अकबर काँप उठा और अनायास ही उसके मुँह से निकल पड़ा—"माँ! मुझे माफ कर दो, मैं अपनी जान की भीख माँगता हूँ...अब 'नौरोज' का मेला कभी नहीं लगेगा।"

जहाँगीर (1605-27 ई.)

पाँचवें सिख गुरु अर्जन देव को निर्मम यातनाएँ देने का अपराध—

नवंबर 1605 में अकबर की मृत्यु के पश्चात् सलीम ने जहाँगीर की उपाधि के साथ गद्दी सँभाली।

1606 ई. में जहाँगीर के खिलाफ उसके पुत्र खुसरो ने विद्रोह कर दिया जिसे पाँचवें सिख गुरु अर्जन देव (इन्होंने ही आदि ग्रंथ का संकलन किया था, जो बाद में गुरु ग्रंथ साहिब बना) ने अपने यहाँ शरण दी। इस बात से नाराज होकर जहाँगीर ने गुरु अर्जन देवजी को गिरफ्तार कर लिया। मई 1606 में उन्हें लाहौर लाया गया।

सिखों को भारी जुर्माना देने और गुरु ग्रंथ साहिब के कुछ हिस्सों को हटाने के लिए कहा गया। गुरु अर्जन देवजी ने जब इस बात से इंकार किया तो उनका जबरन इस्लाम में परिवर्तन करने का असफल प्रयास किया गया। उन्हें 5 दिनों तक क्रूरतापूर्वक प्रताड़ित किया गया। पहले दिन गुरु अर्जन देवजी को खाने-पीने के लिए कुछ भी नहीं दिया गया और रात को सोने भी नहीं दिया गया, लेकिन वे वाहे गुरु, वाहे गुरु का जाप करते रहे।

दूसरे दिन उन्हें एक बड़े ताँबे के बरतन में उबलते पानी में बैठाया गया, उनके शरीर में छाले पड़ गए, लेकिन उन्हें गुस्सा नहीं आया। तीसरे दिन उन्हें फिर से खौलते पानी में बैठाया गया। भीषण गर्मी में उनके शरीर पर गर्म रेत डाली जाती थी। गुरु अर्जन देवजी की त्वचा बुरी तरह से जल चुकी थी। चौथे दिन उन्हें गर्म

लोहे की थाली पर बिठाया गया और गर्म रेत डाली गई, बिना किसी आह या चीख के वे वाहे गुरु का स्मरण करते रहे। पाँचवें दिन गुरु अर्जन देवजी को रावी नदी में स्नान करने के लिए कहा गया। मुगलों ने सोचा कि ठंडे पानी में डुबकी लगाने से उनका शरीर अधिक दर्द से गुजरेगा। गुरु ने प्रार्थना करते हुए नदी में डुबकी लगाई, जिसके पश्चात् उनका शरीर कभी नहीं मिला। गुरु अर्जन देव अंतर्धान हो चुके थे।

मुगलों ने गुरु अर्जन देव को भयंकर पीड़ाएँ दी, किंतु उनका बलिदान सिखों के लिए विरासत बन गया, उस दिन से लेकर आज तक हर सिख किसी भी दुर्दांत आक्रमणकारी से लड़ने का जज्बा रखता है।

1607 ई. में जहाँगीर और उसके बेटे खुसरो के मध्य पंजाब में भयंकर युद्ध हुआ, जिसमें खुसरो की पराजय हुई और उसे अंधा कर दिया गया।

महाराणा अमर सिंह से 18 बार युद्ध में परास्त हुआ जहाँगीर

जहाँगीर ने अमर सिंह को पराजित करने के लिए एक विशाल सेना के साथ मोहब्बत खान को भेजा। उसने राजपूत थानों को नष्ट करना शुरू कर दिया। अमर सिंह ने इसके प्रत्युत्तर में एक योजना का निर्माण किया। दर्जन भर राजपूत सैनिक चरवाहों के वेश में पशुओं का एक बड़ा झुंड लेकर मोहब्बत खान की सेना के करीब आ गए, उन्होंने पशुओं के सींगों पर तरबूज में पटाखे लगाकर उसमें आग लगा दी और पशुओं को मुगलों की सेना में छोड़ दिया।

बाकी बचे मेवाड़ी सैनिकों ने मौके का फायदा उठाकर हमला कर दिया। मुगल सेना यह सोचकर भागने लगी कि राजपूतों की एक विशाल सेना ने उन पर आक्रमण कर दिया है। इधर अमर सिंह एक सैन्य टुकड़ी के साथ अजमेर की ओर इंतजार कर रहे थे, उन्होंने मुगलों का वध कर दिया। उनके सभी हथियार और कीमती सामान लूट लिए और थानों को मुक्त करा दिया।

जहाँगीर ने महाराणा अमर सिंह को परास्त करने के लिए 18 बार युद्ध किया, किंतु प्रत्येक बार विजय महाराणा अमर सिंह की ही हुई।

1613 ई. में जहाँगीर ने शाहजहाँ को भेजा, जिसने छोटी इकाइयों में मेवाड़ थानों पर कब्जा करना शुरू कर दिया और मेवाड़ सेना की रसद काट दी जिसके कारण उसका उत्तरी मेवाड़ पर अधिकार हो गया और अमर सिंह को दक्षिणी अरावली में जाना पड़ा। अमर सिंह ने अपने बेटे कर्ण सिंह को सारी जिम्मेदारियाँ सौंप दीं। कर्ण सिंह ने वित्तीय एवं सैन्य संसाधन जुटाने तथा लगातार हो रहे युद्ध से त्रस्त मेवाड़ की जनता की भलाई के लिए मुगलों के साथ सम्मानजनक शर्तों पर शांति संधि पर हस्ताक्षर किए।

जहाँगीर ने भी मंदिर तोड़ने की इस्लामिक नीति का पालन किया

अकसर इतिहास में हमें यह झूठ बताया जाता है कि जहाँगीर ने कभी भी मंदिर गिराने की नीति का पालन नहीं किया, किंतु वास्तविकता कुछ और ही है। एक बार जहाँगीर ने पुष्कर (राजस्थान) का दौरा किया। उसने वहाँ एक वराह मंदिर को गिराने का आदेश दिया। इतना ही नहीं, जब उसे अहमदाबाद में जैन मंदिरों के बारे में पता चला तो उसने तुरंत उन्हें ध्वस्त करने का आदेश दे दिया।

ईस्ट इंडिया कंपनी ने थॉमस रो को आगरा भेजा, जो 3 वर्षों तक (1619 ई. तक) आगरा में रहा। धीरे-धीरे थॉमस रो जहाँगीर का शराब पीने वाला साथी बन गया। जहाँगीर को रोजाना शराब पीने और अफीम खाने की लत लग गई। हकीमों के कहने पर वो अपने स्वास्थ्य को ठीक करने की कोशिश में कश्मीर और काबुल का दौरा कर रहा था। वह काबुल से कश्मीर गया, लेकिन भीषण ठंड के कारण लाहौर लौटने का फैसला किया। कश्मीर से लाहौर की यात्रा के दौरान 1627 ई. में भिंबर के निकट जहाँगीर की मृत्यु हो गई।

शाहजहाँ (1627-58 ई.)

एक हिंदू राजा ने शाहजहाँ के प्राणों की रक्षा की

जहाँगीर की पत्नी नूरजहाँ ने खुर्रम को कंधार पर ईरानी हमलों का सामना करने के लिए कहा, किंतु खुर्रम ने साफ इंकार कर दिया, परिणामस्वरूप कंधार मुगल शासन के हाथ से निकल गया। खुर्रम को लगा कि नूरजहाँ जहाँगीर को उसके खिलाफ भड़का देगी, अत: आशंकित होकर उसने अपने पिता जहाँगीर के खिलाफ विद्रोह कर दिया। खुर्रम और मुगल सेनाओं के बीच हुए युद्ध में खुर्रम हार गया। उसने अपनी जान बचाकर महाराणा कर्ण सिंह के पास शरण ली।

महाराणा कर्ण सिंह ने पहले खुर्रम को दिलवाड़ा की हवेली में और बाद में उदयपुर के जग मंदिर परिसर में रखा। कालांतर में जहाँगीर ने खुर्रम को क्षमा कर दिया और वह वापस आगरा लौट आया। उसने जहाँगीर के जीवनकाल में ही अपने सगे भाई शहरयार और भतीजों सहित ऐसे सभी रिश्तेदारों को मार डाला, जिनसे उसे डर था कि वह उसकी सत्ता के लिए खतरा बन सकते हैं। जहाँगीर की मृत्यु के पश्चात् खुर्रम शाहजहाँ के नाम से मुगल सल्तनत के तख्त पर काबिज हुआ।

कृतघ्न शाहजहाँ ने हिंदुओं पर ही अत्याचार प्रारंभ कर दिए

जैसा कि हमने वर्णन किया है कि एक हिंदू राजा कर्ण सिंह ने शाहजहाँ के प्राणों की रक्षा की थी, किंतु शाहजहाँ इतना कृतघ्न था कि उसने भी अपने पूर्वजों की भाँति हिंदू जनता पर अत्याचार प्रारंभ कर दिए।

- जब शाहजहाँ के दूसरे बेटे शुजा को काबुल का गवर्नर नियुक्त किया गया तो उसने सिंधु के पार हिंदू क्षेत्र में क्रूरतापूर्वक लूटपाट की, उसने तलवार के दम पर हजारों हिंदुओं को धर्मांतरित किया। अपने सतीत्व की रक्षा करने के लिए महिलाओं ने स्वयं को अग्नि को समर्पित कर दिया, जो पकड़ी गईं, उन्हें मुसलिम मनसबदारों में बाँट दिया गया।
- 1631 ई. में शाहजहाँ ने आदेश दिया कि बनारस और अन्य सभी स्थानों पर मंदिरों को गिरा दिया जाए। अकेले इलाहाबाद प्रांत में 76 मंदिर तोड़े गए।
- 1635 ई. में शाहजहाँ ने शाही बुंदेला परिवार की महिलाओं को बंदी बना लिया, राजा की माताओं और बेटियों को मुगल हरम में रखा गया। स्वयं शाहजहाँ ने बीर सिंह देव के विशाल मंदिर को तोड़कर उस स्थान पर एक मसजिद का निर्माण किया।
- उसने लाहौर में एक सिख गुरुद्वारे को ध्वस्त कर दिया, जिसके प्रतिरोध में छठे सिख गुरु हरगोबिंद सिंहजी के नेतृत्व में सिखों ने पहला सशस्त्र संघर्ष शुरू किया, जो यह नहीं भूले थे कि जहाँगीर ने उनके पिता गुरु अर्जन देवजी के साथ क्या किया था? शाहजहाँ छठे नानक (गुरु हरगोबिंद सिंहजी) के विरुद्ध कभी भी सफल नहीं हुआ।

मुगल सल्तनत का वैभव : गुलामों की तरह बिकते बच्चे

वामपंथी इतिहासकारों द्वारा मुगल साम्राज्य की शान में अकसर कसीदे पढ़े जाते हैं, किंतु वास्तविकता यह है कि उस कालखंड में जनसामान्य की हालत बद से बदतर हो गई। मुगल साम्राज्य को दिवालिया करने का श्रेय पूरी तरह से शाहजहाँ को जाता है, क्योंकि उसने राजकोष का बड़ा हिस्सा इमारतों और स्मारकों के निर्माण पर खर्च कर दिया, जिसका सारा बोझ किसानों और आम जनता पर आ पड़ा। बिहार से लेकर बंगाल और दक्कन तक अर्थव्यवस्था पूरी तरह से बर्बाद हो गई। जीवित रहने के लिए लोगों ने अपने बच्चों को गुलामों के रूप में बेचना शुरू कर दिया।

मुगल सेनापति की नाक काट ली थी गढ़वाल की रानी कर्णावती ने

जब आगरा में शाहजहाँ की ताजपोशी हुई तो संपूर्ण उत्तर भारत के शासक नए बादशाह से मिलने गए। किंतु गढ़वाल के राजा महिपति शाह ने उस समारोह में न जाने का फैसला किया, जिससे बादशाह नाराज हो गया। जब बादशाह को श्रीनगर (उत्तराखंड) क्षेत्र में सोने की खानों के विषय में बताया गया तो उसने आक्रमण की योजना बनाई।

इसी बीच कुमाऊँ की लड़ाई के दौरान राजा महिपति शाह को घातक चोटें आईं और उनकी मृत्यु हो गई, जिसके पश्चात् उनके 7 वर्षीय पुत्र का राज्याभिषेक कर दिया गया। अब राज्य के देखभाल की जिम्मेदारी रानी कर्णावती पर आ गई।

शाहजहाँ को राजा महिपति शाह की मृत्यु का समाचार मिलते ही उसने अपने सेनापति नजबत खान के नेतृत्व में 30 हजार की सेना को गढ़वाल पर आक्रमण करने को भेजा।

एक सोची-समझी रणनीति के तहत आरंभ में तो रानी कर्णावती ने शाहजहाँ की सेना को अपने राज्य में बिना किसी प्रतिरोध के घुसने दिया, लेकिन उन्हें वर्तमान 'लक्ष्मण झूला' के पास रोक दिया। अब मुगल सेना न आगे बढ़ सकती थी और न ही पीछे हट सकती थी। खाद्य आपूर्ति की कमी के चलते सेना का मनोबल भी टूटने लगा। नजबत खान को हार दिखने लगी थी, इसलिए उसने रानी के पास शांति प्रस्ताव भेजा, जिसे रानी ने ठुकरा दिया। मुगल सेना में हताशा फैल गई। आखिरकार रानी ने उन पर जोरदार आक्रमण किया। उन्हें पकड़ लिया गया और फिर नाक काटकर छोड़ दिया।

रानी कर्णावती ने मुगल दरबार को संदेश देने के लिए मनोवैज्ञानिक युद्ध का सहारा लिया कि अगर वह उनकी नाक काट सकती हैं तो वह उनके सिर भी काट सकती थीं। सुल्तान इस शर्मिंदगी से क्रोधित हो गया। उसने आरिज खान के नेतृत्व में एक और हमले का आदेश दिया, जिसे रानी के हाथों पुनः शर्मिंदगी का सामना करना पड़ा।

निर्दयी शाहजहाँ

- हिंदू तीर्थयात्रियों पर जजिया कर का फिर से लगाया जाना, शाहजहाँ की हिंदू उत्पीड़न की नीति का विस्तार था।
- शाहजहाँ अपने अधिकारियों को कठोर दंड देता था। वह जहरीले साँपों की टोकरियाँ रखता था। यदि कोई अधिकारी असफल होता तो वह सजा

के तौर पर उन्हें जहरीले साँपों से डसवाता था।

- उसके द्वारा लोगों को पागल हाथियों के सम्मुख फेंकवा दिया जाता था जो व्यक्ति को कुचलकर मार डालते थे।
- इतिहासकार फ्रेंकोइस बर्नियर ने वर्णन किया है कि शाहजहाँ की बड़ी बेटी जहाँआरा बिल्कुल अपनी माँ मुमताज महल जैसी दिखती थी। मुमताज की मृत्यु के पश्चात् शाहजहाँ ने अपनी बेटी जहाँआरा के साथ प्रेम-प्रसंग शुरू कर दिया और उसकी शादी भी नहीं होने दी। इतना ही नहीं, शाहजहाँ ने मुमताज के भाई शाइस्ता खान की पत्नी के साथ कई बार बलात्कार किया। जहाँआरा ने शाहजहाँ के शाही ज्योतिषी की 13 वर्षीय ब्राह्मण लड़की को अपने महल में बुलवाया और नशीला पदार्थ पिलाकर अपने 58 वर्षीय पिता को सौंप दिया। शाहजहाँ को कैद किए जाने के पश्चात् ब्राह्मण लड़की ने औरंगजेब की नजरों से बचने के लिए अपने ही हाथों से अपने चेहरे पर तेजाब डाल लिया।

ताजमहल : एक शिव मंदिर

पी.एन. ओक ने अपनी पुस्तक 'ताजमहल एक सच्ची कहानी' में इस बात का तार्किक वर्णन किया है कि "ताजमहल वास्तव में एक हिंदू मंदिर था। औरंगजेब से पहले और उसके समय में भी ताजमहल का उल्लेख कहीं भी मुगल दरबार के आधिकारिक अभिलेखों या ऐतिहासिक साहित्यों में नहीं आया। ताजमहल संस्कृत शब्द तेजो महालय का अपभ्रंश है, जो अग्रेश्वर महादेव (शिव मंदिर) को दर्शाता है।"

'बादशाहनामा' (पृ. 403, खंड 1) में शाहजहाँ ने स्वीकार किया है कि मुमताज को दफनाने के लिए गुंबद से ढकी अतुलनीय एक भव्य हवेली जयपुर के महाराजा जय सिंह से ली गई थी, जिसे राजा मान सिंह के महल के नाम से जाना जाता था। इस महल को 1631 ई. और 1653 ई. के दौरान अधिग्रहण के पश्चात् इस्लामी तरीके से मीनारों आदि के निर्माण के साथ एक मकबरे में परिवर्तित कर दिया गया था।

न्यूयॉर्क के प्रो. मार्विन मिल्स ने ताजमहल के नदी किनारे के गेट से कार्बन डेटिंग के लिए कुछ नमूने लिए, जिनकी जाँच से पता चला कि दरवाजा शाहजहाँ काल से 300 साल पुराना था।

मुमताज की मृत्यु के एक वर्ष के भीतर आगरा का दौरा करने वाले पीटर मुंडी नामक एक अंग्रेज व्यापारी और लेखक ने अपने संस्मरण में लिखा है कि

"शाहजहाँ के समय से पहले ताज एक उल्लेखनीय इमारत थी।" शाहजहाँ के समय का एक भी शाही दस्तावेज शाहजहाँ और मुमताज की प्रेम कहानी की पुष्टि नहीं करता है।

ताजमहल की वास्तुकला दर्शाती है कि वह एक शिव मंदिर था। पुरातात्त्विक परीक्षणों के माध्यम से इसकी और पुष्टि की आवश्यकता है। शिवलिंग का क्या हुआ यह भी शोध का विषय है।

लाल किला भी शाहजहाँ के 1628 ई. में गद्दी सँभालने के पहले से ही बना हुआ था। इसे राजा अनंगपाल ने 1060 ई. में बनवाया था, जो पृथ्वीराज चौहान के परनाना थे। शायद शाहजहाँ ने अपने समय में किले का विस्तार किया होगा। इस विषय पर भी गहन शोध करने की आवश्यकता है।

संदर्भ सूची

- Maharana, A thousand year war on Dharma by Omendra Ratnu
- 'Overlooked Eyewitness Account of Babur's Invasion of India' by Bhupinder 'Bo' Singh. (https://www.sikhnet.com/news/overlooked-eyewitness-account-babur%E2%80%99s-invasion-india)
- A Short history of Muslims in India, p. 325-46, ISHWARI PRASAD, University of Allahabad, Published by K. Mitra at Indian Press Allahabad.
- History of India Edited by A.V. Williams Jackson. (https://www.ibiblio.org/britishraj/Jackson3/chapter09.html)
- Mughal India : The biggest holocaust in world history. (https://www.sikhnet.com/news/islamic-india-biggest-holocaust-world-history)
- 'Atrocities of Mughal Emperors-Islamic Imperialism in India, Part 2' By Pingali Gopal (https://www.esamskriti.com/e/History/Indian-History/Atrocities-of-Mughal-Emperors-~-Islamic-Imperialism-in-India-Part-2--1.aspx)
- Jallaluddin : Neither 'Mohammad' nor 'Akbar' Dr. Satendra Kumar Mishra (https://core.ac.uk/download/pdf/249333825.pdf)
- The reality of Akbar that our history textbooks don't teach' by Nivan Sadh. (https://myvoice.opindia.com/2020/06/the-reality-of-akbar-that-our-history-textbooks-dont-teach/)
- 'Islamic Loot : How the Mughals drained wealth out of India' by Rakesh Krishnan Simha (Indiafacts.org/Islamic-loot)
- 'Baz Bahadur and Rani Roopmati : A Heartbreaking Tale of Love' by Deepti Verma. (https://nationalviews.com/baz-bahadur-rani-roopmati-love-

story-facts-details-ending)

- Kstrani Kiran and Akbar story (https://readerblogs.navbharattimes.indiatimes.com/?p=21975)
- How Mughal emperor Jahangir tortured Sikh guru Arjan Dev to death (https://www.myindiamyglory.com/2018/05/14/how-mughal-emperor-jahangir-tortured-sikh-guru-arjan-dev-to-death/)
- Episodes from an Oppressive Era : How Hindus Preserved their Dharma Under Shah Jahan's Tyranny by Sandeep Balakrishna (https://www.dharmadispatch.in/history/episodes-from-an-oppressive-era-how-hindus-preserved-their-dharma-under-shah-jahans-tyranny)
- Mughals : The Sexual Predator Dynasty (https://kreately.in/mughals-the-sexual-predator-dynasty/)
- Taj Mahal or Tejo Mahalay : What is the real story by Vicky (https://www.oneindia.com/india/taj-mahal-or-tejo-mahalay-what-is-the-real-story-2519632.html)
- 'Shah Jahan: Did he really built Delhi Red Fort? Hidden Story Behind Lal Qila Construction' by Bharat Parichay (https://www.youtube.com/watch?v=A6o_FEaJVxQ)

□

5
औरंगजेब

एक बार दिल्ली की जामा मसजिद के पास हजारों की संख्या में एकत्र हुए संगीतकारों ने रोते हुए जुलूस निकालना शुरू किया।

उधर से गुजर रहे मुगल बादशाह ने जब इसका कारण पूछा तो प्रदर्शनकारियों का जवाब था कि "आपने हमारे संगीत का कत्ल-ए-आम कर दिया है। अब हम उसी संगीत को दफनाने जा रहे हैं।"

अपने होंठों पर शैतानी मुस्कान बिखेरते हुए बादशाह ने पलटकर जवाब दिया—"अगर ऐसा है तो कब्र जरा गहरी खोदना।"

पता है उस असंवेदनशील बादशाह का नाम था—औरंगजेब! और इस किस्से का आँखों-देखा वर्णन किया है भारत आए इतालवी पर्यटक एवं इतिहासकार मनूची ने।

कितनी आश्चर्यजनक बात है कि औरंगजेब जिसने मुगल सत्ता को प्राप्त करने के लिए अपने पिता को गिरफ्तार कर जेल में डलवा दिया, अपने सगे भाई की न केवल हत्या की, बल्कि उसके कटे हुए सिर को थाल में सजाकर अपने पिता के सामने प्रस्तुत किया, सेक्युलरवाद का लिबास ओढ़कर बैठे कुछ जिहादी मानसिकता वाले लोगों द्वारा आज उसी औरंगजेब का महिमामंडन किया जा रहा है।

इस अध्याय के माध्यम से हम औरंगजेब की उन क्रूर धार्मिक नीतियों के बारे में जानेंगे जिनके तहत उसने कट्टरपंथी इस्लाम का अनुसरण करते हुए संगीत को प्रतिबंधित किया। गैर-मुसलिमों को केवल जिंदा रहने के लिए घृणित तरीके से जजिया कर का भुगतान करना पड़ता था। हजारों की संख्या में मंदिरों का विध्वंस किया गया। इतना ही नहीं, इस्लाम न कबूल करने के कारण गुरु तेगबहादुर और उनके तीन अनुयायियों भाई मति दास, सती दास और दयाल दास के साथ-साथ न जाने कितने हिंदुओं को निर्ममतापूर्वक मौत के घाट उतार दिया गया।

प्रारंभिक जीवन (1618-52 ई.)

औरंगजेब का शासनकाल

औरंगजेब ने 1658 ई. से 1707 ई. तक शासन किया। उसके शासनकाल के दौरान मुगल साम्राज्य अपने चरम पर पहुँच गया, जो गजनी से बंगाल और कश्मीर से कर्नाटक तक विस्तृत था। यह संपूर्ण क्षेत्र सीधे औरंगजेब द्वारा शासित था अर्थात् इसमें कोई स्वतंत्र राजा या जागीरदार नहीं थे। इस प्रकार एक राजनीतिक इकाई के रूप में यह क्षेत्र किसी भी हिंदू राजा से बड़ा था।

शासक अनुशासित दुर्गुणों से रहित अत्यंत बुद्धिमान् था, दृढ़ता से शासन करता था, किसी भी आतंक से नहीं डरता था और उसका निजी जीवन अत्यंत सरल था। उसने अपने पिता के अधीन युद्ध के साथ-साथ कूटनीति में भी कठोर प्रशिक्षण लिया था फिर भी साम्राज्य विफल हो रहा था।

त्रासदीपूर्ण जीवन

उसके जीवनकाल के प्रारंभिक चालीस वर्ष स्वयं को प्रशिक्षित करने में व्यतीत हुए, एक वर्ष तक उसने मुगल सल्तनत के सिंहासन को प्राप्त करने के लिए क्रूर संघर्ष किया। फिर तेईस वर्ष अपने साम्राज्य को शांतिपूर्ण ढंग से मजबूत करने में व्यतीत हुए। उसके सभी शत्रु दूर हो गए और धन तथा संस्कृति में वृद्धि हुई। वह अपनी महिमा का आनंद लेते हुए सबसे खुश व्यक्ति लग रहा था।

जिम्मेदारियाँ

- 1634 ई. में औरंगजेब को दस हजार घोड़ों के कमांडर का पद दिया गया।
- 1635 ई. में उसे स्थानीय राजा को वश में करने के लिए बुंदेला भेजा गया।
- 1636 ई. में उसे दक्कन का वायसरॉय नियुक्त किया गया।
- अगले कुछ वर्षों के दौरान उसे बल्ख, कंधार आदि विभिन्न अभियानों की जिम्मेदारियाँ दी गईं।
- 1652 ई. में फिर से दक्कन भेज दिया गया।
- 1656 ई. में औरंगजेब ने गोलकुंडा पर आक्रमण कर उसे घुटनों पर ला दिया। इस दौरान विशाल संपत्ति को लूटा गया।
- 1657 ई. में बीजापुर पर आक्रमण किया, लेकिन यह पूर्णत: सफल नहीं हो सका।

इन अभियानों के दौरान धीरे-धीरे औरंगजेब और शाहजहाँ के मध्य व्यापक मतभेद उभरकर सामने आए।

शाहजहाँ की बीमारी और उत्तराधिकार का युद्ध

दारा शिकोह

1657 ई. में शाहजहाँ बीमार पड़ गया। उसके शाही चिकित्सकों ने उसे ठीक करने की कोशिश की, लेकिन ज्यादा सफलता नहीं मिल सकी। जब वह थोड़ा बेहतर हुआ तो उसने आगरा जाने का निर्णय किया, ताकि वो वहाँ अपनी पत्नी की कब्र को देखकर सुकून से मर सके।

दारा हमेशा उसकी देखभाल के लिए उसके पास रहता था। दारा शाहजहाँ का सबसे बड़ा पुत्र था। शाहजहाँ भी चाहता था कि उसकी मृत्यु के पश्चात् राजसिंहासन पर दारा शिकोह ही बैठे। चूँकि शाहजहाँ और औरंगजेब के मध्य शुरुआत से ही व्यापक मतभेद थे, इसलिए शाहजहाँ ने औरंगजेब को दूर दक्कन भेज दिया था। राजसिंहासन के उत्तराधिकारी के संदर्भ में शाहजहाँ ने स्पष्ट संकेत दिए थे और दरबारियों को अपनी वसीयत भी बताई थी कि वह दारा के लिए ताज छोड़ना चाहता है।

दारा इस्लाम के महान् ग्रंथों के साथ-साथ हिंदू वेदांत अध्ययन में भी गहरी रुचि रखता था। वह हिंदू धर्म और इस्लाम के बीच एक मिलन बिंदु खोजना चाहता था।

दरबार के तौर-तरीके सीखने के लिए शाहजहाँ ने उसे हमेशा अपने पास रखा, किंतु इसके परिणामस्वरूप वह युद्ध की कला और स्थानीय सरकार प्रबंधन नहीं सीख सका। शाहजहाँ की बीमारी के दौरान दारा ने राजपाठ धारण नहीं किया, बल्कि बादशाह के नाम पर ही आदेश देना शुरू कर दिया।

दिल्ली की ओर कूच

बादशाह की बीमारी के साथ-साथ दिल्ली से भ्रमित करने वाले समाचार मिलने पर बंगाल में शुजा और गुजरात में मुराद बख्श ने भविष्य के बादशाह के रूप में स्वयं की ताजपोशी की। मुराद बख्श ने औरंगजेब के साथ गठबंधन किया और तीनों ने दिल्ली की ओर कूच किया।

औरंगजेब अत्यंत चालाक था। उसने किसी प्रकार की जल्दबाजी नहीं दिखाई। उत्तर के लिए प्रस्थान करने से पूर्व उसने स्वयं को अच्छी तरह से तैयार कर लिया

था। उसने राज्य के सभी मित्रजनों को संदेश भिजवाया कि वह अपना वादा किया हुआ भुगतान अतिशीघ्र भेजें। उसने बीजापुर को एक विशेष संधि की पेशकश करते हुए भुगतान राशि कम कर दी। गोलकुंडा में उसने अपने राजदूत से कहा कि वह शासक के साथ अत्यंत मित्रतापूर्ण व्यवहार करें, ताकि वह वफादार रहें और अपने वादे निभाएँ। उसने अपनी सेना में सैनिकों की भर्ती की। युद्ध के लिए गोला-बारूद तैयार किया, तोपों की व्यवस्था की, अमीरों को गुप्त आश्वासन भेजा और बदले में उनकी मित्रता सुनिश्चित की।

औरंगजेब ने मुराद के साथ साम्राज्य के विभाजन की संधि की जिसके तहत वे दोनों विभाजित राज्यों के स्वतंत्र शासक होंगे। संपूर्ण तैयारी के साथ उन्होंने दिल्ली की ओर प्रस्थान किया।

जब दारा को इसके बारे में पता चला, उसने इन तीनों से युद्ध करने के लिए बंगाल, गुजरात और दक्कन की ओर तीन सेनाएँ भेजने की तैयारी की, इन सेनाओं का नेतृत्व सक्षम सेनापतियों ने किया, जिन्होंने सम्राट् के साथ-साथ दारा के प्रति भी अपनी निष्ठा की प्रतिज्ञा ली थी।

औरंगजेब द्वारा तख्तापलट और शाहजहाँ की गिरफ्तारी

दारा शिकोह द्वारा भेजे गए सेनापतियों के नेतृत्व वाली सेनाओं को भारी नुकसान हुआ। दारा के नेतृत्व वाली सेना ने शुरू में अपनी ताकत दिखाई, किंतु अंततः उसे भी असफलता ही हाथ लगी। दारा अपनी सारी संपत्ति लेकर दिल्ली भाग गया।

दारा के साथ युद्ध करने के पश्चात् औरंगजेब ने शाहजहाँ को पत्र लिखकर माफी माँगी। शाहजहाँ ने औरंगजेब को बातचीत के लिए आमंत्रित करते हुए पत्र लिखा, किंतु अपने सलाहकारों की सलाह पर उसने जाने से इंकार कर दिया। अब शाहजहाँ ने औरंगजेब को प्रवेश करने से रोकने के लिए किले के दरवाजे बंद कर दिए। क्रोधित औरंगजेब ने राजमहल को पानी उपलब्ध करवाने वाले यमुना के पास स्थित जल द्वार पर कब्जा कर लिया। महल में पानी उपलब्ध न होने के कारण लोगों को परेशानियों का सामना करना पड़ा।

आखिरकार विवश होकर तीन दिनों के पश्चात् शाहजहाँ ने औरंगजेब से विनती करते हुए कहा कि वह उसके बूढ़े पिता को प्यास से न मारे। अंततः किले के द्वार खोल दिए गए और औरंगजेब व मुराद अंदर आ गए। किले के अंदर प्रवेश करते ही औरंगजेब ने तख्ता-पलट कर दिया और बादशाह को बंदी बनाकर कैद में डाल दिया गया।

मुराद का अंत

इसके पश्चात् औरंगजेब दारा को पकड़ने के लिए आगरा से दिल्ली चला गया। जब वह मथुरा पहुँचा तो उसे पता चला कि मुराद उसके खिलाफ साजिश रच रहा है। वह तुरंत वापस आ गया। प्रारंभ में उसने मुराद को उपहार भेंट करते हुए साथ में भोजन करने के लिए आमंत्रित किया। जब मुराद आया तो उसे खूब खाना खिलाया गया, शराब पिलाई गई और जब वह सो गया तो उसे बंदी बना लिया गया। रात में ही उसे ग्वालियर जेल भेज दिया गया। मुराद के समर्थकों को इस बात का पता बहुत देर से चला।

मुराद 3 साल तक ग्वालियर जेल में रहा, उसने भागने का असफल प्रयास भी किया। आखिरकार औरंगजेब ने उससे छुटकारा पाने का निर्णय लिया, दो गुलामों द्वारा उसका सिर काटकर उसे जेल में ही दफना दिया गया।

दारा का अंत

दारा ने दिल्ली पहुँचकर शाही खजाने से एक विशाल सेना खड़ी करने का निश्चय किया, किंतु जब उसे शाहजहाँ के कैद में होने का पता चला तो वो लाहौर चला गया। वहाँ उसने शाही खजाने पर कब्जा कर लिया। इधर औरंगजेब ने सर्वप्रथम दिल्ली में स्वयं को आलमगीर गाजी की उपाधि देते हुए बादशाह का ताज पहना, फिर उसने दारा का लाहौर तक पीछा किया। दारा मुल्तान से सक्कर होते हुए कच्छ के रण की ओर भाग गया। धीरे-धीरे उसकी सेनाएँ उसका साथ छोड़ने लगीं। अंततः दारा को पकड़कर गिरफ्तार कर लिया गया।

दारा को अपमानित करके दिल्ली की सड़कों पर घुमाया गया, फिर जेल में डाल दिया गया। आखिरकार दारा की भी हत्या कर दी गई और उसका सिर एक थाल में उपहार के रूप में शाहजहाँ को पेश किया गया।

शुजा का अंत

शुजा को बंगाल में रोकने के लिए सर्वप्रथम दारा ने अपने पुत्र सुलेमान शिकोह को सेनापतियों के साथ भेजा था। हालाँकि आधे रास्ते से ही उन्हें वापस बुला लिया गया क्योंकि औरंगजेब धमकी भरे अंदाज में आगे बढ़ रहा था।

शाहजहाँ की गिरफ्तारी और मुराद व दारा की हत्या करने के पश्चात् औरंगजेब शुजा की ओर मुड़ गया। खजवा के युद्ध के पश्चात् शुजा को भागना पड़ा। औरंगजेब की सेनाएँ बिहार और फिर बंगाल के मालदा तक उसका पीछा करती रहीं। वहाँ से वह ढाका भाग गया और फिर नाव से समुद्र पार करते हुए

अरक्कन के लिए रवाना हुआ। दुर्भाग्य से उसने स्थानीय राजा को हटाने की योजना बनाई, जिसे उसकी योजनाओं के बारे में पता चल गया और उसने उसकी हत्या करने की योजना बनाई। उन्होंने उसका पीछा किया और उसके शरीर के टुकड़े-टुकड़े कर दिए।

औरंगजेब का शासनकाल

उसके शासनकाल का पहला आधा हिस्सा उत्तर भारत में दिल्ली से शासन करते हुए और दूसरा आधा हिस्सा दक्कन में संघर्ष करते हुए बीता। औरंगजेब जुलाई 1658 में गद्दी पर बैठा, किंतु उसका आधिकारिक राज्याभिषेक जून 1659 में हुआ।

इस्लामी आदेश

जदुनाथ सरकार ने अपनी पुस्तक में औरंगजेब के द्वारा जारी किए गए अनेक इस्लामी आदेशों को उद्धृत किया है। उनमें से कुछ का उल्लेख निम्नलिखित है—

- फारस के प्राचीन शासकों के साथ-साथ भारत में मुगल शासकों ने उत्सवों के साथ पारसी कैलेंडर के नौरोज की परंपरा का पालन किया। इस पर रोक लगा दी गई और रमजान के बाद ईद पर नवरोज मनाया जाने लगा।
- दरबार में संगीत वर्जित था।
- दरबारियों को नमस्ते की हिंदू प्रथा को बंद करने का आदेश दिया गया और उन्हें सलाम अलेकुम (आप पर शांति हो) के साथ स्वागत करना पड़ा।
- पहले के राजा-महाराजा बड़े-बड़े राजाओं के माथे पर तिलक लगाते थे। यह वर्जित कर दिया गया, क्योंकि यह एक हिंदू प्रथा थी।
- होली मनाने की मनाही थी।
- जुआ खेलना और शराब पीना वर्जित था।
- हिंदू विधवाओं को उनके पतियों की चिता पर जलाना वर्जित था।
- बच्चों को बधिया करने के पश्चात् उन्हें हरम के गुलाम के रूप में इस्तेमाल करना वर्जित था।

दारा के पसंदीदा इस्लामी और अन्य धार्मिक विद्वानों को निर्ममतापूर्वक यातनाएँ दी गईं और मार डाला गया।

मृत्यु की भीख माँगता शाहजहाँ

कारावास के दौरान शाहजहाँ के साथ बहुत बुरा व्यवहार किया गया। शाहजहाँ से कहा गया कि वह सोने, आभूषण आदि खजाने के स्रोतों का पता बता दे।

शुरुआती दिनों में औरंगजेब और उसके पिता के मध्य पत्र-व्यवहार का आदान-प्रदान होता था। औरंगजेब ने अपने कार्यों को उचित ठहराया जबकि शाहजहाँ ने उस पर डकैती का ताना मारा। शाहजहाँ ने उसे चेतावनी दी कि उसके बेटे भी उसके साथ ऐसा ही करेंगे और उसने उत्तर दिया कि भाग्य भगवान् के हाथ में है। शाहजहाँ की भविष्यवाणी सच साबित हुई, कालांतर में औरंगजेब के चौथे बेटे मुहम्मद अकबर ने विद्रोह किया।

अंततः शाहजहाँ को नियति के सम्मुख झुकना पड़ा और वास्तविकता को स्वीकार करना पड़ा। उसे अपने बेटों की हत्या के बारे में पता चला। अब धर्म ही उसका सहारा था। उसकी बेटी जहाँआरा ने उसके अंतिम दिनों में उसकी देखभाल की।

जनवरी 1666 ई. में शाहजहाँ की मृत्यु हो गई। उसे ताजमहल में उसकी बेगम मुमताज महल के बगल में दफनाया गया। अपने अंतिम क्षणों में विवश होकर शाहजहाँ ने औरंगजेब के लिए क्षमादान पत्र पर हस्ताक्षर भी कर दिए।

विभिन्न राज्यों के साथ युद्ध संघर्ष

असम

बादशाह बनने के उपरांत औरंगजेब ने अपने विश्वासपात्र एवं सुयोग्य सेनापति मीर जुमला को बंगाल का वायसरॉय नियुक्त किया।

मीर जुमला ढाका से कूच कर बिहार चला गया और उसे आसानी से जीत लिया। तत्पश्चात् वह असम चला गया। वहाँ भी भाग्य ने उसका साथ दिया क्योंकि अहोम सेना हैजा से पीड़ित थी और बहुत कमजोर हो गई थी। उसने नौसेना को नष्ट कर दिया, पैदल सेना पर विजय प्राप्त की और असम पर कब्जा कर लिया।

हालाँकि अहोमों ने शीघ्र ही आक्रमण शुरू कर दिए। ज्यादातर आक्रमण रात में किए जाते थे, किंतु वे इतने प्रभावी साबित नहीं हुए। अचानक मई में वर्षा शुरू हो गई। जैसा कि हम जानते हैं असम में भयंकर वर्षा होती है। नदी के उफान के कारण मुगलों को उनकी आपूर्ति नहीं मिल सकी और वे विपत्तियों से घिर गए।

अगस्त में मुगल सेना में महामारी फैल गई और कई सैनिक काल के गर्त में समा गए। उन्हें उचित भोजन नहीं मिल पाता था।

जब बारिश थोड़ी कम हुई, मीर जुमला ने अपना आक्रमण फिर से शुरू किया और क्षेत्र में बहुत अंदर तक चला गया। इसके पश्चात् अहोमों ने मुगलों के साथ एक संधि पर हस्ताक्षर किए। संधि के अनुसार अहोमों को भारी मात्रा में सोना और चाँदी, कई हाथी और अपने राज्य का एक बड़ा हिस्सा देना पड़ा।

इसी दौरान मीर जुमला रोग से ग्रस्त हो गया। संधि के पश्चात् वह वापस लौटा और ढाका जाते समय रास्ते में उसकी मृत्यु हो गई।

1667 ई. में अहोम राजा चक्रध्वज अपने क्षेत्रों को पुनः प्राप्त करने के लिए दृढ़ संकल्पित होकर युद्ध के लिए तैयार हुए। उन्होंने ब्रह्मपुत्र के दोनों किनारों पर अपनी सेनाएँ भेज दीं, मुगल किले तेजी से गिर गए और अंततः गौहाटी पर अहोम सेना फिर से अधिकार कर लिया गया। मुगलों ने दोबारा कब्जा करने की कोशिश की, लेकिन सफलता नहीं मिली।

शनैः-शनैः मुगल-अहोम संघर्ष चलता रहा। 1681 ई. में गद्दी पर बैठे गदाधर सिंह ने स्थायी रूप से गौहाटी पर अधिकार कर लिया और कामरूप आखिरकार अहोमों के हाथों में आ गया।

मेवाड़

इस पुस्तक के पूर्ववर्ती भाग में औरंगजेब द्वारा मेवाड़ के महाराणाओं के साथ हारी हुई लड़ाइयों का विस्तृत विवरण दिया गया है।

जहाँगीर काल के दौरान महाराणा कर्ण सिंह द्वारा एक संधि पर हस्ताक्षर किए गए थे। इस संधि को औरंगजेब ने महाराणा राज सिंह के शासनकाल के दौरान तोड़ दिया।

दोनों सेनाओं के मध्य अत्यंत भीषण युद्ध हुआ। महाराणा राज सिंह ने महाराणा प्रताप की तरह ही अरावली पर्वत के जंगलों में छिपकर गुरिल्ला युद्ध लड़ने की प्रथा का पालन किया।

मुगल बिना कुछ सोचे-समझे घाटी में घुस आए, मेवाड़ सेना ने उनका स्वागत तीरों और तलवारों से किया। हजारों मुगल सैनिकों का वध कर दिया गया। औरंगजेब को असफलता-पर-असफलता मिलती रही। अंततः तीन और लड़ाइयों के पश्चात् औरंगजेब को 1680 ई. में महाराणा राज सिंह से हाथ मिलाना पड़ा और एक संधि समझौते पर हस्ताक्षर करने पड़े।

औरंगजेब ने अफगानिस्तान पर आसानी से अधिकार कर लिया और उसकी मृत्यु तक यह उसके राज्य का हिस्सा था।

औरंगजेब की धार्मिक नीतियाँ

इस्लामी राज्य अल्लाह के आधिपत्य पर पुष्पित और पल्लवित होता है। रूढ़िवादी इस्लाम सच्चे विश्वास के रूप में इस्लाम के शासन को फैलाने की बात करता है इसलिए यह युद्ध के माध्यम से काफिरों के खिलाफ जिहाद का आह्वान करता है। जहाँ काफिर बहुसंख्यक हैं वह दार-उल-हरब है और जब वे इस्लाम का हिस्सा बन जाते हैं तो वह दार-उल-इस्लाम कहलाता है। इस प्रकार सभी का इस्लाम में रूपांतरण आवश्यक है और सच्चे आस्तिक (इस्लाम को मानने वाले) का कर्तव्य इस कानून का पालन करना है। काफिर एक बुराई है और उस पर विभिन्न प्रतिबंध लगाए जाने चाहिए।

राजनीतिक प्रतिबंध

एक काफिर राज्य का नागरिक नहीं हो सकता, वह एक दलित वर्ग है और उसकी स्थिति गुलामी का एक संशोधित रूप है। वह एक जिम्मी है (जो एक अनुबंध के तहत रहता है, उसे जिम्मी कहा जाता है)। उसे भूमि के अन्य करों के साथ-साथ एक विशेष प्रकार का कर (जजिया) भी देना पड़ता है।

वह अच्छे कपड़े नहीं पहन सकता, घोड़े की सवारी नहीं कर सकता, हथियार नहीं रख सकता, लोक सेवक नहीं हो सकता। (कुछ अपवादों को छोड़कर जहाँ राज्य को उसकी सेवाओं की आवश्यकता होती है) उसे मुसलमानों के प्रति विनम्र रहना होगा, जो उससे श्रेष्ठ माने जाते हैं, उनका सम्मान करना होगा और गुलाम होना होगा।

प्रारंभिक अरबों ने धार्मिक प्रथाओं के प्रति अहस्तक्षेप की नीति का पालन किया, किंतु जैसे-जैसे मुसलिम आबादी बढ़ी, असहिष्णुता भी बढ़ती गई। धार्मिक जुलूसों पर रोक लगा दी गई, नए मंदिरों के निर्माण पर रोक लगा दी गई, पुराने मंदिरों की मरम्मत पर रोक लगा दी गई, ताकि समय के साथ उनकी एकजुटता खत्म हो जाए और मंदिर गायब हो जाएँ।

धीरे-धीरे समय की प्रतीक्षा किए बिना मंदिरों को भी नष्ट कर दिया गया। व्यापक स्तर पर हिंदुओं का कत्लेआम हुआ। उपर्युक्त सभी कृत्यों को जन्नत जाने के साधन के रूप में में गिना जाता था।

निष्कर्षत: औरंगजेब के शासनकाल के दौरान हिंदुओं का जीवन पशुवत् था, कुछ कायर हिंदुओं ने नाममात्र के लाभ के लिए औरंगजेब और उसकी शासन सत्ता की चापलूसी की, इस प्रकार उन्होंने अपनी बुद्धि के साथ-साथ आत्मा भी खो दी।

मंदिर विध्वंस

जब वह गुजरात में सूबेदार था, उसने उस क्षेत्र में कई हिंदू मंदिरों को ध्वस्त कर दिया। बादशाह बनते ही उसने उड़ीसा और बंगाल में पिछले 12 वर्षों में बने सभी मंदिरों को नष्ट करने का आदेश जारी कर दिया।

उसने सभी गुरुकुल और मंदिरों को ध्वस्त करने का आदेश जारी किया। काशी में विश्वनाथ मंदिर को नष्ट कर दिया गया, गुजरात में सोमनाथ मंदिर को नष्ट कर दिया गया, मथुरा में केशव देव मंदिर को नष्ट कर दिया गया। इसके साथ-साथ न जाने कितने अन्य मंदिरों को भी नष्ट कर दिया गया। मथुरा मंदिर का ध्वस्तीकरण उसके लिए अत्यंत महत्त्वपूर्ण था, क्योंकि यह दिल्ली और आगरा के मध्य मार्ग पर स्थित था।

काफिरों पर जजिया

औरंगजेब ने काफिर आबादी को 3 श्रेणियों में विभाजित किया—गरीब, मध्यम और अमीर। अपनी आय के प्रतिशत के रूप में गरीबों को सबसे अधिक जजिया देना पड़ता था, मध्यम लोगों को थोड़ा कम और अमीरों को सबसे कम। इसके पीछे उसकी मंशा आर्थिक दबाव में गरीबों को इस्लाम में परिवर्तित करने की थी। अकबर ने जजिया को पूर्णतः समाप्त कर दिया था और औरंगजेब ने इसे पुनः लागू किया। जजिया के विरुद्ध किसी भी विद्रोह को बेरहमी से कुचल दिया जाता था।

जजिया कर का भुगतान करते समय विनम्रतापूर्वक व्यवहार और काजी को अधिकतम सम्मान दिया जाना अनिवार्य था। काजी घोड़े पर बैठा होता था और हिंदू शर्म से सिर झुकाए हुए नंगे पैर खड़ा होता था। यदि काजी थूकना चाहता था तो हिंदू को अपना मुँह खोलना होगा, थूक प्राप्त करना होगा और निगलना होगा।

अन्य दमनकारी उपाय

एक हिंदू द्वारा बिक्री पर कर एक मुसलिम द्वारा बिक्री से दोगुना था। बाद में मुसलमानों के लिए यह कर समाप्त कर दिया गया। फिर हिंदू व्यापारियों ने मुसलिम लोगों की मिलीभगत से उनके अधीन अपना माल बेचना शुरू कर दिया।

धर्मांतरण करने वालों को पुरस्कार और सार्वजनिक पद दिए गए, लेकिन काफिरों को सभी सरकारी नौकरियों से हटा दिया गया। कालांतर में कार्य प्रभावित होने के कारण इसे आंशिक रूप से बहाल करना पड़ा।

हिंदुओं द्वारा प्रतिवर्ष विभिन्न अवसरों पर मेले आयोजित करने और उत्सव

का आनंद लेने की मनाही थी। दिवाली और होली को सार्वजनिक रूप से मनाने की भी मनाही कर दी गई।

काशी-मथुरा विद्रोह

औरंगजेब ने 1669 में बनारस के विश्वनाथ मंदिर को ध्वस्त करने का आदेश दिया और 1670 में औरंगजेब ने मथुरा में 1618 में बीर सिंह बुंदेला द्वारा निर्मित केशव देव मंदिर को नष्ट करने का निर्देश दिया। मथुरा के ब्राह्मणों ने शिवाजी की 1666 में आगरा से उड़ान में सहायता की होगी। इसके अलावा केशव देव मंदिर को औरंगजेब के सिंहासन के प्रमुख प्रतिद्वंद्वी दारा शिकोह द्वारा संरक्षण दिया गया था। इसके तुरंत बाद 1669 और 1670 में इस क्षेत्र में जाट विद्रोहों ने मुगलों को भारी नुकसान पहुँचाया। बाद के वर्षों में औरंगजेब ने जोधपुर, खंडेला आदि में मंदिरों को ध्वस्त करने का आदेश दिया।

जनश्रुतियों की मानें तो 1669 ई. में हिंदुओं पर किए जा रहे अत्याचारों को लेकर मथुरा में विद्रोह हुआ। अन्य जातियों की अपेक्षा उनमें अधिकतर जाट थे। उनका नेता गोकला था। देखते-ही-देखते उनकी संख्या 20,000 तक पहुँच गई, लेकिन मुगलों ने लंबी लड़ाई के पश्चात् उन्हें परास्त कर दिया। 5,000 लोग मौत के घाट उतार दिए गए, गोकला सहित 7,000 को पकड़ लिया गया, उनके अंग काट दिए गए, उन्हें तड़पते हुए मरने के लिए छोड़ दिया गया और उनके परिवार को इस्लाम में परिवर्तित कर दिया गया।

सिखों पर अत्याचार

गुरु तेग बहादुरजी सिखों के 9वें गुरु थे। जब उन्होंने देखा कि हिंदुओं पर अत्याचार हो रहा है और उनके पवित्र तीर्थस्थलों को नष्ट किया जा रहा है तो उन्होंने काररवाई करने का निश्चय किया। कश्मीर के हिंदुओं ने इस्लाम में धर्मांतरण का विरोध किया। गुरुजी ने खुलेआम बादशाह को ललकारा परिणामस्वरूप उन्हें उनके तीन साथियों सहित गिरफ्तार कर लिया गया और दिल्ली ले जाकर जेल में डाल दिया गया। उनसे धर्म-परिवर्तन करने के लिए कहा गया, लेकिन उन्होंने साफ इंकार कर दिया।

भाई मति दास को दो टुकड़ों में काट डाला गया।

भाई सती दास को रुई से ढककर जिंदा जला दिया गया।

भाई दयाल दास को खौलते हुए गर्म तेल में जिंदा उबाल दिया गया।

चाँदनी चौक में गुरुजी का सिर काट दिया गया।

यहीं पर आज गुरुद्वारा सीसगंज खड़ा है। उन्हें 'हिंद की चादर' के नाम से जाना जाने लगा। उनके शरीर को एक बहादुर सिख द्वारा रायसीना पहाड़ी पर ले जाया गया और अंतिम संस्कार किया गया। यह वह स्थान है, जहाँ आज गुरुद्वारा रकाबगंज स्थित है।

10वें गुरु गुरु गोबिंद सिंहजी के चार पुत्र हिंदुओं की रक्षा के लिए बलिदान हो गए। मुगल सेना के साथ हुए युद्ध में दो ज्येष्ठ पुत्रों ने अपना बलिदान दे दिया। इस्लाम अपनाने से इंकार करने पर 5 और 9 वर्ष की अल्पायु में उनके दो अन्य पुत्रों को जिंदा दीवार में चुनवा दिया गया।

हिंदुओं का जीवन

औरंगजेब के शासनकाल के दौरान एक हिंदू जो एकमात्र जीवन जी सकता था, वह था—ज्ञान का अभाव, आस्था में कोई सांत्वना नहीं, कोई सामाजिक जीवन नहीं। परिणामस्वरूप वे धन, आत्मविश्वास और अवसरों से वंचित हो गए। इस प्रकार दो-तिहाई जनशक्ति को कमजोर करने से राज्य बुनियादी तौर पर कमजोर होता चला गया।

दक्कन में सत्ता-संघर्ष

छत्रपति शिवाजी महाराज

मराठा स्वराज की गौरवपूर्ण ऐतिहासिक यात्रा के द्वितीय पड़ाव में छत्रपति शिवाजी महाराज के विषय में विस्तृत चर्चा की गई थी। 1680 ई. में 52 वर्ष की आयु में शिवाजी का देहावसान हो गया।

स्वराजरक्षक शंभूजी महाराज

छत्रपति शिवाजी की मृत्यु ने मराठा स्वराज को कमजोर कर दिया। उनके पश्चात् उनके पुत्र शंभूजी उनके उत्तराधिकारी बने। जब औरंगजेब बीजापुर में व्यस्त था, संभाजी ने मुगलों के साथ अपने युद्ध प्रयासों को फिर से शुरू किया। उन्होंने सफलतापूर्वक उसके विभिन्न प्रतिष्ठानों पर छापे मारे और वित्तीय संसाधन जुटाए। ये सब 1680 ई. से ही शुरू हो गया था। विद्रोही राजकुमार मुहम्मद अकबर ने 1681 ई. में शंभूजी से शरण माँगी।

जब औरंगजेब दक्कन में था, तब राजकुमार अकबर ने शंभूजी की मदद से सिंहासन पर कब्जा करने के लिए दिल्ली लौटने की योजना बनाना शुरू कर दिया। किंतु शंभूजी उनकी सहायता करने को इच्छुक नहीं थे। अंततः राजकुमार अकबर

शंभूजी के सेनापति दुर्गादास की मदद से फारस भाग गया।

एक विश्वासपात्र के विश्वासघात के कारण शंभूजी को पकड़ लिया गया और औरंगजेब के दरबार में लाया गया। उसके सलाहकार शंभूजी को जीवनदान देने के पक्ष में थे, ताकि वह मराठों के छिपे खजाने को उजागर कर सकें, किंतु शंभूजी ने औरंगजेब के प्रस्ताव को ठुकरा दिया। धर्मांध औरंगजेब ने उन्हें यातना देकर मौत की सजा सुनाई।

40 दिनों तक शंभूजी को यातनाएँ दी गईं। उनकी उँगलियों के नाखून एक-एक करके निकाले गए। गर्म लोहे की छड़ से एक-एक करके उनकी आँखें फोड़ दी गईं। उनकी जीभ काट दी गई, उनके शरीर के विभिन्न स्थानों से उनकी त्वचा को हटा दिया गया था। जीवित रहते ही उनके अंग एक-एक करके कटते गए।

अंत में उनका सिर काट दिया गया, उनके शरीर को कुत्तों के सामने फेंक दिया गया और उनके सिर को एक खंभे पर रखकर जनता के सामने प्रदर्शित कर दिया गया। अगले 15 वर्षों तक औरंगजेब और मराठों के मध्य सशस्त्र संघर्ष जारी रहा।

औरंगजेब की दुर्दशा

दक्कन में अपने संपूर्ण अभियान के दौरान उसे एहसास हुआ कि उसके सभी प्रयास व्यर्थ हो गए हैं। बीजापुर और गोलकुंडा से कोई लाभ नहीं हुआ। मराठों के साथ युद्ध के प्रयासों ने शाही खजाने को पूरी तरह से खत्म कर दिया, वह अपने सैनिकों को भुगतान करने में भी असमर्थ हो गया। बंगाल को छोड़कर सभी सूबेदारों ने उसे राजस्व देना बंद कर दिया था।

उसका पारिवारिक जीवन बर्बाद हो गया था, संपूर्ण भारत पर शासन करने का उसका स्वप्न साम्राज्य में चारों ओर हो रहे विद्रोह और अशांति के कारण गायब हो गया।

औरंगजेब भयंकर ज्वर और बीमारी से पीड़ित हो गया, किंतु उसने दरबार में जाना और प्रार्थना करना जारी रखा। शुक्रवार 3 मार्च, 1707 ई. को व्यथित मन से अपने अधूरे स्वप्न को स्मरण करता हुआ औरंगजेब काल के गर्त में समा गया।

संदर्भ सूची

- Jadunath Sarkar, History of Aurangzeb, volume-1, p. 13, 31, 79, 115, 211, 253, 302.
- Jadunath Sarkar, History of Aurangzeb, volume-2, p. 72.
- Audrey Truschke, Aurangzeb: The life and Legacy of India's most

controversial Kring, Chapter-6, p. 84-88

- रघु हरि डालमिया, विवेक मिश्र, मेवाड़ एवं मराठाओं की सहस्त्र वर्षों की शौर्यगाथा, प्रभात प्रकाशन, पृ. 119.
- Biography of Aurangzeb, Emperor of Mughal India. (https://www.thoughtco.com/aurangzeb-emperor-of-mughal-india-195488)

□

6

उत्तरवर्ती मुगल शासक (औरंगजेब के पश्चात्)

"सुल्तानत-ए-शाह आलम, अज दिल्ली ते पालम"
(शाह आलम का राज्य दिल्ली से पालम तक है।)

यों तो औरंगजेब के शासनकाल के दौरान ही मराठाओं ने मुगलों की कमर तोड़ दी थी, किंतु 1707 ई. में औरंगजेब की मृत्यु के पश्चात् मुगल साम्राज्य ताश के पत्तों की तरह बिखर गया। उत्तरवर्ती मुगल शासक अयोग्य सिद्ध हुए। 'लंपट मूर्ख' के नाम से प्रसिद्ध जहाँदार शाह अपने भतीजे फर्रूखसियर द्वारा पराजित हुआ। फर्रूखसियर भी एक 'घृणित कायर' था, जिसे सत्ता प्राप्ति के साथ-साथ सत्ता में बने रहने के लिए भी बैसाखियों का सहारा लेना पड़ा।

मुहम्मद शाह को प्रशासन के प्रति उदासीनता, मदिरा एवं सुंदरी के प्रति अत्यधिक रुचि के कारण 'रंगीला' कहा जाने लगा। मुहम्मद शाह इतना निर्लज्ज था कि वह मुगल दरबार में नग्न अवस्था में टहलता रहता था। शाह आलम द्वितीय के दौरान धीरे-धीरे मुगल साम्राज्य सिकुड़कर केवल दिल्ली से थोड़ी दूरी पर स्थित पालम तक ही रह गया।

आइए, इस अध्याय में औरंगजेब की मृत्यु के पश्चात् ढहते हुए मुगल साम्राज्य की चर्चा करते हैं, जिसके हालात बयाँ करते हुए अंतिम मुगल सम्राट् बहादुर शाह जफर ने स्वयं लिखा है—

"नहीं हाले-दिल्ली सुनाने के काबिल
ये किस्सा है रोने-रुलाने के काबिल
न घर है न दर है, रहा इक 'जफर' है
फकत हाले-देहली सुनाने के काबिल।"

बहादुर शाह जफर

मार्च 1707 ई. में औरंगजेब की मृत्यु के पश्चात् सिंहासन के तीन दावेदार थे। दरअसल औरंगजेब के 5 बेटे थे जिनमें से अकबर ने विद्रोह कर मराठों की शरण ली थी और सुल्तान की अकाल मृत्यु हो गई, इस प्रकार अब गद्दी के दावेदार के रूप में तीन बेटे जीवित थे—बहादुर शाह (मुअज्जम), आजम और कामबख्श।

औरंगजेब ने एक वसीयत छोड़ी थी जिसमें राज्य को तीन भागों में विभाजित किया गया था—प्रत्येक भाई के लिए एक हिस्सा। वह कभी नहीं चाहता था कि उसकी मृत्यु के पश्चात् परिवार में कलह हो। मुअज्जम अपने भाइयों के साथ सुलह करना चाहता था, उसने इस वसीयत के बारे में आजम को बताया हालाँकि आजम गद्दी के लिए युद्ध करने पर अड़ा हुआ था।

जब औरंगजेब की मृत्यु हुई आजम औरंगजेब के पास था। मुअज्जम और कामबख्श क्रमशः पेशावर और बीजापुर में थे। बादशाह की मृत्यु का समाचार मिलते ही उन तीनों ने सत्ता के केंद्र आगरा की ओर अपनी यात्रा शुरू कर दी। हर कोई जल्द-से-जल्द आगरा पहुँचना चाहता था, क्योंकि वहाँ पहुँचने वाला पहला व्यक्ति अन्य दो को हराने की शक्ति जुटाने में सक्षम होगा।

आजम शाह की मृत्यु

मुअज्जम आगरा पहुँचने वाला पहला व्यक्ति था, लेकिन आगरा किले के कमांडर ने उसे अंदर नहीं जाने दिया। कमांडर आजम के बेटे का ससुर था, इसलिए उसकी उसके प्रति निष्ठा थी।

जब आजम आगरा के पास पहुँचा, उसे पता चला कि मुअज्जम पहले ही पहुँच चुका है, उसने आगरा से बहुत दूर जाजऊ में डेरा डाला। आजम और मुअज्जम की सेनाओं के मध्य युद्ध हुआ, आखिरकार आजम मारा गया। मुअज्जम ने आजम और उसके बेटों को पूरे सम्मान के साथ दिल्ली में स्थित हुमायूँ के मकबरे में दफनाया। इसी प्रकार युद्ध में मारे गए दोनों पक्षों के अन्य सैन्य अधिकारियों के साथ भी सम्मानपूर्वक व्यवहार किया गया।

अब मुअज्जम ने स्वयं को सम्राट् बहादुर शाह घोषित कर दिया।

कामबख्श की मृत्यु

कामबख्श आगरा तक मार्च करना चाहता था, किंतु वह विभिन्न विद्रोहों में उलझ गया। उसके बहुत से लोग उसका साथ छोड़कर आजम या मुअज्जम के पक्ष में शामिल हो गए।

मुअज्जम उत्तर में मामलों से निपटने के पश्चात् कामबख्श से निपटने के लिए दक्कन की ओर चला गया। वह कामबख्श के पास पहुँचा और अपने भाई को शत्रुता का सहारा न लेने, बल्कि अपने पिता की इच्छा का सम्मान करने के लिए मनाने की कोशिश करने के लिए शिविर लगाया। किंतु कामबख्श कुछ भी सुनने का इच्छुक न था। अब युद्ध के अलावा कोई चारा नहीं था।

कामबख्श अपने कुछ पुत्रों सहित गंभीर रूप से घायल हो गया। उन्हें पकड़कर बहादुर शाह के सामने लाया गया। उसने उन्हें अपने तंबू के पास भारी पहरेदारी के साथ रखा। बाद में बहादुर शाह ने कामबख्श से मुलाकात की, उनसे अच्छी तरह से बात की, उनके घावों को अपने हाथों से साफ किया, उन्हें अपना शॉल ओढ़ाया। हालाँकि रात में कामबख्श की मृत्यु हो गई। उसके और उसके बेटों के शरीर को दिल्ली लाया गया और हुमायूँ के मकबरे में दफनाया गया। बहादुर शाह आगरा लौट आया।

बहादुर शाह की मृत्यु

जनवरी 1712 ई. में बहादुर शाह लाहौर में गंभीर रूप से बीमार हो गया और अपनी गद्दी हासिल करने के वार्षिक उत्सव में भी भाग नहीं ले सका। फरवरी में उसका निधन हो गया।

उसके बेटों ने पहले ही सिंहासन हासिल करने की साजिश रचनी शुरू कर दी थी, यहाँ तक कि अंतिम संस्कार से पहले उसका शरीर एक महीने तक वैसे ही पड़ा रहा। अंततः उसे दिल्ली लाया गया और एक संगमरमर की मसजिद के प्रांगण में दफनाया गया।

जहाँदार शाह

उत्तराधिकार के लिए संघर्ष

बहादुर शाह के चार बेटे थे—अजीम-उस-शान, जहाँदार शाह, जहाँ शाह और रफी-उस-शान। बादशाह के अंतिम साँस लेने से पहले ही इन चारों खेमों में उत्तराधिकार के लिए तैयारियाँ शुरू हो चुकी थीं। बेटों में आपसी दुश्मनी पहले से ही थी, मृत्यु का समाचार मिलते ही चारों ने लाहौर की और प्रस्थान कर दिया।

जुल्फिकार खान बहादुर शाह का भरोसेमंद सेनापति था और उसकी मृत्यु के पश्चात् उसकी निष्ठा जहाँदार के प्रति थी। उसने जहाँदार से मुलाकात कर एक योजना का निर्माण किया, जिसके अनुसार तीन शहजादे—जहाँदार, जहान और रफी

मिलकर अजीम को हराएँगे। तत्पश्चात् तीनों अजीम की संपत्ति और साम्राज्य को आपस में बराबर-बराबर बाँट लेंगे।

जहाँदार के कहने पर जुल्फिकार व्यक्तिगत रूप से जहान और रफी के पास गया और उन्हें इस योजना के बारे में आश्वस्त किया। आखिरकार तीनों ने मिलकर अजीम को हराने के लिए हाथ मिलाया।

अजीम-उस-शान की पराजय एवं मृत्यु

प्रतिद्वंद्वी सेनाओं के मध्य भीषण युद्ध के पश्चात् अजीम के हाथी को एक भारी बंदूक की गोली लग गई और वह नदी की ओर भागा। सैनिकों ने पीछा किया किंतु हाथी और अजीम का कोई पता नहीं चला। केवल जानवर की दहाड़ ही सुनाई दे रही थी। उन्हें क्विकसैंड (Quicksand) ने निगल लिया था।

समझौते के मुताबिक अजीम से लूटी गई संपत्ति तीनों भाइयों में बराबर-बराबर बाँटी जानी थी, किंतु जुल्फिकार खान ने यह सुनिश्चित किया कि लूट का सारा माल जहाँदार को भेजा जाए और जहान एवं रफी को कुछ नहीं दिया जाए।

इसके पश्चात् जहाँदार अपने भाइयों के खिलाफ हो गया और उन्हें एक-एक करके मौत के घाट उतार दिया।

जहाँदार शाह का शासनकाल

नए बादशाह ने उन सभी की सजा सुनिश्चित की जो उसके भाइयों के प्रति वफादार थे। कुछ को फाँसी दे दी गई, कुछ को कैद कर लिया गया और कुछ को निर्वासित कर दिया गया।

जुल्फिकार खान को वजीर पद पर बरकरार रखा गया।

लाहौर से अब वे दिल्ली आ गए।

दिल्ली में जहाँदार का जीवन वैभव और कुशासनपूर्ण था। उसने पूरे शहर को महीने में तीन बार रोशन करने के लिए बड़ी रकम खर्च की, जिसके परिणामस्वरूप बाजारों में न तो तेल उपलब्ध था और न ही घी। आखिरकार अनाज की कीमतें भी बढ़ने लगीं।

अजीम-उस-शान के बेटे फर्रूखसियर को उसके पिता ने बंगाल में तैनात किया था। वह इलाहाबाद की ओर चल दिया, वहाँ वह हुसैन अली खान और अब्दुल्ला खान की वफादारी हासिल करने में सफल रहा, दोनों को जहाँदार ने दरकिनार कर दिया था। उसने जहाँदार के पुत्र को युद्ध में पराजित किया। जब जहाँदार को यह बात पता चली तो वह दिल्ली से आगरा के लिए रवाना हो गया।

जैसे-जैसे युद्ध आगे बढ़ा, जहाँदार का हाथी घायल हो गया और इधर-उधर भागने लगा। जहाँदार को हाथी से उतरकर घोड़े पर चढ़ना पड़ा। धीरे-धीरे वह इतना कमजोर हो गया कि उसे दिल्ली भागना पड़ा।

जहाँदार का योग्य सेनापति जुल्फिकार खान बादशाह के आने से पहले ही दिल्ली आ चुका था। आगामी रणनीति पर परामर्श के लिए जुल्फिकार अपने पिता के घर गया। इसी दौरान बादशाह जहाँदार दिल्ली पहुँचा और बिना किसी अतिरिक्त सुरक्षा के अकेले ही जुल्फिकार के घर चला गया। जहाँदार को कुछ देर इंतजार करना पड़ा, अंदर पिता-पुत्र विचार-विमर्श कर रहे थे। पिता जहाँदार को पकड़कर फारूख से फिरौती के लिए पेश करना चाहते थे। जुल्फिकार अनिच्छा से योजना पर सहमत हो गया। तदनुसार उन्होंने जहाँदार को बंदी बना लिया और फारूख को पत्र भेजा।

फारूख ने स्वीकार कर लिया, वह किले का प्रभार लेने के लिए आगरा आया, जहाँदार को किले तक ले जाया गया, पहले सामान्य रूप से और बाद में जंजीरों में कैद कर दिया गया।

जुल्फिकार खाँ एवं जहाँदार शाह की मृत्यु

जुल्फिकार खान को फारूख ने एक तंबू में उस समय मार डाला जब वह खाना खा रहा था। जहाँदार को फाँसी दे दी गई। उसके शरीर को कूड़े में फेंक दिया गया जबकि उसका सिर नए बादशाह के पास ले जाया गया।

फर्रूखसियर

नए बादशाह का जुलूस पूरी धूमधाम के साथ दिल्ली में दाखिल हुआ। रास्ते में जनता को भिक्षा वितरित की गई। जहाँदार शाह का सिर सबके देखने के लिए एक खंभे से लटका दिया गया। अब्दुल्ला खान को नया वजीर नियुक्त किया गया।

फारूख ने यह सुनिश्चित करने के लिए कि कैद किए गए राजकुमार राजसिंहासन पर कोई दावा न कर सकें, सभी राजकुमारों को अंधा कर दिया। तत्कालीन समय में कोई अंधा व्यक्ति राजसिंहासन पर अपना दावा नहीं कर सकता था।

शीघ्र ही अब्दुल्ला खान व हुसैन अली खान के साथ फारूख के संबंध तनावपूर्ण हो गए, हालाँकि उनसे महँगे उपहार मिलने के पश्चात् ये संबंध ठीक भी हो गए। किंतु यह गठजोड़ अधिक दिनों तक नहीं चल सका।

बंदा बहादुर

बंदा बहादुर एक सिख योद्धा थे, जिन्होंने बहादुर शाह के समय से ही मुगलों के विरुद्ध लड़ाई लड़ी थी, किंतु कोई भी उन्हें पकड़ नहीं सका। हालाँकि फर्रूखसियर की सेना ने उन्हें गिरफ्तार कर लिया।

अनेक सिखों का सिर काटकर उन्हें मौत के घाट उतार दिया गया। इतना ही नहीं, जब उन्हें इस बात का पता चला कि कई लोगों ने यह सुनिश्चित करने के लिए कि उनकी संपत्ति मुगलों के हाथ न लगे, सोने के सिक्के निगल लिए थे तो कई लोगों के शव चीर दिए गए। इस प्रकार बहुत सारा धन एकत्र किया गया।

अनेक कैदी जीवित ही दिल्ली लाए गए। बंदा को एक पिंजरे में बंद कर एक हाथी के ऊपर हौदे पर बिठाकर लाया गया, ताकि सभी उसे देख सकें। बंदा को जेल में डाल दिया गया, उसके परिवार को हरम में भेज दिया गया। एक सप्ताह तक प्रतिदिन सौ कैदियों को फाँसी दी गई। सभी को पेशकश की गई कि अगर वे इस्लाम अपना लेंगे तो उनकी जान बख्श दी जाएगी, लेकिन किसी ने ऐसा नहीं किया।

अंततः बंदा को फाँसी के लिए बाहर ले जाया गया। उसके बच्चे को उसकी गोद में बिठा दिया गया और उससे कहा गया कि वह उसकी जान ले ले। जब बंदा ने इंकार कर दिया तो बच्चे को उसके सामने ही मार डाला गया, उसका लीवर निकाल दिया गया और बंदा के मुँह में डाल दिया गया। चाकू से उनकी दाहिनी आँख निकाल ली गई, बायाँ पैर काट दिया गया, दोनों हाथ शरीर से अलग कर दिए गए और अंत में उनका सिर काट दिया गया।

फर्रूखसियर का शासनकाल

फारूख अत्यंत अविश्वासी बादशाह था। वह कान का बहुत ही कच्चा था, हर किसी की बातों पर भरोसा करने को तैयार रहता था। इससे धीरे-धीरे खान बंधुओं और फारूख के बीच दूरियाँ बढ़ने लगीं। खान बंधुओं को लगता था कि फारूख उनके दम पर ही बादशाह बना था, जबकि फारूख को ऐसे विचारों से नफरत थी। हुसैन अली को दक्कन में तैनात किया गया था। फारूख ने दोनों भाइयों की हत्या करने की कई बार योजना बनाई, किंतु वह असफल रहा क्योंकि फारूख के षड्यंत्रों की जानकारी पहले ही अब्दुल्ला को लग जाती थी।

जैसे-जैसे अब्दुल्ला के लिए खतरा बढ़ता गया, उसने हुसैन अली को गुप्त रूप से दिल्ली वापस आने की सलाह दी, ताकि दोनों भाइयों के पास अधिक ताकत हो। धीरे-धीरे अब्दुल्ला मजबूत होने लगा और उसने फारूख को गद्दी से हटाने

का फैसला कर लिया। उसने महल में मौजूदा रक्षकों के स्थान पर अपने रक्षकों को नियुक्त करना शुरू कर दिया और कम समय में ही अपना एक मजबूत गढ़ बनाने में सफल हो गया। धीरे-धीरे उसने रियायतें माँगनी शुरू कर दीं जिन्हें फारूख ने तुरंत स्वीकृति दे दी क्योंकि वह शांति बनाए रखना चाहता था, हालाँकि ऐसा हुआ नहीं।

फर्रुखसियर की गिरफ्तारी और मृत्यु

एक बार अब्दुल्ला ने बादशाह से मिलने के लिए कहा। फारूख इतना डर गया कि वह महिलाओं के कक्ष में छिप गया। उसे बाहर आने के लिए मनाया गया किंतु उसने मना कर दिया। अंततः अब्दुल्ला और हुसैन अली ने राजकुमारों में से एक को नया बादशाह बनाने का निर्णय लिया।

औरंगजेब के पोते तथा बीदर बख्त के बेटे शहजादे बीदर अली को चुना गया। किंतु जब उसके घर पर संपर्क किया गया तो परिवार के लोग इस निष्कर्ष पर पहुँचे कि उसे मारने के लिए चुना गया है, क्योंकि उन्हें यह पता चल चुका था कि फारूख को कैद कर लिया जाएगा। उन्होंने सोचा कि अब्दुल्ला और हुसैन अली गद्दी पर अधिकार कर लेंगे, इसलिए उन्होंने दूतों को अंदर आने की अनुमति ही नहीं दी।

इसके पश्चात् अब्दुल्ला ने रफी शाह के राजकुमारों की ओर रुख किया। रफी-उद-दर्जत का चयन किया गया। उन्हें लाकर मयूर सिंहासन पर बैठाया गया और नया बादशाह घोषित किया गया।

अब फारूख को गिरफ्तार करके लाने के लिए सैनिकों को महिला कक्षों में भेजा गया। सैनिक बलपूर्वक कक्षों में घुस गए और फारूख को खींचकर अब्दुल्ला के सामने ले आए। तभी उसे अंधा करने के लिए उसकी आँखें फोड़ दी गईं और फिर जेल में डाल दिया गया।

वहाँ उसे पानी से वंचित रखा गया और अनुपयुक्त भोजन दिया गया। उसे दस्त हो गए, किंतु उसके पास स्वयं को साफ करने के लिए कुछ भी नहीं था। उसे अपने कपड़े फाड़ने पड़ते थे और उसके टुकड़ों का इस्तेमाल स्वयं को साफ करने के लिए करना पड़ता था। उसे भारी नमक वाला खाना दिया जाता था। उसे धीमा जहर दिया गया। अंततः उसका गला घोंटने के लिए जल्लादों को भेजा गया। यह सुनिश्चित करने के लिए कि उसकी मौत हो चुकी है, उसके पेट में भी चाकू मारा गया।

रफी-उद-दर्जत और रफी-उद-दौला

रफी-उद-दर्जत, नेकुसियार और रफी-उद-दौला ने कुछ महीनों तक ही शासन किया। इसके पश्चात् मुहम्मद शाह बादशाह बना। इस प्रकार 12 वर्षों में 6 बादशाह हुए।

1719 ई. के बाद कमजोर शासकों और क्षेत्रीय शक्तियों के उदय के कारण मुगल साम्राज्य को गिरावट और अस्थिरता के दौर का सामना करना पड़ा। यहाँ इस अवधि के दौरान मुगल बादशाह और उनके शासनकाल की सूची दी गई है—

मुहम्मद शाह (1719-1748)

मुहम्मद शाह बहादुर शाह के पोते थे और अपने पिता फर्रुखसियर की मृत्यु के पश्चात् 17 वर्ष की आयु में गद्दी पर बैठे थे। उसके शासनकाल में सबसे महत्त्वपूर्ण ईरान के शासक नादिर शाह का आक्रमण हुआ था।

नादिर शाह का आक्रमण

नादिर शाह फारसी साम्राज्य का शासक था, जिसने 18वीं शताब्दी में भारत पर आक्रमण किया था। 1738 ई. में नादिर शाह ने अफगानिस्तान में मुगल साम्राज्य को पराजित कर उनकी राजधानी काबुल पर अधिकार कर लिया। तत्कालीन मुगल बादशाह मुहम्मद शाह ने नादिर शाह से बातचीत के लिए एक दूत भेजा, किंतु बातचीत असफल रही।

1739 ई. में नादिर शाह ने अपनी सेना का रुख भारत की ओर मोड़ दिया और दिल्ली के बाहरी इलाके तक पहुँच गया। मुहम्मद शाह ने शहर की रक्षा के लिए अपनी सेना भेजी, किंतु वह नादिर शाह की सेना से हार गया।

नादिर शाह ने दिल्ली में प्रवेश किया और अपने सैनिकों को शहर को लूटने का आदेश दिया। शहर में कई दिनों तक तोड़फोड़ की गई और कई इमारतें नष्ट कर दी गईं। लूटपाट विशेष रूप से क्रूर थी। नादिर शाह के सैनिकों ने प्रसिद्ध मयूर सिंहासन और कोह-ए-नूर हीरे सहित भारी मात्रा में खजाना लूट लिया।

ऐसा अनुमान है कि नादिर शाह द्वारा लूटी गई संपत्ति की कीमत लगभग 7 करोड़ रुपए थी, जो उस समय बहुत बड़ी रकम थी।

मयूर सिंहासन एक सिंहासन था जो 17वीं शताब्दी में मुगल बादशाह शाहजहाँ के लिए बनाया गया था। इसे बादशाह के दरबार का केंद्रबिंदु बनाने के लिए डिजाइन किया गया था और यह अपनी समृद्धि और भव्यता के लिए जाना जाता था।

संपूर्ण सिंहासन सोने से निर्मित था और हीरे, माणिक व पन्ने सहित कीमती पत्थरों से जड़ा हुआ था। सिंहासन का पिछला भाग मोर के आकार का था, जिसके पंख कीमती पत्थरों से बने थे और उसका शरीर मोतियों से बना था।

1739 ई. में नादिर शाह के दिल्ली पर आक्रमण के पश्चात् मयूर सिंहासन को लूट के हिस्से के रूप में ले लिया गया और फारस वापस लाया गया। ऐसा कहा जाता है कि नादिर शाह सिंहासन से इतना प्रभावित हुआ कि उसने इसे तुड़वा दिया और इसके गहनों का उपयोग नए आभूषण और कला के अन्य कार्यों को बनाने में किया गया।

वर्तमान में मयूर सिंहासन अपने मूल रूप में मौजूद नहीं है। सिंहासन से निकाले गए कुछ गहने दुनिया भर के विभिन्न संग्रहों और संग्रहालयों में संरक्षित हैं।

कोहिनूर की कहानी

नादिर शाह को गुप्त सूचना मिली कि बादशाह मुहम्मद शाह अपनी पगड़ी में हीरा छुपा रहा है। नादिर शाह ने तब दोनों साम्राज्यों के बीच शाश्वत सहायक संबंधों को बढ़ावा देने के लिए एक पारंपरिक पगड़ी विनिमय समारोह में सम्राट् को आमंत्रित किया। जब उसने पगड़ी की परतों के भीतर छिपा हुआ हीरा पाया तो उसे अपनी आँखों पर विश्वास नहीं हुआ और वह चिल्लाया, 'कोह-ए-नूर!' (प्रकाश का पर्वत!) तब से इसे इसी नाम से जाना जाता है।

नादिर शाह की हत्या के पश्चात् हीरा काबुल के अहमद शाह अब्दाली के हाथ लग गया। अब्दाली के बाद अफगानों ने इसे पंजाब के सिख राजा रणजीत सिंह को सौंप दिया। 1839 ई. में अपनी मृत्यु-शय्या पर रणजीत सिंह ने कोह-ए-नूर को पुरी के जगन्नाथ मंदिर के लिए वसीयत कर दिया, लेकिन ब्रिटिश ईस्ट इंडिया कंपनी ने 1843 ई. में उनके बेटे (दलीप सिंह) से इसे लूट लिया और उसके बाद से यह ब्रिटिश सरकार का हिस्सा है।

29 वर्ष के शासनकाल के पश्चात् 1748 ई. में मुहम्मद शाह की मृत्यु हो गई। मुहम्मद शाह के पश्चात् अहमद शाह और उनके पश्चात् आलमगीर द्वितीय सम्राट् बने। आलमगीर द्वितीय के शासनकाल के दौरान अहमद शाह अब्दाली भारत में लूटपाट करने आया था।

अहमद शाह अब्दाली

अहमद शाह अब्दाली एक अफगान सैन्य और दुर्रानी साम्राज्य (अफगानिस्तान में) का संस्थापक था।

1748 ई. : अहमद शाह दुर्रानी या अब्दाली अफगानिस्तान की गद्‌दी पर बैठा और क्षेत्र में अपनी शक्ति को मजबूत करना शुरू कर दिया।

1748-49 ई. : उसने भारत पर अपना पहला आक्रमण किया, जिसे लाहौर की पहली लड़ाई के रूप में जाना जाता है। उसने लाहौर के मुगल गवर्नर अदीना बेग खान को हराकर निष्कासित कर दिया और शहर पर कब्जा कर लिया।

1751 ई. : उसने भारत पर अपना दूसरा आक्रमण शुरू किया और मुल्तान शहर पर कब्जा कर लिया।

इसके बाद वह 1761 ई. में शाह आलम द्वितीय के समय पुनः आया। उस समय मुगल मराठों के संरक्षण में थे।

पानीपत की लड़ाई के बाद अब्दाली ने दिल्ली को लूटा और हजारों महिलाओं को बंदी बना लिया। जब अब्दाली ने अफगानिस्तान वापस जाने के लिए अपनी यात्रा शुरू की तो सिखों ने सतलुज नदी से सिंधु नदी तक उसकी सेना पर हमला किया और लगभग 2,000 महिला कैदियों को मुक्त कराया। अब्दाली ने अगले वर्ष जवाबी काररवाई की और हजारों सिखों को मार डाला।

मुगल साम्राज्य को पतन और विखंडन की स्थिति में छोड़कर अहमद शाह अब्दाली अफगानिस्तान लौट गया। उसके आक्रमणों का भारत के राजनीतिक परिदृश्य पर गहरा प्रभाव पड़ा, जिससे क्षेत्रीय शक्तियों के उदय का मार्ग प्रशस्त हुआ और आने वाले दशकों में उपमहाद्वीप के ब्रिटिश साम्राज्य के लिए मंच तैयार हुआ।

शाह आलम द्वितीय (1759-1806 ई.)

शाह आलम द्वितीय भारत के मुगल सम्राट् थे, जिन्होंने 1759 से 1806 ई. तक शासन किया।

शाह आलम द्वितीय के सिंहासन पर पहुँचने की शुरुआत 1764 ई. में बक्सर की लड़ाई से हुई, जहाँ मुगल साम्राज्य ब्रिटिश ईस्ट इंडिया कंपनी से हार गया था। इस पराजय ने मुगल साम्राज्य की शक्ति और अधिकार को कमजोर कर दिया और अंग्रेजों ने धीरे-धीरे साम्राज्य के प्रशासन और वित्त पर नियंत्रण स्थापित करना शुरू कर दिया।

शाह आलम द्वितीय के शासनकाल के दौरान ब्रिटिश ईस्ट इंडिया कंपनी भारत में प्रमुख राजनीतिक और आर्थिक शक्ति बन गई। उन्होंने धीरे-धीरे मुगल साम्राज्य के प्रशासन और वित्त पर नियंत्रण हासिल कर लिया और अपने क्षेत्रीय नियंत्रण का विस्तार करने के लिए अपनी सैन्य शक्ति का उपयोग किया।

अपने उत्तरवर्ती शासनकाल के दौरान शाह आलम द्वितीय एक नाममात्र का शासक था और उसका अधिकार काफी हद तक औपचारिक था। वह सुरक्षा के लिए ब्रिटिश ईस्ट इंडिया कंपनी पर निर्भर और उनके नियंत्रण में था। नवंबर 1806 ई. में दिल्ली में उसकी मृत्यु हो गई।

अकबर द्वितीय (1806-37 ई.)

अकबर द्वितीय भारत का मुगल सम्राट् था, जिसने 1806 ई. से 1837 ई. तक शासन किया। वह शाह आलम द्वितीय का पुत्र था और उसका जन्म 22 अप्रैल, 1760 ई. को दिल्ली में हुआ था। यहाँ उनकी अवधि के कुछ विवरण दिए गए हैं—

1806 ई. में अपने पिता की मृत्यु के पश्चात् अकबर द्वितीय राजसिंहासन पर बैठा। उसे अपने अधिकार और शक्ति के लिए महत्त्वपूर्ण चुनौतियों का सामना करना पड़ा, क्योंकि मुगल साम्राज्य आंतरिक संघर्षों, मराठों और ब्रिटिश जैसी शक्तियों के बाहरी आक्रमणों से कमजोर हो गया था।

अकबर द्वितीय के शासनकाल के दौरान ब्रिटिश ईस्ट इंडिया कंपनी भारत में प्रमुख राजनीतिक और आर्थिक शक्ति बन गई। कंपनी ने मुगल साम्राज्य के प्रशासन और वित्त पर नियंत्रण स्थापित किया और अपने क्षेत्रीय नियंत्रण का विस्तार करने के लिए अपनी सैन्य शक्ति का उपयोग किया।

अपने उत्तरवर्ती शासनकाल के दौरान अकबर द्वितीय भी एक नाममात्र का शासक था और उसका अधिकार काफी हद तक औपचारिक था। वह सुरक्षा के लिए ब्रिटिश ईस्ट इंडिया कंपनी पर निर्भर और उनके नियंत्रण में था। 28 सितंबर, 1837 ई. को दिल्ली में उसकी मृत्यु हो गई।

निष्कर्षतः अकबर द्वितीय के शासनकाल में मुगल साम्राज्य के पतन और भारत में ब्रिटिश प्रभुत्व के उदय का दौर शुरू हुआ।

बहादुर शाह जफर (1837-1857 ई.)

बहादुर शाह जफर अंतिम मुगल सम्राट् थे और अकबर द्वितीय के पुत्र थे। उनके शासनकाल को 1857 ई. के भारतीय विद्रोह द्वारा चिह्नित किया गया था, जिसे भारतीय स्वतंत्रता के प्रथम युद्ध के रूप में भी जाना जाता है।

बहादुर शाह जफर ने विद्रोह का समर्थन किया, किंतु अंततः इसे अंग्रेजों ने कुचल दिया। उन्हें रंगून (वर्तमान यांगून, म्याँमार) में निर्वासित कर दिया गया जहाँ 1862 ई. में उनकी मृत्यु हो गई।

संदर्भ सूची

- एम.ए. खान, मुगलों का इतिहास, Aadi Publication-2011.
- When People Revolt, NCERT History, 2024.
- Bahadur Shah I : Some interesting facts about the seventh Mughal Emperor of India, India Today.
- Jahandar Shah-Alchetron, The Free Social Encyclopedia.

□

7
हिंदुओं का अस्तित्व

"धर्म एव हतो हन्ति धर्मो रक्षति रक्षित:
तस्माद्धर्मोनहन्तव्योमानोधर्मोहतोऽवधीत्॥"

अर्थात्—जो मनुष्य धर्म की रक्षा करता है, धर्म उसकी रक्षा करता है। धर्म की रक्षा करने वाला मनुष्य कभी पराजित नहीं होता, क्योंकि उसकी रक्षा स्वयं धर्म (साक्षात् ईश्वर) करता है।

हिंदुओं ने जबरन धर्मांतरण, नरसंहार, मंदिरों के विध्वंस एवं अपवित्रता के साथ-साथ शैक्षिक केंद्रों के विनाश के रूप में ऐतिहासिक व धार्मिक उत्पीड़न और प्रणालीगत हिंसा का अनुभव किया है।

समय की माँग है कि हम अतीत की घटनाओं का अवलोकन कर अपने वर्तमान को सुधारें एवं भविष्य की योजनाओं का निर्माण करें। एक बार भारतीय संसद् सदस्य तेजस्वी सूर्या ने संसदीय बहस के दौरान कहा था—"अतीत के घावों को ठीक किए बिना नए भारत का निर्माण नहीं किया जा सकता है।"

विदेशी आक्रांताओं द्वारा सैकड़ों वर्षों से अनवरत किए गए जा रहे आक्रमणों के बावजूद भारत की बहुसंख्यक हिंदू जनसंख्या का मात्र कुछ प्रतिशत ही धर्मांतरित किया जा सका।

आइए, इस अध्याय में हम चर्चा करते हैं उन कारकों के बारे में जिन्होंने बहुसंख्यक हिंदुओं को उनके सनातन मूल्यों से डिगने नहीं दिया।

600 ई. की शुरुआत से खलीफा की सेनाओं द्वारा किए जा रहे आक्रमणों के साथ ही इस्लाम का कई देशों में विस्तार प्रारंभ हुआ, पहले पड़ोसी देशों, फिर तुर्की, ईरान सहित मध्य पूर्व, स्पेन जैसे यूरोपीय देशों, उत्तरी अफ्रीकी महाद्वीप में अफ्रीकी देशों और फिर इंडोनेशिया तक। इनमें से अधिकांश देश पूरी तरह से इस्लामीकृत हो गए, स्पेन 70 प्रतिशत तक। स्पेन उन भाग्यशाली देशों में से एक था, जहाँ के लोगों

ने पूरी तरह से धर्म-परिवर्तन नहीं किया। इनमें से कई देश बहुत ही कम समय में इस्लामिक बन गए, जबकि एक या दो को 100 वर्ष लग गए।

भारत पर भी 600 ई. के उत्तरार्ध से आक्रमण शुरू हुए, जिसमें पहली सफलता 712 ई. में मुहम्मद बिन कासिम को मिली। तब से कुछ सौ वर्षों तक भारत पर लगातार आक्रमण होते रहे हैं, जिनका वर्णन पिछले कई अध्यायों में किया गया है।

हिंदुओं ने जबरन धर्मांतरण, नरसंहार, मंदिरों के विध्वंस एवं अपवित्रता के साथ-साथ शैक्षिक केंद्रों के विनाश के रूप में ऐतिहासिक व धार्मिक उत्पीड़न और प्रणालीगत हिंसा का अनुभव किया है।

आखिर ऐसा क्या हुआ कि भारत कभी भी पूर्ण रूप से धर्मांतरित नहीं हुआ, वास्तव में केवल एक बहुत छोटे प्रतिशत को ही धर्मांतरित किया जा सका और विशाल बहुसंख्यक हिंदू ही रह गया?

वास्तव में ऐसे तीन महत्त्वपूर्ण एवं शक्तिशाली कारक हुए जिन्होंने हिंदुओं को अपनी धार्मिक और राजनीतिक पहचान बनाए रखने में सहायता की—

1. योद्धा वर्ग
2. भगवान् की भक्ति
3. जनमानस द्वारा प्रतिरोध

योद्धा वर्ग

प्रथम थे—मेवाड़ के बप्पा रावल। उन्होंने मुसलिम आक्रांताओं को ईरान तक खदेड़ने के लिए अन्य राज्यों के साथ संधि की, भविष्य के आक्रमणों को रोकने के लिए हर 100 मील पर चेक पोस्ट स्थापित कीं। जैसा कि पूर्ववर्ती अध्यायों में वर्णन किया जा चुका है कि अगले 300 वर्षों तक मुसलिम आक्रांताओं ने भारत की ओर आँख उठाने का दुस्साहस नहीं किया।

रावल खुमान, रावल जैत्र सिंह, रावल रतन सिंह और रानी पद्मिनी, महाराणा हम्मीर सिंह, महाराणा लाखा, महाराणा कुंभा, महाराणा प्रताप, महाराणा राज सिंह और महाराणा अमर सिंह जैसे महाराणाओं के साथ मेवाड़ की वीरता सर्वविदित है। इन सभी वीर योद्धाओं ने अत्याचारी मुसलिम शासकों से युद्ध किए, जिन्होंने दिल्ली और आगरा में अपनी सल्तनत स्थापित की थी। ये इतने शक्तिशाली थे कि जब औरंगजेब ने शरिया कानून के तहत हिंदुओं के हथियार ले जाने पर प्रतिबंध लगा दिया तो राजपूतों को छूट देनी पड़ी।

राजा दाहिर की दोनों पुत्रियों की बुद्धिमत्ता की कहानी, जिसने कासिम की

मृत्यु सुनिश्चित की, पहले बताई जा चुकी है।

विद्याधर चडेला की कहानी का वर्णन भी पूर्ववर्ती अध्याय में किया जा चुका है, जब वह सोमनाथ से लौट रहा था तो उसने गजनी के महमूद की प्रतीक्षा की। महमूद को रेगिस्तान के रास्ते लौटने के लिए मजबूर होना पड़ा, जहाँ वह अत्यंत कमजोर हो गया, उसने अपने कई साथियों को खो दिया और अंततः कुछ वर्षों के भीतर उसकी दुर्दांत मृत्यु हो गई।

मुहम्मद गौरी से युद्ध करने वाले पृथ्वीराज चौहान की वीरता सर्वविदित है। पृथ्वीराज चौहान ने मुहम्मद गौरी को माफ करने की भूल की जिसका दुष्परिणाम यह हुआ कि उसने अगले वर्ष छलपूर्वक पृथ्वीराज चौहान की हत्या कर दी।

अजमेर के राजा अरुणदेव राय, जैसलमेर के राजा अमर सिंह और जोधपुर राजपूतों की कहानी इतनी अच्छी तरह से ज्ञात नहीं है। इन्होंने धर्मांतरित हुए हिंदुओं को पवित्र झीलों में स्नान कराकर उनकी हिंदू धर्म में घर वापसी करवाई। ये झीलें अब अन्नसागर झील और अमरसागर झील के नाम से प्रसिद्ध हैं।

औरंगजेब के समय में मराठा शिवाजी के नेतृत्व में मुगलों से लड़ने के लिए उठ खड़े हुए। मराठों ने अंततः दिल्ली पर अधिकार करने के पश्चात् मुगलों को अपना जागीरदार बना लिया। उन्होंने संपूर्ण भारत में पश्चिम से पूर्व और उत्तर से दक्षिण तक एक विशाल साम्राज्य स्थापित किया था।

औरंगजेब के अत्याचारों का सामना करने के लिए गुरु गोबिंद सिंहजी एक योद्धा बन गए, उन्होंने खालसा नामक लड़ाकू वर्ग बनाया। सभी हिंदू परिवारों ने प्रतिज्ञा की कि उनका बड़ा बेटा खालसा होगा। उनके चारों पुत्रों ने धर्म की रक्षा के लिए अपने प्राण निछावर कर दिए।

पूर्वोत्तर भारत में अहोम साम्राज्य मुगलों से लड़ता रहा और मुगल कभी भी उन्हें परास्त नहीं कर पाए।

इन सभी ने हिंदुओं को धर्मांतरण से लड़ने और उसका विरोध करने की ताकत दी। हिंदुओं ने न केवल मुसलिम शासकों को राजनीतिक पराजय दी, बल्कि कई स्थानों पर उनके शासन को नष्ट कर दिया।

भगवान् की भक्ति

11वीं सदी से 17वीं सदी तक संपूर्ण भारतवर्ष में संत उपस्थित थे। कुछ वेदांत में थे और कुछ ने स्वयं को भगवान् के प्रति समर्पित कर दिया। दोनों रास्ते परम तत्त्व की प्राप्ति की ओर ले जाते हैं।

माधवाचार्य एवं रामानुजाचार्य जैसे दार्शनिक संत वेदांत के प्रति समर्पित थे।

उनके अनुयायी छात्रों ने वेद, शास्त्र, पुराण आदि का अध्ययन किया और उनके माध्यम से भगवान् के प्रति समर्पित हो गए।

महाराष्ट्र में नामदेव, ज्ञानेश्वर, एकनाथ, तुकाराम जैसे वैष्णव संतों के अनेक अनुयायी थे। समर्थ रामदास शिवाजी के गुरु थे और उन्होंने शिवाजी को अन्याय के विरुद्ध लड़ने के लिए शक्ति और मार्गदर्शन दिया। स्वामी रामानंदजी ने अनेक संतों को भगवत्भक्ति की ओर प्रभावित किया। उनके 300 महिलाओं सहित 1100 शिष्य थे, जिन्होंने भगवत्कृपा के प्रचार के लिए स्वयं को समर्पित कर दिया।

बंगाल में श्री चैतन्य महाप्रभु; श्री सूरदास जिनके पद प्रसिद्ध हैं; बंगाल में संत जयदेव, जिन्होंने 'गीत गोविंद' लिखा तथा जो बंगाल व ओडिशा में सर्वाधिक लोकप्रिय हैं; मीराबाई जो मेवाड़ के राणा सांगा की बहू थीं; संत तुलसीदास जिन्होंने 'रामचरितमानस' की रचना की। ये सभी दिव्य आत्माएँ थीं, जिनके अनेक अनुयायी थे।

कबीर जैसे मुसलिम भक्त थे, जो मुगलों से पहले थे, रसखान जो अकबर के समय में थे, रहीम जो अकबर के दरबार में थे, आदि अनेक मुसलिम भक्तों ने स्वयं को श्रीराम और श्रीकृष्ण के प्रति समर्पित कर दिया।

पंजाब में गुरु नानकदेव थे, जिन्होंने प्रारंभिक गुरु ग्रंथ साहिब लिखा था। गुरु अर्जनदेव को जहाँगीर के हाथों कष्ट सहना पड़ा, किंतु उन्होंने कभी धर्म-परिवर्तन नहीं किया। गुरु तेग बहादुर ने अपने तीन भक्तों के साथ औरंगजेब के हाथों कष्ट सहे, अपने प्राणों की आहुति देकर कश्मीरी हिंदुओं को धर्म-परिवर्तन से बचाया।

मंदिरों को नष्ट किया जा सकता था, किंतु हर घर में मंदिर थे। घर नष्ट हो गए तो भगवान् दिलों में बस गए। हमने हर उस चीज की पूजा की जो उपस्थित है—चाहे वो पेड़ हो, जमीन हो, पहाड़ हो, नदियाँ हों या फिर आग। वे इन्हें कैसे नष्ट कर सकते थे? अपने ईश्वर पर हमारा विश्वास अटल था।

इन सभी तथ्यों ने हिंदुओं को धर्मांतरण का विरोध करने, अपनी धार्मिक पहचान सुनिश्चित करने और बनाए रखने के लिए मुसलमानों से किसी भी तरह से लड़ने की अपार आंतरिक शक्ति प्रदान की।

जनमानस द्वारा प्रतिरोध

हिंदू कभी भी इस्लामी तौर-तरीकों से प्रभावित नहीं हुए। कभी-कभी सामूहिक रूप से वे चुंगी लेने वालों को खाली हाथ और अपमानित करके वापस भेज देते थे। कमजोर होने पर उन्होंने अपनी फसलें जला दीं, ताकि उन्हें जब्त न किया जा सके। वे घने जंगलों में छिपकर रहने लगे और फल, जड़ें और अनाज जो भी उपलब्ध हो

खाकर जीवन जीना पसंद किया। जंगलों में कर संग्रहकर्ता की सेना से लड़ना इतना कठिन नहीं था। कई मुसलिम सरदारों ने शासकों को चेतावनी दी थी कि जिन घने जंगलों में लोग रहने लगे हैं, वहाँ घुसना अत्यंत कठिन है। ये जंगल कर संग्राहकों और सैनिकों के विरुद्ध मूल्यवान् सुरक्षा प्रदान करते थे।

कभी-कभी पकड़े जाने और भुगतान करने में असमर्थ होने पर हिंदुओं को अपना सबकुछ बलिदान करना पड़ता था, किंतु फिर भी वे इस्लाम में परिवर्तित होने का विरोध करते थे। इस प्रकार सदियों के इस्लामी दबाव के बाद भी हिंदुओं का एक बहुत बड़ा प्रतिशत अपरिवर्तित रहा।

एक वह समय था और एक आज का समय है। तब हिंदुओं की आंतरिक शक्ति इतनी प्रबल थी कि उन्होंने धर्म की रक्षा के लिए अपने प्राणों की आहुति तक दे दी। आज हम स्वार्थ और भय के कारण लड़ने को तैयार नहीं हैं। वास्तविकता यह है कि हमने अपनी आंतरिक शक्ति खो दी है।

वह दिन दूर नहीं, जब हम पर धर्म-परिवर्तन की तलवारें लटक जाएँगी। क्या हम इसका विरोध कर पाएँगे?

संदर्भ सूची

- Islamic Jihad by M.A. Khan, p. 92-99.
- Sharma, S.S., 2004, Caliph and Sultans : Religious Ideology and Political Praxis, p. 110, 125, 211.
- Hinduism endures/Surviving a time to trail. (https://www.himalayanacademy.com/media/books/hindu-history-chapter-three/web/sec02.html)
- Atrocities on Hindu Women during Islamic invasion in India (https://www.myindiamyglory.com/2018/03/29/atrocities-on-hindu-women-during-islamic-invasion-in-india/)
- Hindu Resistance, Counter attacks that saved Hindu Society by Meenakshi Sharan (https://www.esamskriti.com/e/History/Indian-History/Hindu-Resistance,-Counter-Attacks-that-saved-Hindu-society-1.aspx)

□

खंड–2

जिहाद का मूल चरित्र

1
जनसंख्या जिहाद

अकसर जिहाद को लेकर मुसलिम समाज चर्चा में रहता है। आखिर क्या है जिहाद ? यह कहा जाता है कि जहाँ पर उनका राज हो, वहाँ तो ठीक, लेकिन जहाँ पर उनका आधिपत्य नहीं है, वहाँ आधिपत्य हेतु जिहाद किया जाता है। पहले वाले को 'दारुल इस्लाम' और बाद वाले को 'दारुल हर्ब' कहा जाता है।

आधुनिक युग में जनसंख्या सभ्यता के विरुद्ध सबसे बड़ा अस्त्र है। भारत में जनसंख्या विस्फोट और सुनियोजित प्रसार से ऐसे क्षेत्र बन रहे हैं, जहाँ से हिंदुओं को पलायन करना पड़ रहा है। भारत की स्वाधीनता के साथ ही देश का विभाजन भी हुआ था जिसके पश्चात् भारत में विशेष वर्ग की आबादी लगभग 9–10 प्रतिशत थी जो 2011 ई. की जनगणना में बढ़कर 14.23 प्रतिशत हो गई है।

कुछ लोग कहेंगे कि 60–70 वर्षों में यदि 5 प्रतिशत बढ़ गई तो कोई बड़ी बात है। किंतु बड़ी बात यह है कि अन्य के मुकाबले यह बढ़ा प्रतिशत कहीं अधिक है। आखिर जनसंख्या बढ़ोतरी से क्या होगा ?

भारत का लोकतंत्र संख्या बल पर निर्भर रहता है। जहाँ जनसंख्या अधिक होगी, वो समुदाय भारतीय राजनीति में वोट बैंक सिद्ध होगा जिसके कारण उनका मत एक पार्टी विशेष को जाता है।

यदि विशेष समुदाय की जनसंख्या बढ़ेगी तो उनके मतों की संख्या बढ़ना स्वाभाविक है। वहीं दूसरी ओर हिंदू समाज के अधिकांश जन आलसी प्रकृति के हैं। उनके लिए चुनाव के समय अपने मत का प्रयोग करना भी दूभर हो जाता है, जिससे उनका मत प्रतिशत घटना स्वाभाविक है। वहीं दूसरी ओर यह भी कटु सत्य है कि हिंदू समाज एकजुट होकर मतदान नहीं करता।

कुछ धर्मनिरपेक्ष (secular) होने का ढोंग कर गैर-हिंदू उम्मीदवारों को ही वोट करते हैं, वहीं कुछ मुफ्तखोरी के लिए किसी भी उम्मीदवार को वोट कर देते हैं चाहे वह देशविरोधी मानसिकता से ही क्यों न ग्रसित हो ?

इसके विपरीत मुसलिम समुदाय कट्टरता के साथ एकजुट होकर अपने ही समाज के लोगों या जो पार्टी उनकी नीतियों का समर्थन करती है, उनका वोट उसी को जाता है। यह कोई नया विमर्श नहीं है, प्रत्येक चुनाव में यह हमें देखने को मिलता है। हिंदू समाज अपने आपको जातियों में बाँटकर देखता है।

जबकि मुसलिम समाज चुनाव के वक्त एकजुट होकर अपने मत का प्रयोग करता है।

जनसंख्या विस्फोट का एक कारण यह भी है कि उनके पर्सनल लॉ में चार शादियाँ करने की अनुमति होती है। इसी का हवाला देकर मुसलिम समुदाय के लोग चार शादियाँ कर लेते हैं। उनका मानना है यदि अपने समाज के कुनबे में बढ़ोतरी करनी है तो ऐसी महिला से शादी करो जो अधिक बच्चों को जन्म देने में समर्थ हो।

एक प्रभावशाली मुसलिम व्यक्ति ने यहाँ तक कह दिया कि "प्रत्येक मुसलमान को 4 शादियाँ करनी चाहिए और 40 बच्चे पैदा करने चाहिए। तभी ओवैसी भारत के प्रधानमंत्री बन पाएँगे।"

वहीं दूसरी ओर हिंदू समाज समान नागरिक संहिता (Uniform Civil Code) लागू करने की बात करता है।

अर्थात् देश के प्रत्येक नागरिक के लिए एक जैसा कानून होना चाहिए। चाहे वह किसी भी धर्म-मजहब से संबंध ही क्यों न रखता हो? सभी के लिए एक ही कानून''' ! इसको धर्मनिरपेक्ष कानून भी कहा जा सकता है।

वैसे देश का कानून सभी के लिए बराबर है, किंतु विवाह, तलाक और जमीन-जायदाद के मामलों में सभी धर्मों के लिए अलग-अलग कानून हैं जिन्हें एक करना अति आवश्यक है। किंतु मुसलिम समुदाय और उनके हिमायती यूनिफॉर्म सिविल कोड का सदैव विरोध करते आए हैं। उनका मानना है कि यह सभी धर्मों पर हिंदू कानून को लागू करने जैसा होगा। विशेषकर इस बिल पर मुसलिम पर्सनल लॉ बोर्ड को बड़ी आपत्ति सदैव से रही है। बोर्ड का कहना है कि अगर सबके लिए समान कानून लागू कर दिया गया तो उनके अधिकारों का हनन होगा जिससे मुसलमानों को बहुविवाह जैसे कई अधिकारों से वंचित होना पड़ेगा।

पिछले कुछ वर्षों में भारत सरकार बढ़ती जनसंख्या की वजह से होने वाली समस्याओं के बारे में विचार कर जनसंख्या नियंत्रण कानून लाने पर विचार कर रही है। किंतु मुसलिम समुदाय इसका पुरजोर विरोध कर रहा है।

ऐसी कई सूचनाएँ मिलती हैं, जिनमें कहा जाता है कि अगर विशेष समुदाय की जनसंख्या 30 प्रतिशत पहुँच जाए तो वो समुदाय समाज के ऊपर हावी हो जाता है। बेल्जियम, स्वीडन और इंग्लैंड में ऐसे कई क्षेत्र हैं, जहाँ विशेष समुदाय की

जनसंख्या 30 प्रतिशत के आँकड़े को पार कर गई है, जिसके फलस्वरूप शाम के समय पुलिस को भी उन क्षेत्रों में जाने से डर लगता है। यह हमारे देश में भी कुछ हद तक मुसलिम बाहुल्य क्षेत्रों में हो रहा है क्योंकि कई राजनीतिक पार्टियाँ उनका खुले तौर पर समर्थन करती हैं।

यदि ऐसे ही चलता रहा तो 2050 ई. तक देश में विशेष समुदाय का प्रधानमंत्री होगा।

भारत के सीमावर्ती क्षेत्र असम और बंगाल में आए दिन घुसपैठ होती रहती है, जिसकी वजह से यहाँ मुसलमानों का बढ़ोतरी प्रतिशत हिंदुओं की अपेक्षा अधिक बढ़ा है।

म्याँमार से निष्कासित रोहिंग्या मुसलमान भारी संख्या में अवैध तरीके से भारत में आकर कई जगहों पर बस गए। चूँकि रोहिंग्या मुसलमान थे तो हमारी राजनीतिक पार्टियों को उनमें वोट बैंक नजर आने लगा। अतएव विभिन्न दल उन्हें सुविधाएँ प्रदान करने में लग गए।

यह बात कटु सत्य है कि भारत में लोकतंत्र तभी तक है जब तक हिंदू बहुसंख्यक है, जिस दिन मुसलमानों की जनसंख्या हिंदुओं के नजदीक पहुँची, उसी दिन शरिया कानून लागू हो जाएगा।

कुछ समय पूर्व तमिलनाडु का एक गाँव मुसलिम बाहुल्य हो गया जिसके बाद वहाँ रह रहे मुसलमानों ने हिंदुओं को भव्य तरीके से त्योहार मनाने से मना कर दिया। उसके बाद हिंदू समुदाय निचली अदालत में गया। जहाँ कोर्ट ने हिंदुओं को प्रतिबंधों के साथ त्योहार मनाने की इजाजत दे दी। ये दोनों ही समुदायों को मंजूर नहीं था तो मामला हाईकोर्ट की सिंगल बेंच के पास गया और वहाँ इसी फैसले को बरकरार रखा गया। उसके बाद मामला हाईकोर्ट की डिवीजन बेंच के पास गया। वहीं एक ओर मुसलमानों का कहना था कि अब यह इलाका मुसलिम बाहुल्य है, चूँकि मुसलमानों में मूर्तिपूजा हराम है, इसलिए हिंदुओं को त्योहार मनाने की इजाजत न दी जाए जिसके बाद कोर्ट ने मुसलमानों को डाँट लगाई और कहा कि यह कैसी सहिष्णुता है? ऐसे देखा जाए तो भारत में हिंदू मुसलमानों की अपेक्षा अधिक हैं, यदि हिंदू भी ऐसे ही करने की ठान लें तो मुसलमानों को काफी तकलीफ हो जाएगी।

करौली का मामला है, जिसमें विशेष समुदाय अल्पसंख्यक है, लेकिन वहाँ की सरकार उनको सहयोग करती है इसलिए वो ये सब कर पाते हैं। वहीं दूसरी ओर तेलंगाना में विशेष समुदाय के लिए आरक्षण की सुविधा उपलब्ध है। विद्यालय, हॉस्पिटल और हाउसिंग सोसाइटी तक में वे आरक्षण का लाभ उठा रहे हैं।

संदर्भ सूची

- RGI releases Census 2011 data on Population by Religious Communities, PIB, 25 August, 2015.
- Misconceptions related to four marriages in Islam.
- Madras HC rules against practice of banning temple festivals, The Hindu.
- Political row erupts after communal clashes in Karauli, Hindustan Times.

□

2

आर्थिक जिहाद

आर्थिक जिहाद मुख्य रूप से हलाल सर्टिफिकेट से शुरू होता है। पहले हलाल मुसलिमों के लिए मांस की चीजों तक ही सीमित था। मूलतः मांस दो प्रकार के होते हैं—हलाल और झटका। मुसलिम हलाल मांस ही खाते थे और गैर-मुसलिम झटका मांस खाते थे।

जब किसी जानवर को हलाल करते हैं तो उसका मुँह मक्का की ओर करके, उसे पूरे होशोहवास में रखकर और कलमा पढ़कर उसकी jugular vein पर चीरा लगा देते हैं जिससे उसके शरीर का पूरा खून निकल जाता है, लेकिन इस प्रक्रिया में जानवर तड़प-तड़पकर मरता है। इस्लामिक मान्यताओं के अनुसार मारते या काटते हैं तो वो हलाल बन जाता है।

मांस हलाल है या नहीं, इसके लिए सप्लायर को सर्टिफिकेट लेना पड़ता है। लगभग सभी 5 सितारा होटल हलाल मांस ही परोसते हैं। यद्यपि गैर-मुसलिम झटका मीट ही धर्मसम्मत मानते हैं।

सुना है बेल्जियम समेत पूरे यूरोप और ऑस्ट्रेलिया में हलाल मीट को प्रतिबंधित कर दिया गया है।

हलाल इकॉनमी

किसी भी सामान को मुसलिम देशों में निर्यात करने के लिए हलाल सर्टिफिकेट चाहिए होता है। ये बात मांस तक तो समझ आती है कि अगर भारत से मांस का निर्यात करना हो तो निर्यातक के पास हलाल सर्टिफिकेट होना चाहिए।

किंतु अभी लगभग सभी निर्यात की जाने वाली वस्तुओं पर हलाल सर्टिफिकेट लगाना पड़ता है चाहे वह शाकाहारी खाना ही क्यों न हो? इस कारण हल्दीराम, हिमालय, ब्रिटानिया, कैडबरी, सनफीस्ट, डाबर और बीकानेर जैसी हजारों कंपनी अपने उत्पादों को बेचने के लिए हलाल प्रमाण-पत्र लेती हैं। अब तो कपड़ों, रियल

एस्टेट, लिपस्टिक से लेकर दवाइयों पर भी हलाल सर्टिफिकेट की माँग उठ रही है। इन सभी चीजों का मांस से कोई संबंध नहीं है। मुसलिम समाज ने कहा कि अगर कोरोना की वैक्सीन हलाल है तभी वो लेंगे अन्यथा नहीं। अब विचार कीजिए कि हलाल सर्टिफिकेट की माँग को कहाँ तक बढ़ा दिया है। इसका उद्देश्य बस इतना है कि हलाल इकॉनमी के माध्यम से जिहाद करना है।

लगभग 49 देश हैं, जो पाकिस्तान और मलेशिया की अध्यक्षता में हलाल सर्टिफिकेट की माँग करते हैं। यह सर्टिफिकेट शाकाहारी खाने, मांसाहारी खाने और न खाई जाने वाली चीजों के लिए भी अनिवार्य है। यह स्टील, सीमेंट, फार्मा, कॉस्मेटिक और पेय पदार्थों के लिए भी जरूरी है। साथ ही यह सभी इस्लामिक देशों के लिए अनिवार्य है।

अगर भारत में हलाल इकॉनमी को देखें तो यहाँ लगभग 23 कंपनी हैं, जो हलाल सर्टिफिकेट देती हैं। साथ ही ये सभी कंपनी प्राइवेट हैं और टैक्स भी नहीं देती हैं। किंतु यदि किसी को हलाल सर्टिफिकेट लेना है तो उसे 20 से 50 हजार रुपए प्रति उत्पाद, प्रतिवर्ष हलाल बोर्ड को देने होते हैं।

बाबा रामदेव, श्री-श्री रविशंकर, हल्दीराम और बीकानेर का उदाहरण लें तो कितने अधिक उत्पाद हैं, जो निर्यात किए जाते हैं और उन सभी के लिए प्रत्येक वर्ष पैसा जाता है। कहा जाता है कि ये खरबों रुपयों की इंडस्ट्री बन चुकी है। यह इंडस्ट्री न तो कोई प्रोडक्ट बनाती है, न ही कोई सर्विस देती है, फिर भी खरबों रुपए कमाती है और वह भी टैक्स फ्री। इस पैसे का इस्तेमाल इस्लाम और जिहाद को बढ़ावा देने में किया जाता है। साथ ही आरोप है कि यह पैसा आतंकवाद फैलाने वालों का कोर्ट केस लड़ने में उपयोग होता है। पत्थरबाजों और दंगाइयों को पैसा भी इन्हीं से जाता है। इस हलाल सर्टिफिकेट को पाने के लिए पैसा हिंदू देते हैं।

हजारों कंपनी अपने उत्पादों को बेचने के लिए हलाल प्रमाण-पत्र लेती हैं और इसके लिए मुसलिम समाज के हलाल बोर्ड को मोटी रकम अदा करती हैं, ताकि उनके उत्पाद मुसलिम समाज में बिना किसी परेशानी के बिक सकें। साथ ही कंपनी कहती है कि ये सर्टिफिकेट उनके उत्पादों के लिए वैल्यू एडिशन का काम करता है। असल में हिंदुओं को फर्क नहीं पड़ता कि यह सर्टिफिकेट है या नहीं किंतु मुसलमान चाहते हैं यह सर्टिफिकेट अवश्य हो।

इस प्रकार के षड्यंत्रों से जागरूक होने की आवश्यकता है।

यदि हम भविष्य के हिसाब से विचार करें तो इसकी अनिवार्यता बढ़ती जाएगी जिससे इस तरह के संगठन और धनी होंगे और वह पैसा शायद हिंदुओं के खिलाफ ही प्रयोग किया जाए।

संदर्भ सूची

- Halal Food Certification by Halal Certification Agency Delhi India https://www.jamiathalaltrust.org/
- What is halal certification for meat and non-meat products? (https://www.deccanherald.com/india/what-is-halal-certification-for-meat-and-non-meat-products-1155202.html)

□

3
हिजाब जिहाद

कर्नाटक के एक इंस्टिट्यूट में मुसलिम लड़कियों द्वारा एजुकेशन एक्ट की अवमानना की गई। कुछ मुसलिम लड़कियाँ अपने इंस्टिट्यूट की ड्रेस कोड पॉलिसी और प्रदेश की एजुकेशन पॉलिसी न मानते हुए हिजाब पहनकर स्कूल पहुँच गईं। जब उन्हें हिजाब पहनने से रोका गया तो कुछ लड़कियों ने विरोध करते हुए कहा कि यह उनकी धार्मिक आस्था है। इसलिए वह हिजाब पहनकर ही आएँगे। इसके बाद कर्नाटक के अन्य स्कूल-कॉलेज में भी यह बात शुरू हो गई, जिसके बाद मामला कोर्ट में गया, जहाँ मुसलिम पक्ष के लोगों ने संविधान और धर्म की दुहाई दी। किंतु कर्नाटक उच्च न्यायालय ने सभी पक्षों और तर्कों को सुनकर अपना फैसला सुनाया जिसमें उन्होंने कहा कि स्कूल में हिजाब नहीं पहन सकते हैं और स्कूल की निर्धारित ड्रेस ही पहननी होगी।

इसके पहले बॉम्बे उच्च न्यायालय ने 2003 में, मद्रास उच्च न्यायालय ने 2006 में, केरल उच्च न्यायालय ने 2018 में और सर्वोच्च न्यायालय ने 2015 में घोषित किया है कि किसी भी शैक्षणिक संस्थान में हिजाब पहनना प्रतिबंधित है। साथ ही शैक्षणिक संस्थानों में शैक्षणिक संस्थान और एजुकेशन बोर्ड की पॉलिसी के अनुसार ही ड्रेस पहनना होगा। इस सबके बावजूद हिजाब का मामला तूल पकड़ गया।

वास्तव में यह मामला इसलिए शुरू हुआ, क्योंकि इसके कुछ ही दिनों बाद उत्तर प्रदेश में चुनाव थे जहाँ मुसलमानों का वोट बहुत महत्त्व रखता है। इसलिए इन्होंने कोशिश की कि जिहाद के साथ-साथ उत्तर प्रदेश और देश के मुसलमानों को बताया जा सके कि हिंदू हमें हमारे ड्रेस पहनने से रोकते हैं। इसलिए आपको हमें सहयोग करना होगा। यहाँ तक प्रयास किया कि जितने मुसलिम मतदाता उत्तर प्रदेश से बाहर हैं, उन्हें प्लेन का किराया दिया गया, ताकि वो मुसलिम समर्थन वाली पार्टी को वोट डाल सके। जैसे ही उत्तर प्रदेश के चुनाव खत्म हुए, हिजाब

जिहाद का मामला भी ठंडा पड़ गया।

अगर यह संविधान में धार्मिक स्वतंत्रता के अधिकार की बात है तो यह अधिकार मुसलिम विद्यालयों-विश्वविद्यालयों में पढ़ने वाले गैर-मुसलिम छात्र-छात्रों को क्यों नहीं है? वहाँ पर तो ड्रेस कोड पॉलिसी का हवाला देकर शेरवानी-सलवार-कमीज पहनने को मजबूर किया जाता है।

वहीं दूसरी ओर केवल मुसलिम युवतियाँ अपने मजहब को जिंदा रखने के लिए इस्लाम के अनुसार पोशाक पहनकर स्कूल या कॉलेज आने देने की माँग कर रही हैं। ऐसी ही माँग मुसलिम युवक क्यों नहीं कर रहे हैं कि हम भी कुर्ता, ऊँचा पाजामा और जालीदार गोल टोपी पहनकर स्कूल-कॉलेज आएँगे? क्या उन्हें अपने मजहब की चिंता नहीं है? क्या वे मजहबी नहीं हैं?

इनकी यह चाल यहीं पर पकड़ में आ जाती है। यदि मुसलिम लड़कों ने ऐसी माँग की तो फिर लव जिहाद वाला एजेंडा फेल हो जाएगा। बस यही कारण है कि वे अपने लिए मजहबी पोशाक की माँग नहीं कर रहे हैं और इस विषय पर चुप हैं।

संदर्भ सूची

- Supreme court verdict on Karnataka hijab ban controversy, The Lallantop Article.
- Karnataka hijab controversy goes national as Uttar Pradesh goes to polls in Phase 1, Firstpost.

□

4
अजान जिहाद

करीब 10 साल पहले दिल्ली की एक कॉलोनी की घटना है, जहाँ बहुत तेज आवाज में लाउडस्पीकर से अजान होने लगी, जो यहाँ रह रहे लोगों ने पहले नहीं सुनी थी। यह आवाज उनके जीवन का टॉर्चर बन गई थी। जैसा सर्वविदित है कि अजान दिन में 5 बार होती है। यह सुबह लगभग 4:30 बजे से रात 8 बजे के बीच बड़े-बड़े लाउडस्पीकर से दी जाती है ताकि मुसलमान समय पर अपनी नमाज पढ़ लें। लेकिन उस समय आवाज इतनी तेज हो गई कि कानों के लिए टॉर्चर हो गया।

दिल्ली का ही एक दूसरा उदाहरण है, जहाँ एक कॉलोनी मुसलिम बस्ती से घिरी थी। वहाँ रोज सुबह 4 बजे से 4:30 बजे के बीच सभी मसजिदों से अजान की तेज आवाजे आने लगती थी। यह प्रक्रिया लगभग अगले आधे घंटे चलती थी जिससे शोर कई गुना बढ़ जाता था। यह दिन भर चलता था और वह भी प्रतिदिन। इससे वहाँ रह रहे लोगों के जीवन पर बुरा असर पड़ा। लेकिन कोई भी पुलिस में शिकायत नहीं कर रहा था क्योंकि सबको अपनी जान प्यारी थी और मुसलमानों के खिलाफ शिकायत करने जाओ तो कई बार पुलिसवाले आप पर ही कंप्लेंट कर देते हैं।

दिल्ली के त्रिलोकपुरी में एक झुग्गी में माता की चौकी स्थापित की गई थी, जो कि मसजिद के पास थी, जिसके कारण वहाँ का माहौल खराब हो गया क्योंकि मुसलमान मसजिद के पास भजन नहीं सुनना चाहते थे। मुसलमान लाउडस्पीकर का अत्यधिक उपयोग करते हैं। लेकिन हिंदुओं के अपने सामाजिक और धार्मिक कार्यों के लिए भी लाउडस्पीकर का उपयोग करना बरदाश्त नहीं करते हैं। यहाँ तक कि हिंदू बहुसंख्यक क्षेत्रों में भी हिंदुओं द्वारा लाउडस्पीकर के उपयोग पर कई हिंसाएँ हुई हैं जबकि ये मसजिदों की तरह बहुत तेज और बारहमासी नहीं हैं।

लाउडस्पीकर की खोज 1920 ई. के आसपास हुई जिसके बाद कुछ गिनी-चुनी मसजिदों से लाउडस्पीकर पर अजान होने लगी। उस समय के मौलवियों ने लाउडस्पीकर से अजान दिए जाने पर आपत्ति जताई क्योंकि लाउडस्पीकर से अजान देना इस्लाम के अनुसार हराम है और जो यह करता है वह शैतान का काम करता है। उस समय लाउडस्पीकर से अजान बंद हो गई क्योंकि मौलवियों ने फतवा जारी कर दिया जिसके बाद यह प्रक्रिया अगले लगभग 50 वर्षों तक बंद रही।

वर्ष 1970 ई. में लाउडस्पीकर से अजान देना फिर से प्रारंभ कर दिया गया जिसका कारण था कि जिस भी तरीके से गैर-मुसलिमों या काफिरों को सताया जा सकता है, वह करना चाहिए। उन्होंने अजान लाउडस्पीकर से देना शुरू कर दिया, जो आज तक चलता आ रहा है। धीरे-धीरे इसके डेसीबल बढ़ते गए, ताकि आवाज दूर तक जाए।

सर्वोच्च न्यायालय के अनुसार मुसलिम अजान तो दे सकते हैं, लेकिन इस लाउडस्पीकर का उपयोग नहीं कर सकते। यदि लाउडस्पीकर पर अजान करना है तो फिर उसके नियमों के अनुसार करना होगा जिसमें लाउडस्पीकर का इस्तेमाल सुबह 6 से रात 10 बजे तक ही कर सकते हैं और ध्वनि 75 डेसीबल से अधिक नहीं हो सकती, यानी एक सामान्य कार के हॉर्न के बराबर ही हो सकती है। साथ ही साइलेंस जोन में लाउडस्पीकर का इस्तेमाल नहीं कर सकते हैं। लेकिन मुसलमान इन नियमों का पालन छोड़ सुबह 4 बजे से 75 डेसीबल से अधिक आवाज में और साइलेंस जोन की परवाह किए बिना दिन में 5 बार अजान देते हैं। ज्यादातर सरकारें मंदिरों से लाउडस्पीकर हटाने का आदेश दे देती हैं किंतु मसजिद की तरफ आँख भी उठाकर नहीं देखती हैं क्योंकि उन्हें मुसलमानों का वोट चाहिए।

कुछ वर्षों पहले सोनू निगम के लाउडस्पीकर इस्तेमाल करने के विषय पर ट्वीट से बहस शुरू हो गई थी। सोशल मीडिया पर खुले तौर पर सोनू निगम के खिलाफ हिंसा का इस्तेमाल करने के लिए मुसलमानों को उकसाने वाले पोस्ट ही नहीं आए, बल्कि उनकी हत्या करने के लिए भी उकसा रहे थे। इतना ही नहीं, पश्चिम बंगाल में एक मौलवी ने सोनू निगम के खिलाफ फतवे की घोषणा की और उन्हें नुकसान पहुँचाने पर इनाम देने की पेशकश की।

वामपंथी नियंत्रित मीडिया ने गायक के खिलाफ घृणास्पद अभियान शुरू कर दिया। उदाहरण के लिए न्यूज चैनल्स ने झूठी कहानी चलाई कि उनके अपार्टमेंट के आसपास कोई मसजिद नहीं है और अजान की कोई आवाज नहीं है।

7वीं-8वीं सदी में जब मुसलमानों का जिहाद शुरू हुआ तब केवल सशस्त्र

जिहाद था लेकिन अब हर चीज में जिहाद शुरू हो गया है। लाउडस्पीकर पर अजान धर्म के बारे में नहीं है, बल्कि जिहाद है। बहुसंख्यक समुदाय को काफिर होने के कारण डराने और आतंकित करने का तरीका है। सच्चाई तो यह है कि शोर पैदा करना मुसलिम संस्कृति का अहम हिस्सा बन गया है, वहीं मुसलिम समुदाय द्वारा इसे सुनियोजित तरीके से क्रियान्वित किया जा रहा है।

संदर्भ सूची

- Trilokpuri tension simmering since Dussehra but govt didn't get wake-up call, Delhi News-Times of India.
- For almost 50 years Azaan on loudspeaker was Haraam, then it became Halaal : Javed Akhtar.

□

5

नमाज जिहाद

इस्लाम के अनुसार 7-8 वर्ष की आयु के सभी मुसलिम स्त्री, पुरुष और बच्चे को 5 वक्त की नमाज पढ़ना अनिवार्य है। वह मसजिद, घर या निजी स्थान पर नमाज पढ़ सकते हैं। किंतु मुसलिमों ने दुनिया भर में एक नई रीत शुरू की है। अब वह मसजिद या अपने घर में नमाज नहीं पढ़ते हैं बल्कि जहाँ उनको जगह मिलेगी, वहीं नमाज पढ़ने बैठ जाएँगे। चाहे उन्हें अकेले नमाज पढ़नी हो या समूह में, वह कहीं भी बैठकर नमाज पढ़नी शुरू कर देते हैं।

कई बार सड़क के बीच एक आदमी नमाज पढ़ता मिलेगा जिसकी वजह से ट्रैफिक रुक जाता है। लोग सोचते हैं कि कोई बात नहीं थोड़ी देर की बात है। नमाज पढ़ने के लिए प्लेटफॉर्म पर बैठ जाएँगे। कई बार तो वे रेलवे ट्रैक पर बैठ जाएँगे और उनकी नमाज के खत्म होने का इंतजार पीछे ट्रेन खड़ी होकर करती है। इसके इतर कभी-कभी तो ए.टी.एम. में घुसकर भी नमाज पढ़ने लगेंगे। पार्क और स्कूल में भी नमाज पढ़ने के मामले सामने आए हैं। यहाँ तक कि मुसलमान मंदिरों, दुर्गा पंडालों और गुरुद्वारों के परिसर में भी नमाज पढ़ने लगते हैं।

इसमें विचारणीय बात यह भी है कि गुरुद्वारों ने उन्हें अपने यहाँ नमाज पढ़ने के लिए आमंत्रित भी किया है। किंतु वहीं दूसरी ओर सिखों को इजाजत नहीं है कि वो मसजिद में जाकर गुरुग्रंथ साहिब का पाठ कर सकें। सेकुलरिज्म की हद तो यह है कि कुछ हिंदुओं ने उन्हें अपने घर और दुकान पर नमाज पढ़ने के लिए आमंत्रित कर लिया। मैं तो इसे सेकुलरिज्म नहीं बल्कि सिकुलरिज्म (Sickularism) बोलता हूँ। भाई-चारा एकतरफा नहीं, हमेशा दोतरफा होता है।

अभी कुछ समय पहले की ही बात है, गुरुग्राम के 37 से अधिक पार्क में मुसलिम हर शुक्रवार एक बड़े समूह में नमाज पढ़ने लगे और पार्क पर एक तरह से कब्जा कर लिया। वहाँ जो लोग घूमने, व्यायाम या परिवार के साथ समय

बिताने आते हैं, उन्हें खासी असुविधा होने लगी जिसके बाद स्थानीय हिंदुओं के विरोध और आंदोलन के चलते सरकार ने मुसलिमों को 6 स्थानों तक सीमित किया। हिंदू समाज के लोग इससे भी संतुष्ट नहीं हैं। उनका मानना है कि नमाज मसजिदों और अपने घरों में पढ़ी जाए, न कि पार्क में, इसी सबके चलते एक व्यक्ति का इंटरव्यू किया गया तो पता चला कि वह नमाज पढ़ने के लिए मेवात से गुरुग्राम आया है। यानी लगभग 60 किलोमीटर दूर…! विचार कीजिए कि क्या मेवात में नमाज पढ़ने के लिए स्थान नहीं है? वह लोग इसलिए इकट्ठा हो रहे हैं, ताकि गैर-मुसलिमों को सताया जा सके।

इसी तरह एक मामला बिहार का है, जिसमें मुसलिम लोग पुलिस स्टेशन के प्रांगण में ही नमाज पढ़ रहे थे और यह देखकर पुलिस चुपचाप मूकदर्शक बनी हुई थी जिससे लोग परेशान हुए और हिंदू संगठनों ने उसकी शिकायत की जिसके बाद पुलिस ने शिकायत करने वाले हिंदू पर ही FIR कर दी।

कुछ समय पहले लंदन का एक वीडियो सोशल मीडिया पर चर्चा में था, जिसमें एक आदमी सड़क पर नमाज पढ़ रहा था और पीछे बस खड़ी हुई थी।

वक्फ बोर्ड मुसलमानों की एक संस्था है, जिसके पास अथाह जमीन है। सच्चर समिति की रिपोर्ट के अनुसार 6 लाख एकड़ वक्फ भूमि है और समिति द्वारा अनुमानित इस भूमि का बाजार मूल्य 1.20 लाख करोड़ रुपए है। यह भारत में सबसे बड़े भू-स्वामियों में से एक है।

वक्फ बोर्ड का मानना है कि भारत में सड़क, ए.टी.एम., पार्क, रेलवे ट्रैक और सभी सरकारी संपत्ति वक्फ बोर्ड की है।

एक मौलवी कहता है कि एक बार मुसलमान जहाँ बैठकर नमाज पढ़ लेता है, वह स्थान मसजिद हो जाता है। इसका तात्पर्य यह है कि वह उस स्थान पर अपना दावा कर लेता है।

हाल ही में एक वीडियो चर्चा में रहा कि एक गैर-मुसलिम का घर खुला था तो एक मुसलिम उसमें घुसकर नमाज पढ़ने लगा। जब घर के मालिक ने देखा तो तुरंत उठाकर भगा दिया। जब उससे पूछा गया कि यहाँ नमाज क्यों पढ़ने आ गए? तो वह बोला कि घर खुला था और मुझे लगा के बंद जगह में नमाज पढ़नी है तो यहाँ आ गया…!

मौलवी के अनुसार तो सार्वजनिक संपत्ति और किसी के घर में नमाज पढ़ी तो वो उनकी संपत्ति हो गई। यह भी एक प्रकार का जिहाद है, जिसे रोका जाना जरूरी है।

संदर्भ सूची

- Hindu group protests against students offering namaz in govt school in Karnataka, India Today.
- Gurugram namaz issue : Faith and public spaces, through the eyes of Indian courts, Hindustan Times.

□

6

जमीन जिहाद

मुसलिम समुदाय के लोगों द्वारा गैर-मुसलिमों के लिए मुश्किल परिस्थितियाँ उत्पन्न करके डरा-धमकाकर जमीन छीन लेना, मसजिद-मजार-कब्रिस्तान के आसपास की जमीन हथियाना और सरकारी-गैर-सरकारी या राष्ट्रीय संपत्ति को अपना बता वहाँ पर मसजिद-मजार-कब्रिस्तान बना लेना—ये सभी चीजें जमीन जिहाद का हिस्सा हैं। अखबारों में आए दिन इस तरह की घटनाओं की खबर पढ़ते हैं जहाँ मुसलिम समुदाय के लोग जमीन जिहाद करते हैं जिसे बुद्धिजीवी लोग छोटी-मोती घटना कहकर ध्यान न देने की सलाह देते हैं। किंतु ये घटनाएँ राष्ट्र और हिंदू धर्म के लिए बहुत बड़ा खतरा हैं।

जहाँ भी मुसलिम समुदाय के लोग अधिक मात्रा में आ जाते हैं, इसमें यह जरूरी नहीं कि वह क्षेत्र मुसलिम बाहुल्य हो, वहाँ पर इनकी रणनीति होती है कि क्षेत्र के हिंदुओं के 10 से 20 प्रतिशत मकान या दुकानें बाजार दर से अधिक में खरीद लें।

दुर्भाग्य से हिंदू लालच में आकर बेच भी देते हैं। मुसलिम लोग खरीदे गए इन घरों में रहने लगते हैं और फिर हिंदू पड़ोसियों से लड़-झगड़कर उन्हें धमकाने लगते हैं। हिंदू महिलाओं को देखते ही आपत्तिजनक हरकतें और बातें करने लगते हैं, जिससे असुरक्षा और डर का माहौल पैदा हो जाता है। मांस खा के हड्डियाँ मंदिरों के पास फेंक देते हैं जिसके बाद क्षेत्र के हिंदू परेशान या डरकर अपने मकान और दुकान मुसलमानों को सस्ते दामों में बेचकर निकल जाते हैं। अब आप विचार कीजिए कि क्षेत्र के मात्र 20 प्रतिशत मकान महँगे में खरीदे और बचे 80 प्रतिशत बहुत ही सस्ते में खरीद लेते हैं।

सच्चाई यह है कि उनको जो भी सार्वजनिक खाली जगह मिलती है वे वहाँ धीरे-धीरे अपना मकान, मजार और मसजिदें बना लेते हैं और समय के साथ उसे भव्य रूप देकर कब्जा कर लेते हैं। इसका उदाहरण नैनीताल जिले के मामले से

स्पष्ट होता है, जहाँ स्थानीय लोगों ने शिकायत की कि बाहर से आए मुसलिम मजदूरों ने पहले तो पहाड़ियों पर कच्चे घर बनाए और अब ये सरकार द्वारा उपेक्षित भूमि पर अवैध पक्के मकान और धार्मिक स्थलों का निर्माण कर रहे हैं।

ऐसा ही एक मामला राजस्थान के मालपुरा से आया, जहाँ बीजेपी विधायक ने मालपुरा में मुसलमानों द्वारा चलाए जा रहे अभियान की चर्चा की, जिसमें बताया कि मुसलमान हिंदुओं के घर और जमीन सरकार द्वारा निर्धारित दरों से कई गुना अधिक दर पर खरीदते हैं। उसके बाद ऐसी परिस्थितियाँ उत्पन्न करते हैं, इन तथ्यों का जिक्र मैं पहले कर चुका हूँ, जिसके कारण 600-800 हिंदू परिवार वहाँ से पलायन कर गए। जब इसके खिलाफ स्थानीय प्रशासन को लिखित शिकायत दी तो उन्होंने स्वीकार करने से मना कर दिया।

एक मामला भावनगर (गुजरात) का है, इसका पता कुछ स्थानीय और छोटे न्यूज पोर्टल्स से चलता है कि वहाँ 100-150 मुसलिम पुरुषों की भीड़ ने एक सोसाइटी में प्रवेश किया और कुछ फ्लैट मालिकों को अपने फ्लैट बेचने के लिए मजबूर किया और धमकाया। कुछ स्थानीय बिचौलियों ने कहा कि अपना फ्लैट बेच दो क्योंकि उसकी अच्छी कीमत मिल रही है। जबकि मकान मालिक उसे नहीं बेचना चाहते थे।

ऐसी ही एक घटना वेल्लोर (तमिलनाडु) के सरकार मंडी सड़क की है, जहाँ क्षेत्र के लोगों ने एक नई मसजिद के निर्माण का विरोध किया जिसके बाद क्षेत्र में तनाव हो गया। आरोप लगाया कि मसजिद का निर्माण बिना उचित अनुमति के और रातोरात एक घर को मसजिद में बदलकर किया गया। अपने समुदाय का बचाव करते हुए मुसलिम नेता ने कहा, मसजिद 1866 ई. से है और हमारे पास राजस्व रिकॉर्ड और वक्फ बोर्ड के दस्तावेज हैं। अब हिंदू इसका विरोध कर रहे हैं और क्षेत्र में धार्मिक तनाव पैदा करने की कोशिश कर रहे हैं जिसके बाद आर.टी.आई. से ज्ञात हुआ कि अब्दुल रहीम ने इमारत के लिए संपत्ति कर का भुगतान किया था। यह रेजिडेंशियल इमारत है। मुसलिम मकान को मसजिद में बदलकर क्षेत्र पर अधिकार करने का एजेंडा पूरा कर रहे थे।

ये लोग जहाँ जगह मिले वहीं मजार बना लेते हैं। चाहे वो पार्क, डिवाइडर, सड़क या फ्लाईओवर ही क्यों न हो? अब आप सोचिए, फ्लाईओवर पर किसको दफनाया गया होगा? समझ नहीं आता कि कुछ वर्ष पहले बने फ्लाईओवर पर मजार कैसे पहुँची और उससे भी अधिक आश्चर्य की बात यह है कि मजार अचानक वहाँ बन गई जिसे लोगों ने हटाया।

बंगाल के नदिया जिले के खासपुर गाँव की खबर है, जहाँ मंदिर की लगभग

30 बीघा जमीन मुसलमानों ने कब्जा कर वहाँ कब्रिस्तान बना दिया। नकली कब्रें तैयार कर दीं और उसकी बाउंड्री बनाकर रास्ता रोकने का प्रयास किया गया।

यह सब लॉकडाउन के दौरान हुआ।

जहाँ भी सार्वजनिक पार्क मिलेगा वहाँ पहले तो नमाज पढ़ना शुरू करेंगे, उसके बाद एक छोटी सी मजार बना लेंगे, फिर छोटी मसजिद और फिर बड़ी मसजिद बना पूरे क्षेत्र पर कब्जा कर लेंगे।

ऐसा ही एक मामला चंद्रशेखर पार्क का है, जहाँ कुछ एक मजार थी और अवैध रूप से मसजिद का निर्माण कार्य चल रहा था। जब किसी ने इलाहाबाद उच्च न्यायालय में याचिका दायर की और सारे सबूत दिए तो न्यायालय का आदेश आया कि तत्काल मजारों और मसजिद को हटाया जाए और पार्क को अतिक्रमण मुक्त किया जाए। यह एक सराहनीय कदम था लेकिन ऐसे मामलों की संख्या इतनी अधिक है कि इन्हें संयुक्त रूप से ही रोका जा सकता है।

दिल्ली (पटपड़गंज) का एक मामला है, जिसमें सड़क पर बनी एक अवैध मजार की वजह से ट्रैफिक जाम आए दिन लगता रहता था। एक दिन एक हृदयरोगी को अस्पताल ले जाते हुए उसी जाम की वजह से रोगी को देर से इलाज मिल पाया, जिसकी वजह से गंभीर सर्जरी करनी पड़ी। इसके बाद स्थानीय लोगों ने उच्च न्यायालय में याचिका दायर की और न्यायालय ने अवैध मजार हटाने का आदेश दिया लेकिन स्थानीय प्रशासन उसे टालता रहा।

मैं जब इंडिया गेट से निजामुद्दीन की तरफ जाता था तो निजामुद्दीन सर्किल से पहले कुछ कब्र बनी हुई थीं। यह दृश्य मैं बचपन से देख रहा था। समय के साथ मैंने देखा कि एक दिन कोई वहाँ हरा कपड़ा चढ़ा गया जिसके कुछ समय बाद वहाँ एक अस्थायी इमारत बना दी गई, फूल और चादरें बिकने लगीं। उस मजार को किसी सूफी संत की मजार घोषित कर दिया गया। मेरे देखते-देखते 10 वर्ष के अंदर यह सब हो गया।

आपको जानकर आश्चर्य होगा कि 2013 ई. में तत्कालीन सरकार ने वक्फ बोर्ड के लिए कानून का निर्माण किया जिसमें अगर वक्फ बोर्ड किसी भी संपत्ति को अपनी बता देता है तो वो संपत्ति वक्फ बोर्ड की मानी जाएगी। इस कानून के तहत अगर कोई विवाद है तो संपत्ति के मालिक को सिद्ध करना होगा कि यह उसकी संपत्ति है, जिसके लिए उसे वक्फ बोर्ड के ट्रिब्यूनल में ही जाना होगा। इस तरह जमीन जिहाद में तत्कालीन सरकार की मिलीभगत साफ दिखाई देती है। यह तो अच्छा हुआ कि सर्वोच्च न्यायालय ने इसे रद्द कर दिया और कहा वक्फ बोर्ड को मालिकाना हक सिद्ध करने के लिए कागज दिखाने पड़ेंगे।

उस समय एक चुटकुला बहुत चर्चा में था कि जमीन जिहाद में सड़क, राजमार्गों, बस स्टैंड, रेलवे स्टेशन, रेलवे ट्रैक, नदी और समुद्र तक में मजार बना ली गई हैं। लगता है अगला नंबर आसमान का है।

संदर्भ सूची

- Waqf Act, 1995 : A Tool given to Waqf Boards to snatch the property of Hindus?
- Chandrashekhar Azad : Prayagraj : Waqf Board lays claim on public park dedicated to Chandrashekhar Azad-ET Now.

□

7
लव जिहाद

इस्लाम के अनुसार—कोई भी काफिर से शादी नहीं कर सकता, यदि कोई करता भी है तो शादी से पहले उसे इस्लाम कुबूल करना ही होगा।

यदि कोई कहता है कि शादी के बाद भी अपना धर्म बरकरार रखेंगे तो आप पूरी तरह से भ्रम में हैं। यह शांति से किया जाने वाला जिहाद इस्लाम में नया नहीं है। यह काफिरों या गैर-मुसलिमों को इस्लाम में परिवर्तित करने का शक्तिशाली उपकरण है।

कुछ अध्यायों पहले 'हिजाब जिहाद' के मुद्दे पर बात की थी जिसमें मुसलिम लड़कियाँ तो कथित तौर पर अपने धर्म के अनुसार कपड़े पहनकर स्कूल-कॉलेज जाने लिए आंदोलन कर रही थीं। किंतु यह माँग या विरोध प्रदर्शन मुसलिम युवक नहीं करते हैं। क्योंकि यदि वह लंबा कुर्ता, छोटा पाजामा और गोल जालीदार टोपी पहनकर स्कूल-कॉलेज जाएँगे तो उनकी पहचान जग-जाहिर हो जाएगी और लव जिहाद वाला एजेंडा पूरा नहीं हो पाएगा।

लव जिहाद एक प्रक्रिया है, जिसमें मुसलिम युवक अपना हिंदू नाम रखकर हिंदू लड़की को अपने प्रेम-जाल में फँसाकार उससे शादी कर लेता है और बाद में लड़की का धर्मांतरण करते हैं जिससे हिंदुओं की जनसंख्या कम हो और मुसलमानों की जनसंख्या में बढ़ोतरी हो जाए।

मामला केरल का है, जहाँ उच्च न्यायालय ने मई 2017 में हिंदू महिला अखिला अशोकन की शादी को रद्द कर दिया था। अखिला अशोकन ने दिसंबर 2016 में मुसलिम युवक शफीन से निकाह किया था। आरोप है कि निकाह से पहले अखिला ने धर्म-परिवर्तन करके अपना नाम हादिया रख लिया जिसके खिलाफ अखिला के माता-पिता केरल हाईकोर्ट पहुँचे जिसके बाद केरल उच्च न्यायालय ने अखिला और शफीन के निकाह को रद्द कर दिया। इसका सीधा मतलब है कि उच्च न्यायालय ने बिना लव जिहाद शब्द बोले मान लिया कि लव जिहाद जैसा कुछ तो हो रहा है।

ग्वालियर का मामला है, जिसमें लड़के ने नाम बदलकर लड़की को प्रेम-जाल में फँसाया और फिर संबंध बनाए। जब लड़की गर्भवती हुई तो लड़की ने शादी का दबाव बनाया। तब लड़के ने उसका गर्भपात करवाकर शादी कर ली। शादी के बाद लड़की पति के साथ रहने लगी, तब मौलाना ने आकर कहा कि तुम्हारी शादी वैध नहीं है। इसे वैध करने के लिए पहले तुम्हे धर्मांतरण करना होगा, फिर मुसलिम रीति-रिवाजों से शादी करनी होगी। जब लड़की ने धर्म बदलने से मना किया तो उसके दो देवरों और मौलाना ने उसके साथ जबरदस्ती की। साथ ही लड़की ने आरोप लगाया कि सास उसे वेश्यावृत्ति में धकेलना चाहती थी। लड़की वहाँ से भागकर अपने परिजनों के पास आई और सारी बात बताई। ये लड़की तो बच गई लेकिन ऐसा हमेशा नहीं होता है।

एक मामला बरेली का है, जिसमें कासिम नाम के एक लड़के ने स्कूल में पढ़ने वाली लड़की को अपना नाम राहुल बताकर फँसा लिया और संबंध बनाकर वीडियो बना लिए। जब लड़की को लड़के की सच्चाई पता चली तो लड़की ने दूरी बनाने की कोशिश की जिसके बाद लड़के ने कहा कि वो उसकी है और उसे धर्मांतरण कर शादी करनी होगी। जब लड़की ने इस प्रस्ताव को ठुकरा दिया तो लड़का अपने कुछ दोस्तों के साथ लड़की का घर से अपहरण करने की कोशिश करने लगा। लड़की ने मदद के लिए चिल्लाना शुरू कर दिया जिसके बाद लोग एकट्ठा हुए और लड़के को पुलिस को पकड़वा दिया। पुलिस ने कई सारे आरोपों के साथ लड़के को गिरफ्तार कर लिया।

एक अन्य मामला अंबेडकर नगर का है, जहाँ शाबाम ने श्यामू बनकर हिंदू लड़की से नजदीकियाँ बढ़ाईं और फिर पूरे परिवार की रजामंदी के बाद मंदिर में शादी कर ली। शादी के 1 हफ्ते के अंदर ही शाबाम और उसके परिवारवालों ने मौलवी बुलाकर जबरन निकाह पढ़वा दिया और धर्मांतरण भी करवा दिया। उसके बाद लड़की पर रोज नमाज पढ़ने का दबाव बनाने लगे। वह लड़की जब भी आपत्ति जताती तो उसके साथ जानवरों जैसा व्यवहार किया जाता। आए दिन मारपीट के बीच शाबाम ने उसे तीन तलाक दे दिया, लेकिन बाहर निकलने की इजाजत नहीं दी। लड़की का मोबाइल भी छीन लिया और उसे अपने माँ-बाप से बातचीत तक नहीं करने दिया। इस बीच शाबाम ने उससे दोबारा निकाह करने की बात कह, अपने दो भाइयों से हलाला करने पर मजबूर किया। किसी तरह युवती भागकर अपने पिता के पास पहुँची और पूरी दास्ताँ सुनाई।

लव जिहाद को लेकर सबसे पहले उत्तर प्रदेश की सरकार ने एक कानून बनाया, जिसे 'उत्तर प्रदेश विधि विधान धर्म संपरिवर्तन प्रतिषेध पद्धति, 2020' नाम

दिया गया। मध्य प्रदेश की सरकार ने भी ऐसे ही कानून का निर्माण किया। उत्तर प्रदेश और मध्य प्रदेश की सरकारों ने इस कानून के मुताबिक 'धर्म-परिवर्तन के लिए इच्छा संबंधी घोषणा-पत्र' जिला मजिस्ट्रेट के पास 60 दिन पहले देना होगा। यदि इसमें कोई दोषी पाया जाता है तो कानून के तहत गैर-जमानती धाराओं में मामला दर्ज करने और 10 साल की कड़ी सजा का प्रावधान है।

इनके अलावा छत्तीसगढ़, झारखंड, उड़ीसा, हिमाचल प्रदेश, उत्तराखंड, राजस्थान, गुजरात और अरुणाचल प्रदेश ने भी इस तरह के कानून बनाए हैं।

संदर्भ सूची

- Is it love, jihad or something else in Kerala? Here is the story of Akhila alias Hadiya, India Today.
- उत्तर प्रदेश विधि विधान धर्म संपरिवर्तन प्रतिषेध पद्धति, 2020

□

8
फिल्म जिहाद

भारत में हिंदू देवी-देवताओं का मजाक उड़ाना फिल्म निर्माताओं और लेखकों के लिए बहुत ही सामान्य बात हो गई है। वहीं दूसरी ओर उसके द्वारा इस्लामिक चरित्रों को महान् विभूति के रूप में पर्दे पर प्रदर्शित किया जाता है।

वह दोहरा मापदंड इसलिए अपना पा रहे हैं, क्योंकि सदैव हिंदू सहिष्णु रहा है, जब तक उसके ऊपर व्यक्तिगत आरोप-प्रत्यारोप न लगाए गए हों, तब तक उसे अधिक फर्क नहीं पड़ता।

लोगों के अकसर प्रश्न होते हैं कि अगर हिंदू देवी-देवताओं का मजाक उड़ाया और मुसलिमों की तारीफ में कसीदे गढ़े या फिर इस्लाम को अच्छा बताकर पेश किया तो यह जिहाद कैसे हुआ? इसका सीधा और सरल उत्तर यही है कि वो हिंदू धर्म, देवताओं और देवालयों को बुरा, हास्यप्रद, कमजोर और व्यापारिक स्थान बताते हैं। हिंदू धर्म को नीचा दिखाकर इस्लाम को आगे ले जाने का यह तरीका जिहाद ही है। इसे कुछ उदाहरणों से समझने का प्रयास करते हैं—

फिल्में हम सभी कभी-न-कभी समय निकालकर अवश्य देखते हैं। आपने देखा होगा कि फिल्मों में हिंदू और मुसलिम दोनों पात्र दिखाए जाते हैं। किंतु ज्यादातर फिल्मों में दिखाया जाता है कि पंडितजी लालची हैं, हिंदू सरपंच-जमींदार अत्याचारी है और हिंदू बनिया (व्यापारी) बेईमान है। वहीं उसके विपरीत मुसलिम पात्रों को पर्दे पर बहुत अच्छा पेश किया जाता है। फिल्मों में अब्दुल चाचा दिखाए जाते हैं, जो बहुत सौम्य और ईमानदार होते हैं। ये सब ब्रेनवाश करने का तरीका है।

लोगों को तो यह भ्रम होने लगता है कि हिंदू बहुत बुरे हैं और मुसलमानों का चरित्र बहुत अच्छा होता है। अब तो ऐसी फिल्में बनने लगीं जिनमें मुसलिम अपराधियों (Gangster's) को हीरो की तरह दिखाते हैं, जैसे—'कंपनी' में दाऊद 'ब्लैक फ्राइडे', 'वन्स अपॉन अ टाइम इन मुंबई' और 'हसीना पार कर' इत्यादि।

कुछ वर्षों पहले 'पीके' नामक एक फिल्म आई थी जिसमें भगवान् शिव का

किरदार निभाते एक व्यक्ति को फिल्म अभिनेता शहर भर में दौड़ाता है और अपने सवालों का जवाब न मिलने पर शौचालय में बंद कर देता है। यह सब देख हिंदू हँस रहे हैं और तालियाँ बजा रहे हैं। उस समय हम यह विचार नहीं करते कि यह मजाक हमारे ही ईश्वर का उड़ाया जा रहा है।

हम हिंदुओं को नीचा दिखाने का उनका यह तरीका है, जिसमें वह दिग्भ्रमित करते हैं कि हिंदू देवी-देवताओं का महत्त्व नहीं है और सिर्फ अल्लाह ही सर्वोच्च है, जिसे हम अपनी तालियों और हँसी से सत्यापित भी कर देते हैं।

साल 1998 में 'कुछ-कुछ होता है' नामक फिल्म आई जिसमें एक हिंदू लड़की नमाज पढ़ने लगती है, कुछ ही क्षणों में उसकी प्रार्थना सुन ली जाती है। यह दृश्य साफ दर्शाता है कि आप अल्लाह की इबादत करिए और आपकी प्रार्थना तुरंत सुन ली जाएगी। यह जिहाद ही तो है, जहाँ आपकी सोचने-समझने की शक्ति पर आघात कर आपको भावनात्मक तरीके से इस्लाम की तरफ आकर्षित किया जा रहा है।

यदि किसी फिल्म में मुसलिम चरित्र को बुरा दिखाते हैं तो उसके पीछे उसका दुःखद अतीत अवश्य दर्शाया जाता है ताकि उसका एक्शन जस्टिफाई किया जा सके, जैसे—यदि कोई गुंडा या हत्यारा बना तो इसलिए बना क्योंकि उसे बचपन में आसपास के लोगों ने बहुत प्रताड़ित किया, जिसके बाद अब वह अपना बदला ले रहा है। इस सीन पर जमकर तालियाँ बजती हैं।

आश्चर्य की बात तो यह है कि आतंकवादी के किरदार में भी एक बैकग्राउंड दुःख भरी कहानी सुनाई जाती है कि उस बेचारे का ब्रेनवाश किया गया अथवा उसे सेना, पुलिस या न्यायव्यवस्था द्वारा इतनी गहरी चोट पहुँचाई गई और उसे इन सबका बदला लेना है।

यह सारा खेल मुसलिम चरित्रों के प्रति सहानुभूति इकट्ठा करना है ताकि लोग उनके जैसे बनना चाहें, जैसे—'हैदर' फिल्म में या 'द फैमिली मैन' में आपने देखा होगा।

जिन फिल्मों में इनकी सच्चाई बताई जाती है, ये उनका विरोध करते हैं, जैसे—'कश्मीर फाइल्स', जिसमें कश्मीर में हिंदुओं पर हुए अत्याचारों और मुसलमानों का सही चेहरा सामने आया। मुसलिम समुदाय समेत बॉलीवुड ने उसका जमकर विरोध किया और विरोध में भी वो धमकी ही देते हैं क्योंकि वह नहीं चाहते कि सिनेमा के माध्यम से उनकी असलियत सबके सामने आए।

फिल्म इंडस्ट्री में बहुत सारे अभिनेता हीरो की तरह आते हैं। लेकिन जब भी देश की बात आती है तो वो मौन हो जाते हैं। वो लोग कभी भी भारत के समर्थन

अथवा देशद्रोहियों के खिलाफ कुछ भी बोलने से कतराते हैं।

'केदारनाथ' नामक फिल्म आई थी, जिसमें ऐसा चित्रित किया गया, मानो केदारनाथ के आसपास रह रहे सभी हिंदू और विशेषकर पंडित उस दिव्य स्थान का फायदा उठा रहे हैं और धनोपार्जन में लगे हैं। वहीं एक मुसलिम चरित्र सच्ची आस्था के साथ सेवा कर रहा है।

यह सब इसलिए किया जाता है कि आपके मन में हिंदू ईश्वर की छवि को धूमिल किया जा सके।

□

9

विक्टिम जिहाद

स्वयं को प्रत्येक परिस्थिति में पीड़ित, शोषित सिद्ध करना और उसके बदले सरकार और समाज से विशेष लाभ की माँग करना 'विक्टिम जिहाद' की श्रेणी में आता है।

मुख्य रूप से विक्टिम जिहाद में अपने को दीन-हीन सिद्ध करके विशेष अधिकार की माँग करते हैं, जैसे—आरक्षण की माँग यह कहते हुए करते हैं कि हम 20 प्रतिशत हैं, इसलिए हमें आरक्षण का हक मिलना चाहिए।

यदि कोई आर्थिक रूप से कमजोर है तो उसके लिए आरक्षण होना चाहिए, इसका आधार मुसलिम होना नहीं हो सकता।

इस समुदाय की शिकायत रहती है कि हमें पढ़ाई करने का मौका नहीं मिलता, जिससे अच्छी नौकरी से वंचित हो जा रहे हैं, इसलिए हमें आरक्षण मिलना चाहिए। अब समझना यह है कि आखिर इन्हें अच्छी शिक्षा और नौकरियाँ क्यों नहीं मिल पा रही हैं?

लगभग 3-4 दशक पहले सरकार ने 'हम दो हमारे दो' का नारा दिया था, जिसे हिंदुओं, सिखों, ईसाइयों, बौद्धों और जैनों ने तो माना, किंतु मुसलमानों ने इसे गंभीरता से नहीं लिया।

बच्चों को अल्लाह की देन समझ 'हम दो हमारे दो' को अस्वीकार कर दिया। वहीं इनके मजहब में चार-चार विवाह का भी प्रावधान है। प्रश्न यह है कि यदि व्यक्ति के अधिक बच्चे होंगे तो वह न उनकी शिक्षा पर ठीक से ध्यान दे सकेगा और न ही पारिवारिक खर्च को सुचारु रूप से वहन कर सकेगा।

21वीं सदी में जहाँ लोग शिक्षा के बल पर चाँद तक पहुँच रहे हैं, वहीं दूसरी ओर मुसलिम समुदाय के अधिकांश लोग अपने बच्चों को अच्छी विद्यालयी शिक्षा न देकर मदरसों में भेजते हैं। अन्य धर्मों के लोग अपने बच्चों को अच्छी शिक्षा देने के लिए सरकारी या गैर-सरकारी विद्यालयों में भेजते हैं। ताकि उनके बच्चे अच्छा

पढ़कर स्वयं के साथ राष्ट्र की सेवा कर सकें।

किंतु मुसलिम समुदाय के लोग अपने बच्चों को मदरसे में भेजते हैं। जहाँ उन्हें अपने धर्म की शिक्षा दी जाती है। मेरे हिसाब से धार्मिक शिक्षा में कोई बुराई नहीं है। सभी को अपने धर्म की शिक्षा लेनी चाहिए। किंतु आप केवल धर्म की शिक्षा लेंगे और अन्य महत्त्वपूर्ण विषय नहीं पढ़ेंगे तो नौकरियाँ कैसे मिलेंगी?

मुसलिम समाज के कुछ लोग कहते हैं कि हमारे पास तो नमाज पढ़ने के लिए भी स्थान नहीं है इसलिए हम पार्क में नमाज पढ़ेंगे। बल्कि सच्चाई तो यह है कि वक्फ बोर्ड के पास अथाह जमीन है।

कहते हैं कि वक्फ बोर्ड भारत में तीसरे नंबर पर है, जिसके पास सबसे अधिक जमीन है। यदि वह चाहे तो बोर्ड की जमीन पर नमाज पढ़े, इसमें किसी को क्या आपत्ति हो सकती है...किंतु इतनी अधिक भूमि होने के बाद भी वह स्वयं को दीन-हीन बताते हैं।

वह अपने मुसलिम पर्सनल लॉ की माँग करते हैं, जिसके लिए उनका तर्क होता है कि यदि हमारे कानून अलग नहीं हुए तो हमें बहुसंख्यक हिंदुओं द्वारा दबाया जाएगा।

दुर्भाग्य से 50 के दशक में जब हिंदू कोड बिल आया था तब नेहरू ने कहा कि हिंदुओं के लिए हिंदू कोड बिल है, लेकिन मुसलमानों के लिए कोई कोड बिल नहीं लाएँगे। क्योंकि उनको हम जागरूक कर और धीरे-धीरे प्रोत्साहित करके, उनके रहन-सहन के कोड और पर्सनल लॉ के कोड में बदलाव लाएँगे। लेकिन आज स्थिति यह है कि मुसलिम पर्सनल लॉ अलग है और मुसलिम पर्सनल लॉ बोर्ड भी अलग है क्योंकि मुसलिमों ने प्रारंभ से ही अपने को दीन-हीन पेश करके अपने लिए अलग पर्सनल लॉ की माँग की थी।

ये साथ ही सरकार से आर्थिक सहायता की माँग करते हैं, इसके लिए वे तर्क देते हैं कि हम अल्पसंख्यक हैं। किंतु सच्चाई तो यह है कि वह भारत की दूसरी सबसे बड़ी जनसंख्या वाला समुदाय है। इसके बावजूद इन्हें अल्पसंख्यक का दर्जा चाहिए।

केरल की एक घटना है, जहाँ सरकार ने अल्पसंख्यकों के लिए 80:20 के अनुपात में छात्रवृत्ति योजना निकाली जिसमें 80 प्रतिशत हिस्सा मुसलमानों और 20 प्रतिशत ईसाइयों के लिए रखा गया। मुसलिम समुदाय के कुछ लोग उसमें भी आपत्ति जाहिर कर 100 प्रतिशत की माँग करने लगे जबकि वहाँ की जनसंख्या में मुसलमान 26.56 प्रतिशत और 18.38 प्रतिशत ईसाई थे। यदि न्यायपूर्ण तरीके से देखें तो 26 और 18 के अनुपात में छात्रवृत्ति बाँटी जानी चाहिए थी। किंतु उन्हें

इसमें भी शत प्रतिशत चाहिए। उसके बाद भी पीड़ित और दीन-हीन होने का ढोंग करते हैं।

हम अकसर सुनते हैं कि भारत का मुसलमान तो डरा हुआ है। ऐसा ही नरेटिव वामपंथी बुद्धिजीवियों ने हमारे देश में बना दिया है। सच्चाई तो यह है कि हैदराबाद के एक नेता ने कहा था कि "हिंदुस्तान में हम 25 करोड़ हैं…तुम 100 करोड़ हो न…ठीक है, तुम तो हमसे इतने ज्यादा हो…15 मिनट पुलिस को हटा लो हम बता देंगे कि किसमें कितना दम है। एक हजार क्या? एक लाख क्या, एक करोड़ नामर्द मिलकर भी कोशिश कर लें तो भी एक को पैदा नहीं कर सकते और ये लोग हमसे मुकाबला नहीं कर सकते। जब मुसलमान भारी पड़ा तो यह नामर्दों की फौज आ जाती है।" आश्चर्य होता है कि ये उद्घोष एक तथाकथित डरे हुए मुसलमान के हैं।

यह भी जिहाद का सशक्त तरीका है बाकी जिहादों की तरह यह भी भारत की नींव और हिंदुओं की अस्मिता पर प्रहार कर रहा है। यदि समय रहते हम सावधान नहीं हुए तो भारत की जड़ें हिल जाएँगी।

संदर्भ सूची

- Supreme court : Minority scholarship : SC notice to Centre on appeal challenging Kerala HC order, The Economic Times.

□

10

डायरेक्ट जिहाद

डायरेक्ट जिहाद की प्रथा इस्लाम के आरंभ से यानी सन् 600 ई. से ही चली आ रही है और उसी से इस्लाम का विस्तार होता चला गया। सन् 710 ई. से भारत पर इसका प्रकोप देखा जा सकता है।

वर्तमान में अमरीका, फ्रांस जैसे देश भी इसके दुष्प्रभाव से नहीं बच पाए। जिहाद के नाम पर 1993 ई. में मुंबई में बम ब्लास्ट किए गए। वर्ष 2001 में अमरीका के वर्ल्ड ट्रेड सेंटर पर हमला किया गया और 2008 के मुंबई हमले में ताज होटल, ओबरॉय होटल और मुंबई के कई इलाके दहशत में रहे।

19 जनवरी, 1990 को कश्मीर में जिहाद चरम पर था। हर तरफ आतंकवाद की दहशत फैल गई। उस दिन मसजिदों से ऐलान हुआ कि आज से जिहाद का आरंभ है और आश्चर्य की बात है, सब तैयार भी हो गए। रातोरात कश्मीर से हजारों हिंदू परिवारों का पलायन हुआ। चर्चाओं में लोग अकसर कहते हैं कि कश्मीरी पंडितों का पलायन हुआ। वह कश्मीरी पंडितों का पलायन नहीं था, बल्कि हिंदुओं का पलायन था। कश्मीरी जिहादियों का नारा था—"रलिव, गलिव या चलिव", इसका मतलब था, धर्मांतरण करो, मरो या भाग जाओ। इसका उद्‌देश्य यही था कि गैर-मुसलिमों से मुक्ति।

"असि गछि पाकिस्तान, बटव रोअस त बटनेव सान" अर्थात् हमें पाकिस्तान चाहिए और हिंदू महिलाएँ भी, लेकिन अपने मर्दों के बगैर। ये उन नारों में से एक है, जो 90 के दशक में कश्मीर घाटी में गूँज रहा था।

कुछ समय पहले इस विषय पर 'कश्मीर फाइल्स' नाम से एक फिल्म भी बनी थी जिसका बहुत सारे लोगों ने समर्थन किया और कुछ लोगों ने सच के चलते अपनी आँखें मूँद लीं।

लगभग पूरी दुनिया ने इस फिल्म की हकीकत को समझा। सिनेमा हॉल हाउसफुल हुए। इस फिल्म के माध्यम से लोगों ने जाना कि 19 जनवरी, 1990 के

दिन कश्मीर में क्या हुआ था।

यह भी जाना कि आखिर कैसे कश्मीर आतंकवाद का गढ़ बन गया। जहाँ 1993 में बस रोककर 15 हिंदुओं की हत्या कर दी गई। 1997 में संग्रामपुर के 7 हिंदुओं का अपहरण कर हत्या कर दी गई।

1998 ई. में प्राणकोट में हिंदू परिवार के 29 लोगों को मौत के घाट उतार दिया गया, जिसमें 11 बच्चे भी शामिल थे। इस नरसंहार के बाद 1000 हिंदुओं ने पलायन किया। साल 2000 ई. में पहलगाम में 32 अमरनाथ यात्रियों की हत्या कर दी गई। डोडा में 2001 में 13 हिंदुओं की गोली मारकर हत्या कर दी गई। 2002 ई. में जम्मू के रघुनाथ मंदिर पर दो बार हमला हुआ, जिसमें 15 से ज्यादा लोगों की मौत हो गई। 2002 में ही क्वासिम नगर में 29 हिंदू मजदूरों को मार डाला, जिनमें 13 महिलाएँ और 1 बच्चा भी शामिल था। ये लोग महिलाओं और बच्चों को भी नहीं छोड़ते हैं। नादिमार्ग गाँव में 2003 में 24 हिंदुओं को मौत के घाट उतार दिया गया था। अमरनाथ यात्रा में साल 2000 ही नहीं, बल्कि 2001, 2002, 2006 और 2017 में भी हमले हुए हैं।

हमारे देश का संविधान गृह यानी भारत की संसद् पर भी हमला हुआ है। जहाँ भारत के सभी स्थानों से निर्वाचित सदस्य भारत के निर्माण और उन्नत भविष्य पर चर्चा करते हैं। उस सदन पर भी हमला हुआ जिसके बाद भी हम लोग चुप बैठे रहे और एक नारा दे दिया गया कि 'हम चुप नहीं बैठेंगे'।

अभी भी इसी तरह चल रहा है। वर्ष 2019 ई. की घटना है, कमलेश तिवारी एक सामाजिक कार्यकर्ता, जिसका आसपास के लोगों के साथ बहुत अच्छा संबंध था। एक दिन उसने पैगंबर मुहम्मद पर एक टिप्पणी कर दी, जिससे मुसलिम समाज नाराज हो गया। 18 अक्तूबर, 2019 दिन-दहाड़े दो लोगों ने कमलेश तिवारी के गले पर चाकू से 15 वार किए और फिर गोली मारकर हत्या कर दी।

2015 में पेरिस के 'चार्ली हेब्दो' नामक अखबार में छपे पैगंबर मुहम्मद के कार्टून से नाराज लोगों ने अखबार के ऑफिस पर हमला कर दिया, जिसमें बहुत से लोगों की जान चली गई। ऐसी ही एक और घटना हुई जिसमें एक शिक्षक ने पैगंबर मुहम्मद के कार्टून अपनी कक्षा में दिखाए, जिससे नाराज हो एक छात्र ने शिक्षक का गला काटकर हत्या कर दी।

साल 2022 की ही घटना है। एक टी.वी. चैनल पर बहस चल रही थी जिसमें मुसलिम वक्ता ने हिंदू देवी-देवताओं पर अपमानजनक टिप्पणी कर दी जिसके प्रत्युत्तर में नूपुर शर्मा ने टी.वी. पर पैगंबर मुहम्मद की सच्चाई बोल दी। जिसके बाद मुसलिम समुदाय के गुस्साए लोगों ने हत्या की धमकियाँ देना शुरू कर दिया। सिर

तन से जुदा, मुसलिम कट्टरपंथियों का मशहूर नारा है।

यह सब लगातार चलता जा रहा है। 2021 में बंगाल चुनाव जीतने के बाद बंगाल के हिंदुओं का कत्लेआम शुरू हो गया। आतंकवाद के डर से कैराना जैसे गाँव-के-गाँव खाली हो रहे हैं। हिंदू आधे दाम में घर बेचकर भागने को मजबूर हैं। घर भी मुसलिम समाज के लोगों को ही बेचना पड़ रहा है, क्योंकि कोई और उनका घर खरीद भी नहीं सकता। इसमें पुरानी सरकारों और राजनीतिक दलों का बड़ा हाथ है।

संदर्भ सूची

- The Prankote massacre [Jammu and Kashmir, India]
- Total bandh in Jammu over Doda killings, India News, Times of India.
- 24 Nov, 2002 Raghunath Temple Massacre : An Attack on Faith by Planned and Organized secessionist terrorism-Jammu Kashmir Now.
- Terrorist involved in Qasim Nagar attack held, India News, Times of India.
- Kamlesh Tiwari was stabbed 15 times, shot once, Post-mortem report, India Today.

□

खंड-3

हिंदू नरसंहार

1
मोपला फाइल

आपने अकसर वामपंथी, धर्मनिरपेक्ष और जिहादियों के त्रिकोण को गुजरात, मुजफ्फरनगर, मेरठ, अलीगढ़ के दंगों के बारे में बात करते तो सुना होगा, लेकिन कभी आपने इनको मोपला नरसंहार के बारे में बात करते नहीं देखा होगा! मोपला नरसंहार, जिसमें हजारों हिंदुओं को बेदर्दी से मारा गया, हजारों हिंदू औरतों की अस्मत लूटी गई और हिंदुओं का तलवार की नोक पर धर्म-परिवर्तन करवाया गया।

यहाँ 1921 में हुए मोपला नरसंहार की पूरी खूनी दास्ताँ तथ्यों, तर्कों और सबूतों के साथ प्रस्तुत है, किंतु उसके पहले इन मोपला मुसलमानों का डी.एन.ए. जानना बेहद जरूरी है, क्योंकि वामपंथी इतिहासकारों ने बहुत चालाकी से हिंदुओं के इस नरसंहार को मोपला विद्रोह या मालाबार विद्रोह का नाम दे दिया और यह साबित करने की कोशिश की है कि केरल के मालाबार इलाके के मोपला मुसलमानों ने अंग्रेजों के विरुद्ध विद्रोह किया था और वे एक तरह के क्रांतिकारी थे, लेकिन हकीकत में आप मोपला मुसलमानों को भारत का पहला आतंकवादी संगठन या इन्हें फुल टाइम जिहादी भी कह सकते हैं। सीधे-सीधे कहा जाए तो भारत में सबसे पहले मोपलाओं ने ही जिहाद आरंभ किया था। जाने-माने वामपंथी इतिहासकार सुमित सरकार की पुस्तक 'आधुनिक भारत', जिसमें उन्होंने अपने वामपंथी धर्म का पालन करते हुए मोपला मुसलमानों को सही ठहराने की पूरी कोशिश की, किंतु एक जगह पर उन्होंने गलती से वह सच लिख दिया, जिससे मोपला मुसलमानों का जिहादी चरित्र खुलकर सामने आ जाता है। सुमित सरकार ने अपनी इस पुस्तक के पेज नंबर 68 पर लिखा है कि—

"1885 और 1896 में भी मोपलाओं ने विद्रोह किया था। इस विद्रोह में जेनमियों (हिंदू जमींदार) की संपत्ति लूटी गई और उनके मंदिरों को अपवित्र किया गया। ये काम मोपलाओं के छोटे-छोटे दल करते थे। इन मोपलाओं का कभी

पुलिस से सामना होता था तो ये सामूहिक आत्महत्या कर लेते थे। इनका अटूट विश्वास था कि ऐसा करके वो शहीद होंगे और सीधे जन्नत जाएँगे।" आप विचार करें, उस दौर के मोपला मुसलमानों और आज के मुसलिम आतंकवादियों की सोच में कितनी समानता है… ? पहले काफिरों का कत्ल करना, फिर किसी फिदायीन की तरह खुदकुशी कर लेना और फिर वही जन्नत की 72 हूरों की बाँहों में समा जाना।

जब संपूर्ण भारत में खिलाफत और असहयोग आंदोलन की जुगलबंदी पूरे उफान पर थी और इसी दौर में महात्मा गांधी ने कहा था कि "अगर हिंदू चाहते हैं कि मुसलमानों के साथ उनकी हमेशा के लिए दोस्ती हो जाए तो उन्हें इस्लाम की रक्षा में खुद को कुरबान कर देना चाहिए।"

गांधी जो चाहते थे, वह हो गया। इस आंदोलन में हिंदू सच में कुरबान हो गए, लेकिन उनकी कुरबानी अंग्रेजों ने नहीं ली, बल्कि जिन मुसलमानों का वे खिलाफत आंदोलन में साथ दे रहे थे, उन्हीं मुसलमानों ने अपने हिंदू भाइयों की कुरबानी ले ली और उनकी श्मशान भूमि बना केरल का मालाबार इलाका। यहाँ के मोपला मुसलमानों ने खिलाफत आंदोलन की आड़ में पहले तो पुलिस थानों को जलाया, पुलिस के हथियार लूटे, कुछ अंग्रेजों की हत्या की और फिर उनकी तलवारें निहत्थे हिंदुओं को काटने लगीं। दरअसल मोपला मुसलमानों की नजर में अंग्रेज और हिंदू दोनों ही 'काफिर' थे। केरल के मुसलमानों को सिर्फ तुर्की ही नहीं, बल्कि पूरे भारत में इस्लाम की सत्ता लागू करना था, इसलिए उन्होंने काफिर हिंदुओं के खिलाफ जिहाद छेड़ दिया। कहा जाता है कि यहाँ कट्टर मुसलमानों ने करीब 20 हजार से ज्यादा हिंदुओं की हत्या कर दी, जबकि 50 हजार से ज्यादा हिंदुओं का जबरन धर्म-परिवर्तन करवा दिया गया। यह सब हुआ हिंदू-मुसलिम भाईचारे के नाम पर। हालाँकि उस दौर में महात्मा गांधी ने 'मोपला नरसंहार' को खिलाफत आंदोलन से जोड़ने का विरोध किया और आज भी सारे वामपंथी इतिहासकार यही कर रहे हैं, लेकिन स्वतंत्रता सेनानी एनी बेसेंट का एक लेख इन सारे दावों की पोल खोल देता है। जाने-माने अखबार 'न्यू इंडिया' के 29 नवंबर, 1921 के अंक में उन्होंने लिखा कि मिस्टर गांधी को मालाबार ले जाना चाहिए, ताकि वे खुद अपनी आँखों से देख सकें कि उनके और उनके 'प्यारे भाइयों' मुहम्मद अली और शौकत अली के उपदेशों का कितना भयानक परिणाम निकला है! क्या मिस्टर गांधी को उन हजारों औरतों से थोड़ी भी सहानुभूति है, जिन्हें फटे हुए चीथड़े पहनकर अपने घरों को छोड़ना पड़ा? उनके सामने उनके पतियों, पिताओं और भाइयों को टुकड़ों में काटा गया। इससे घिनौना अपराध क्या हो सकता है कि एक 7 महीने की गर्भवती महिला का पेट चीरकर

उसके अजनमे बच्चे को मार दिया जाए। एक 6 महीने के बच्चे को उसकी माँ से छीनकर उसे दो टुकड़ों में काट दिया गया।

प्रतिष्ठित नायर घराने की एक महिला को उसके पति और भाइयों के सामने नग्न किया गया। जब उन्होंने यह देखकर शर्म से अपनी आँखें बंद कर लीं तो तलवार की नोक पर उनकी आँखें खुलवाई गईं और फिर उनके सामने ही उस महिला के साथ बलात्कार किया गया।

एनी बेसेंट की इन बातों पर इसलिए भरोसा किया जाना चाहिए, क्योंकि वे मोपला नरसंहार के तुरंत बाद हालात का जायजा लेने के लिए मालाबार गईं थीं। इतना ही नहीं, एनी बेसेंट बेहद धर्मनिरपेक्ष महिला थीं और उन्हें भारत से बेहद प्यार था, लेकिन मोपला नरसंहार के बाद उनकी इस्लाम के बारे में सोच पूरी तरह से बदल गई, जिसका जिक्र वे अपनी मशहूर पुस्तक 'द फ्यूचर ऑफ इंडियन पॉलिटिक्स' के पृष्ठ संख्या 303 पर करते हुए लिखती हैं कि—

हमें मालाबार में सीख मिल चुकी है कि इस्लामी शासन का क्या अर्थ होता है...अब हम भारत में 'खिलाफत राज्य' का एक और नमूना नहीं देख सकते।

हैरानी की बात है कि मोपला के मुसलमानों के लिए मालाबार से बाहर रहने वाले मुसलमानों ने भी सहानुभूति रखी। इनको बचाने के लिए बाकी के मुसलमानों ने और मिस्टर गांधी ने यही सफाई दी कि—"मोपला मुसलमानों ने वही किया, जिसकी शिक्षा उनके मजहब ने उन्हें दी है।" एनी बेसेंट आगे लिखती हैं कि—सभ्य समाज में ऐसे लोगों के लिए कोई जगह नहीं है, जो यह मानते हैं कि उनका धर्म/मजहब उन्हें उन लोगों की हत्या करने की इजाजत देता है, जो अपना धर्म-परिवर्तन करने से इंकार कर देते हैं। ऐसे मध्ययुगीन विचार रखने वालों को या तो शिक्षित करना चाहिए या फिर उन्हें उन देशों में भेज देना चाहिए, जहाँ इस तरह के विचारों को मान्यता मिली हुई है।

एनी बेसेंट के विचार आज भी प्रासंगिक हैं। वामपंथी इतिहासकार हमेशा 'मोपला नरसंहार' को मोपला विद्रोह कहते हैं, जो अंग्रेजों के खिलाफ किया गया था और उसमें कुछ हिंदू जमींदार भी मारे गए थे। असल में इन झूठे वामपंथियों को नीलांबुर की रानी का पत्र पढ़ना चाहिए, जो उन्होंने भारत के तत्कालीन वायसरॉय लॉर्ड रीडिंग की पत्नी लेडी रीडिंग को लिखा था। नीलांबुर की रानी ने यह दर्दनाक पत्र मालाबार की सारी पीड़ित हिंदू महिलाओं की तरफ से लिखा था। यह पत्र आज भी एक ऐतिहासिक दस्तावेज है, जिसमें लिखा है कि—

"हम मालाबार की हिंदू औरतें लेडी रीडिंग को यह पत्र इसलिए लिख रही हैं कि उन्हें पता चले कि हम पर किस तरह के अत्याचार किए गए हैं। मोपलाओं ने

जो आतंक मचाया है उसकी वजह से पूरे इलाके के कुएँ और तालाब हमारे अपने प्रिय लोगों की लाशों से अटे पड़े हैं। उनका गुनाह सिर्फ इतना था कि उन्होंने अपने पुरखों के धर्म (हिंदू) को छोड़ने से इंकार कर दिया था। गर्भवती औरतों के पेट चीर दिए गए और उनकी लाशों के अंदर से शिशु झाँक रहे थे। हमारे बच्चों, पतियों, भाइयों और पिताओं को हमारे सामने जिंदा जलाया गया। हमने जंगलों में छुपकर अपनी जान बचाई है, जब हमारे बच्चे रोने लगते थे तो हम उनका मुँह दबा देते थे, ताकि कोई उनकी आवाज न सुन ले। हमारी बहनों का जबरन धर्म-परिवर्तन करवा कर उनकी मोपला कुलियों से शादी करवाई गई।"

इंसानियत को शर्मिंदा करने वाले इस नरसंहार को अंजाम दिया था मोपलाओं के कट्टर जिहादी नेता अली मुसलियार और उसके साथी वरियम कुन्नन कुंजा हम्मद हाजी ने। केरल की वामपंथी सरकार और वहाँ की ताकतवर राजनीतिक पार्टी मुसलिम लीग मोपला के खलनायकों को अपना हीरो मानती हैं। यही वजह है कि इनसे सीख लेकर आज भी केरल के कई मुसलिम नौजवान दुनिया के सबसे खूँखार आतंकी संगठन आई.एस.आई.एस. में शामिल होते हैं और सीरिया से लेकर अफगानिस्तान तक जिहादी हमलों को अंजाम देते हैं। आपको ज्ञात होना चाहिए कि आई.एस.आई.एस. का सरगना अबु बक्र-अल-बगदादी भी खिलाफत की स्थापना के लिए ही बेगुनाहों का खून बहा रहा था।

डॉ. आंबेडकर अपनी पुस्तक Pakistan or The Partition of India के पृष्ठ 171 पर लिखते हैं कि—

"मोपला विद्रोह का मकसद इस्लामिक राज्य की स्थापना करना था। जब मोपलाओं का इस इलाके में शासन हो गया तो उन्होंने अली मुसलियार की ताजपोशी कर दी। ब्रिटिश सरकार के खिलाफ तो विद्रोह समझ में आता है, लेकिन मोपला मुसलमानों ने हिंदुओं के साथ जो व्यवहार किया वह दिमाग खराब कर देने वाला है। हिंदुओं पर भयंकर अत्याचार किए गए, जैसे—कत्लेआम, धर्म-परिवर्तन, मंदिरों को तोड़ना और गर्भवती औरतों के पेट चीर देना। यह सिर्फ एक हिंदू-मुसलिम दंगा नहीं था, बल्कि योजनाबद्ध रूप से की गई एक हिंसा थी जिसमें अनगिनत हिंदू मारे गए और उनका धर्म-परिवर्तन हुआ।"

यदि फिर भी किसी को डॉ. आंबेडकर, एनी बेसेंट, नीलांबुर की रानी की बातों पर यकीन नहीं है तो उनके लिए 'टाइम्स ऑफ इंडिया' की एक रिपोर्ट प्रमाण है जो 7 सितंबर, 1921 को प्रकाशित हुई थी। मोपला नरसंहार के बारे में इस रिपोर्ट में लिखा है कि—

"मालाबार में वर्तमान स्थिति के लिए खिलाफत आंदोलन और असहयोग

आंदोलन के नेताओं का खतरनाक खेल जिम्मेदार है। इस विद्रोह में मोपलाओं ने हर तरह की कट्टरता का सहारा लिया है। हिंदू शरणार्थियों ने बताया है कि मोपलाओं ने उच्च हिंदू घरानों की लड़कियों को नग्न करके उन्हें उनके परिवारवालों के सामने घुमाया। अपहृत की गई हिंदू लड़कियों का धर्म-परिवर्तन करवाया गया, उसके बाद उन्हें मोपला महिलाओं की तरह कपड़े और जेवर पहनने को मजबूर किया गया। सम्मानित हिंदू पुरुषों का धर्म-परिवर्तन हुआ, जिसमें कुछ मुसलियारों और थंगलों (एक उच्च मुसलिम जाति) की उपस्थिति में उनका खतना करवाया गया। यह सब हिंदू-मुसलिम एकता के लिए शर्मनाक था जिसके नारे खिलाफत आंदोलन में सुनाई देते थे। बड़ी तादाद में हिंदुओं को सड़कों पर इसलिए नंगा घुमाया गया, ताकि उनके अंदर का आत्मसम्मान हमेशा के लिए खत्म हो जाए। हैरानी की बात है कि इन अत्याचारों पर मोपला महिलाओं ने भी अपने पतियों को कुछ नहीं बोला।

मोपला नरसंहार की दास्तानें ऐसी थीं कि इन्हें सुनकर किसी हैवान का भी दिल पिघल जाए, लेकिन गांधी पर इसका वैसा असर नहीं पड़ा जैसा कि पड़ना चाहिए था। गांधीजी के दिमाग में हिंदू-मुसलिम एकता का ऐसा फितूर सवार था कि उन्हें मुसलमानों की कोई गलती दिखती ही नहीं थी। डॉ. आंबेडकर अपनी उपरोक्त पुस्तक के पृष्ठ संख्या 165 पर लिखते हैं कि—

गांधीजी हिंदू-मुसलिम एकता के बारे में इतने ज्यादा सनकी हो चुके थे कि उन्होंने उन खिलाफतवादियों की हरकतों को अनदेखा कर दिया, जो मोपला मुसलमानों को उनके कारनामों पर बधाई दे रहे थे। मोपलाओं के बारे में गांधीजी ने कहा कि "मोपला अल्लाह से डरने वाले बहादुर लोग हैं। वे उस बात के लिए लड़ रहे हैं, जिसे वे धर्म समझते हैं और उसी तरीके से लड़ रहे हैं, जिसे वह धार्मिक समझते हैं।"

डॉ. आंबेडकर के विचारों से स्पष्ट था कि हिंदुओं के नरसंहार को महात्मा गांधी मोपलाओं की नजर में धार्मिक कार्य मानते थे, यहाँ तक कि मोपला मुसलमानों के सारे खूनी, वीभत्स और पैशाचिक तरीके गांधीजी को धार्मिक लग रहे थे।

विचार कीजिए, जब गांधीजी मोपलाओं के साथ खड़े थे तो देश के बाकी मुसलमानों से क्या उम्मीद रखी जा सकती है… ? उस दौर में मुसलमानों के बहुत बड़े नेता हसरत मोहानी भी इन्हीं में से एक थे।

कांग्रेस के अहमदाबाद अधिवेशन में जब मोपला अत्याचारों के खिलाफ प्रस्ताव लाया गया तो इसका विरोध करते हुए जनाब हसरत मोहानी ने कहा—

"मोपला का इलाका दारुल-अमन (शांति का देश) नहीं रह गया था, वह दारुल हर्ब (जहाँ गैर-मुसलिमों का राज हो) में तब्दील हो गया था। मोपला

मुसलमानों को शक था कि हिंदू अंग्रेजों से मिले हुए हैं। मोपला मुसलमानों ने यह ठीक किया कि हिंदुओं के सामने कुरान का कलमा पढ़ने या फिर तलवार से कट जाने का विकल्प रखा। इस तरह वहाँ के हिंदू अगर अपनी जान बचाने के लिए मुसलमान बन गए तो यह अपनी इच्छा से किया गया धर्मांतरण हैं, इसे जबरन धर्म-परिवर्तन नहीं कहा जा सकता।"

हसरत मोहानी तत्कालीन सत्तारूढ़ पार्टी के नेता तो थे और साथ-ही-साथ वह पाकिस्तान बनाने वाली मुसलिम लीग के अध्यक्ष भी थे। मोहानी साहब मरते दम तक भारत में ही रहे और देश का संविधान बनाने वाली संविधान सभा के सदस्य भी रहे, उनके नाम पर भारत और पाकिस्तान में कई सड़कें, मुहल्ले और इमारतें हैं। यहाँ तक कि 2014 में भारत के उपराष्ट्रपति हामिद अंसारी ने हसरत मोहानी के नाम पर 5 रुपए का डाक टिकट जारी किया। वहीं पाकिस्तान में भी उनके सम्मान में तीन रुपए का डाक टिकट छप चुका है।

अब आगे मोपला में हजारों हिंदुओं का जबरन धर्म-परिवर्तन करवाया गया था। वह तो भला हो आर्य समाज और उसके नेताओं का जिन्होंने स्वयं मालाबार में जाकर उन अभागे हिंदुओं को पूरे विधि-विधान के साथ फिर से हिंदू बनाया। आज सौ साल बाद मालाबार के ही नहीं, बल्कि भारत के हर हिंदू को अमर बलिदानी स्वामी श्रद्धानंद के साथ-साथ पंडित ऋषिरामजी, लाला खुशहालचंदजी और पंडित मस्तानाजी को शत-शत नमन करना चाहिए, जिन्होंने अपनी जान पर खेलकर हजारों किलोमीटर दूर मालाबार में हिंदू धर्म की रक्षा की।

खिलाफत आंदोलन की नाकामी का बदला हिंदुओं से सिर्फ मोपला में ही नहीं लिया गया, बल्कि पंजाब, यू.पी., बिहार और बंगाल में भी हिंदू विरोधी दंगे हुए। लेकिन इसके बाद एक दंगा ऐसा हुआ, जिसने महात्मा गांधी को इतना शर्मिंदा कर दिया कि उन्होंने मुसलमानों की इस करतूत के लिए खुद को जिम्मेदार माना और हिंदुओं से माफी माँगी। यह दंगा हुआ था सीमा प्रांत के कोहट में जहाँ से हर हिंदू को भगा दिया गया। इन दंगों से गांधी इतने दुःखी हुए कि वे 18 सितंबर, 1924 को 21 दिन के अनशन पर चले गए। इसी अनशन के दौरान गांधी ने 'यंग इंडिया' में अपने लेख में लिखा—

जिस तरह से औरतों और बच्चों पर अत्याचार किया गया है, उसे मैं कैसे सहन करूँ? मैं किस मुँह से कहूँ कि हिंदू अब धैर्य रखें। मैंने उन्हें यह भरोसा दिया था कि मुसलमानों से दोस्ती के अच्छे परिणाम निकलेंगे, लेकिन अब मैं लाचार हूँ। मैंने जो भरोसा दिया था वह पूरा नहीं हुआ।

आश्चर्य की बात यह है कि हिंदुओं पर हुए अत्याचार का विरोध करने के

लिए गांधी ने यह 21 दिन का अनशन मौलाना मुहम्मद अली के घर में रहकर किया था। यह वो शख्स था जिसके चलाए 'खिलाफत आंदोलन' की वजह से मोपला समेत पूरे देश में हिंदू विरोधी दंगे हुए थे।

अब सुनिए, मुहम्मद अली की इस मेहमाननवाजी पर गांधी ने क्या कहा था—

"वर्तमान परिस्थितियों के हिसाब से यही सही होगा कि इस उपवास की शुरुआत और अंत एक मुसलमान के घर में हो। मुझे मुहम्मद अली की छत के नीचे जो अपनापन और शानदार व्यवहार मिल रहा है वैसा मुझे आज तक कहीं और नहीं मिला।"

इस उपहास का जिक्र किया है गांधीजी के पोते राजमोहन गांधी ने अपनी पुस्तक 'मुसलिम मन का आईना' की पृष्ठ संख्या 129 में। वह लिखते हैं कि इस अनशन के वक्त सी. राजगोपालाचारी गांधी के साथ थे और राजगोपालाचारी ने उसी दौरान गांधी के बेटे देवदास गांधी को एक पत्र में लिखा कि—

बापू मुसलमानों की अहसानफरामोशी और मुसलिम नेताओं की बेदिली से बहुत ज्यादा दुःखी थे। मुसलमान नेताओं को बापू के इस दुःख का रत्ती भर भी अहसास नहीं हुआ।

अर्थात् बापू भी अंदर-ही-अंदर जानते थे कि खिलाफत आंदोलन के बाद मुसलमानों ने हिंदुओं के साथ अहसानफरामोशी की है। राजमोहन गांधी की इस बात को इसलिए गंभीरता से लेना चाहिए, क्योंकि महात्मा गांधी अगर उनके सगे दादा थे तो सी. राजगोपालाचारी उनके सगे नाना थे।

असल में गांधी और राजाजी आपस में समधी थे। गांधी के बेटे देवदास गांधी और राजाजी की बेटी लक्ष्मी ने प्रेमविवाह किया था और राजमोहन गांधी इन दोनों के पुत्र थे।

पहले मोपला और फिर बाद में कोहट में जिस तरह से हिंदुओं के खिलाफ दंगे हुए उससे कई बुद्धिजीवियों की सोच बदल गई। गुरु रवींद्रनाथ टैगोर, जो हमेशा सांप्रदायिक एकता की बात करते थे, 1924 में उन्होंने हिंदू-मुसलिम समस्या पर एक बंगाली न्यूजपेपर को इंटरव्यू दिया, जिसे 18 अप्रैल, 1924 को टाइम्स ऑफ इंडिया ने 'थ्रू इंडियन आइज' नाम से प्रकाशित किया। इस इंटरव्यू में टैगोर ने जबरदस्त तरीके से इस्लामी कट्टरपंथ की धज्जियाँ उड़ाईं। टैगोर ने कहा—

"हिंदू-मुसलिम एकता में जो सबसे बड़ी रुकावट है वह यह है कि मुसलमान अपनी देशभक्ति किसी एक देश के लिए नहीं रखते।"

एक बात स्पष्ट है कि जब भी किसी दंगे या आतंकवादी घटना का जिक्र आता है तो अकसर मुसलमान यह कह देते हैं कि ये चंद फिरकापरस्त लोगों का

काम है, सारे मुसलमान ऐसे नहीं होते। मोपला में हुए हिंदू नरसंहार के बारे में भी यही कहकर पल्ला झाड़ा जाता है कि ये चंद मोपलाओं का काम था। लेकिन इस झूठ को बहुत पहले ही डॉ. आंबेडकर ने बेनकाब कर दिया था। वे अपनी इस पुस्तक में लिखते हैं कि—

"मुसलमानों ने 1920 में खिलाफत कॉन्फ्रेंस बनाई। यह इतना शक्तिशाली संगठन था कि 1924 तक मुसलिम लीग भी इसकी छत्रच्छाया में रही। इन चार सालों तक कोई भी मुसलिम नेता यदि वह खिलाफत कॉन्फ्रेंस का सदस्य नहीं है, तो वह किसी भी मंच से मुसलमानों को संबोधित नहीं कर सकता था। उस दौर में मुसलमानों-का-मुसलमानों से संपर्क बढ़ाने के लिए यही एक खिलाफत का मंच था।"

डॉ. आंबेडकर के इन विचारों से स्पष्ट है कि मोपला मुसलमानों के खूनी पाप को सिर्फ एक इलाके तक सीमित रखकर नहीं सोचा जा सकता है।

□

2

कोलकाता फाइल

16 अगस्त, 1946, डायरेक्ट एक्शन डे···अर्थात् हिंदुओं का नरसंहार!

1946 का दौर था, कैबिनेट मिशन की योजना को लेकर तत्कालीन कांग्रेस और मुसलिम लीग के बीच विवाद हो गया था, जिसके बाद जिन्ना ने 16 अगस्त, 1946 को पूरे देश में 'डायरेक्ट एक्शन डे' मनाने का ऐलान कर दिया था। भारत के मुसलमानों को जिन्ना ने नारा दिया था—'लड़कर लेंगे पाकिस्तान, मरकर लेंगे पाकिस्तान।'

जिन्ना ने जो खूनी इरादे जताए थे उसे हकीकत में अंजाम दिया गया कलकत्ता में···! उन दिनों बंगाल में मुसलिम लीग की सरकार थी और सुहरावर्दी वहाँ का मुख्यमंत्री था। रमजान चल रहा था और 16 अगस्त, 1946 को रमजान महीने का 17वाँ दिन था। इसी को ध्यान में रखते हुए सुहरावर्दी और मुसलिम लीग के नेताओं ने मुसलिम इलाके के हर घर में एक पर्चा पहुँचाया। इस पर्चे में क्या लिखा हुआ था इसका वर्णन किया, पंजाब हाईकोर्ट के तत्कालीन जज जस्टिस जी.डी. खोसला ने अपनी इस पुस्तक 'देश विभाजन का खूनी इतिहास' में किया है। जस्टिस खोसला को 1948 में नेहरू सरकार ने विभाजन के पहले और बाद में हुए दंगों की जाँच सौंपी थी। ये वही जस्टिस खोसला हैं, जिन्होंने शिमला हाईकोर्ट में नाथूराम गोडसे को फाँसी की सजा सुनाई थी।

उन्होंने अपनी इस पुस्तक के पृष्ठ संख्या—59 पर बताया है कि कलकत्ता के मुसलमानों के बीच जो पर्चे बाँटे गए थे, उसका शीर्षक था—"जिहाद के लिए अल्लाह से दुआ"

मुसलमान भाइयो,

तुम्हें यह याद रखना चाहिए कि रमजान के पाक महीने में ही आसमान से कुरान उतरी थी। रमजान के 17वें दिन अल्लाह की नेमत से हमारे पैगंबर ने अपने 313 मुसलमान साथियों के साथ बदर की लड़ाई में बहुत सारे काफिरों पर पहली

जीत हासिल की थी। यह जिहाद का आगाज था। यह वही रमजान का महीना है, जिसमें सिर्फ 10 हजार मुसलमानों ने मक्का पर फतह पाई और इस तरह से इस्लाम की हुकूमत की नींव डाली थी। लेकिन यह बदकिस्मती है कि हिंदुस्तान में हम 10 करोड़ मुसलमान होने के बाद भी हिंदुओं और अंग्रेजों के गुलाम बन गए हैं। हम लोग अल्लाह के नाम पर उसी रमजान महीने में जिहाद शुरू करने जा रहे हैं। दुआ कीजिए कि हम मजबूत बनें और काफिरों पर जीत हासिल करें। अल्लाह की मर्जी से हम हिंदुस्तान में दुनिया का सबसे बड़ा इस्लामी मुल्क कायम करने में कामयाब होंगे। इस हिंदुस्तान में मुसलमानों के सिर पर ताज था। मुसलमानो! सोचो फिर आज हम काफिरों के गुलाम क्यों हैं? काफिरों से मुहब्बत करने का अंजाम अच्छा नहीं होता। ऐ काफिर! घमंड मत कर, तुम्हारी सजा का वक्त करीब आ गया है। कत्लेआम होगा, हम हाथ में तलवार लेकर फख्र के साथ तुम पर जीत हासिल करेंगे। 'डायरेक्ट एक्शन डे' कयामत का दिन होगा।

मुसलिम लीग के नेताओं ने बहुत ही शातिर तरीके से डायरेक्ट एक्शन डे को 'बदर की जंग, जिहाद और काफिरों' से जोड़ दिया था। बस फिर क्या था लाखों मुसलमानों की भीड़ कलकत्ता के ऑक्टरलोनी स्मारक के मैदान पर जमा हो गई। इस भीड़ के हाथों में लंबी-लंबी लाठियाँ, डंडे, कटार और चाकू थे, कुछ हाथों में बंदूकें भी थीं। भीड़ में शामिल ज्यादातर लोगों ने रोजे रखे हुए थे। इस उमस भरी दोपहर में सुबह से भूखे-प्यासे लोगों से सुहरावर्दी ने कहा—

"जाइए आपके इफ्तार का वक्त हो रहा है। मैं ब्रिटिश फौज और पुलिस पर लगाम लगाने की हैसियत रखता हूँ। पाकिस्तान बनाने के लिए आपके पास अगले 24 घंटे हैं। इस दौरान जो चाहो वो कर लो।

'मैदान' से निकली भीड़ कलकत्ता की जिस भी सड़क से गुजरी वहाँ उसने मौत के निशान छोड़ दिए। ऐसा लग रहा था कि जैसे 'तैमूर लंग' और 'नादिर शाह' की क्रूर फौज पूरे कलकत्ता में खून का दरिया बहाने निकली हो। इस भीड़ ने सबसे पहले लिचुबगान में उड़िया बस्ती पर हमला किया। सिर्फ 15 मिनट में 300 हिंदू मार दिए गए। बच्चों, औरतों और बुजुर्गों पर भी कोई तरस नहीं दिखाया गया। दुनिया भर में मशहूर ब्रिटिश पत्रकार लियोनॉर्ड मोसले ने एक ऐसी ही क्रूर घटना का वर्णन अपनी मशहूर पुस्तक 'The Last Days of the British Raj' में किया है, जिसका हिंदी अनुवाद 'भारत में ब्रिटिश राज्य के अंतिम दिन' इस पुस्तक के पृष्ठ संख्या 35 पर मोसले लिखते हैं कि—

"छोटी लड़कियों और बूढ़ों को रेंगकर ऐसी जगह चलने पर मजबूर किया गया जहाँ पहले से ही गाय तैयार रखी थी। उनके हाथ में छुरी पकड़ा दी गई और

फिर उनसे जबरदस्ती गाय का गला कटवाया गया। किसी भी हिंदू के लिए गौहत्या सबसे घोर पाप है। वहीं एक बूढ़ी औरत को सड़क पर रोका गया। पहले तो भीड़ ने उसे चिढ़ाया और फिर वे उसके साथ धक्का-मुक्की करने लगे। फिर खटाक की आवाज के साथ बुढ़िया के सिर पर लाठी का वार हुआ।"

कलकत्ता की सड़कों पर ट्रक और लॉरियाँ दौड़ रही थीं जिनगें मुसलिम लीग के खूनी गुंडे सवार थे। इन वाहनों के लिए सुहरावर्दी ने खासतौर से डीजल के सरकारी कूपन का इंतजाम करवाया था। ये एक जगह से दूसरी जगह जाकर हिंदू बस्तियों में खून की नदियाँ बहा रहे थे। राजाबाजार में तो एक ही हिंदू परिवार के 25 लोगों को जिंदा जला दिया गया। सिर्फ सड़कों पर ही नहीं हुगली नदी में भी खून बहाया जा रहा था। कुछ मुसलिम छात्रों ने भाप से चलने वाली बड़ी नावों पर कब्जा कर लिया। इनमें सवार होकर वो हिंदू मछुआरों की छोटी-छाटी नावों को डुबो रहे थे।

कॉर्नवालिस रोड पर राधाकृष्ण मंदिर और कॉलेज स्ट्रीट पर सीता मंदिर समेत कई हिंदू धार्मिक स्थलों को जला दिया गया था। उस रात मुसलिम गुंडों के साथ-साथ मुसलिम लीग के नेता भी अपनी इंसानियत भूल गए थे। इन्हीं में से एक थे बंगाल मुसलिम लीग के अध्यक्ष मौलाना अकरम खान, जिन्होंने अपने हिंदू पड़ोसी से उसकी सुरक्षा का वादा किया था, लेकिन जब उस पर हमला हुआ तो अकरम खान ने मुँह फेर लिया। इंसानियत पर से भरोसा उठा देने वाली इस घटना को दंगों की जाँच के लिए बने कमीशन ने कुछ इस तरह से दर्ज किया था—

रिटायर्ड जज बी.के. रॉय का घर मौलाना अकरम खान (अध्यक्ष, बंगाल मुसलिम लीग) के घर के ठीक सामने था। दोनों परिवारों के बीच दोस्ताना और मधुर संबंध थे। मौलाना अकरम ने रॉय परिवार को सुरक्षा का भरोसा दिया था। जब 500 मुसलमानों की हथियारों से लैस भीड़ ने रॉय के घर पर हमला किया, तब मौलाना अकरम अपने घर की बालकनी में थे। रॉय परिवार ने मौलाना अकरम से मदद की गुहार लगाई और कहा कि वे दंगाइयों पर अपने प्रभाव का इस्तेमाल कर उन्हें रोकें। लेकिन मौलाना अकरम मुड़े और अपने घर के अंदर चले गए। दंगाइयों ने रिटायर्ड जज बी.के. रॉय के जवान बेटे ए.के. रॉय की चाकू मारकर हत्या कर दी। जब यह हत्या हो रही थी तब मौलाना अकरम अपने घर के अंदर ही थे।

मौलाना अकरम को क्या कहें जब प्रदेश का मुखिया ही अपनी जनता की जान का दुश्मन बन गया हो। 16 अगस्त की शाम को बंगाल का मुख्यमंत्री सुहरावर्दी लाल बाजार के पुलिस कंट्रोल रूम पर कब्जा करके बैठ गया था। उसकी पूरी कोशिश थी कि हिंदुओं तक कोई भी मदद न पहुँचे। सुहरावर्दी को पता

था कि अब हिंदू भी बदला ले सकते हैं, जिसके लिए उसने पहले से ही तैयारी कर ली थी। जस्टिस जी.डी. खोसला अपनी पुस्तक में लिखते हैं—

"सुहरावर्दी पुलिस कंट्रोल रूम में व्यवधान पैदा कर रहा था। उसने आदेश दिया कि हर मसजिद की सुरक्षा का विशेष इंतजाम करते हुए पुलिस का पहरा बैठाया जाए। लेकिन हिंदू मंदिरों की पवित्रता की रक्षा और उनसे जुड़े लोगों की जिंदगी और संपत्ति की सुरक्षा के लिए उसने कुछ नहीं किया। शाम को जब पेट्रोलिंग के दौरान यूरोपियन इंस्पेक्टर वेड ने लूटपाट करने वाले 8 मुसलमानों को रँगे हाथों गिरफ्तार कर लिया तो सुहरावर्दी ने खुद थाने जाकर बदमाशों को छोड़ने का आदेश दिया।"

'डायरेक्ट एक्शन डे' के पहले सुहरावर्दी ने कलकत्ता के सभी 24 थानों से हिंदू पुलिस अधिकारी हटा दिए थे। इनमें से 22 में मुसलिम इंस्पेक्टर तैनात कर दिए गए थे वहीं बाकी बचे दो थानों का जिम्मा एंग्लो-इंडियन इंस्पेक्टर पर था। ऊपर से मुसलिम लीग का खास पुलिस अधिकारी शम्स-उद-दोहा कलकत्ता में डी.सी. पी. की कुर्सी पर बैठा हुआ था। ऐसी सांप्रदायिक पुलिस से उम्मीद ही क्या की जा सकती थी?

कलकत्ता की जनसंख्या में हिंदुओं की आबादी 73 प्रतिशत थी, फिर भी वे 23 फीसदी मुसलमानों के सामने लाचार थे। न उन्हें सरकार से मदद मिल रही थी न पुलिस से। ऐसे में हिंदुओं को बचाने के लिए वो लोग सामने आए जिन्हें कलकत्ता के 'भद्रलोक' ने हमेशा नफरत की निगाह से देखा था। उन्हें 'गुंडा' कहा जाता था। ऐसे ही दो लोग थे गोपाल पाठा और जुगल चंद्र घोष। जब पूरा बंगाली 'भद्रलोक' अपने घरों में जा छिपा था तब इन लोगों ने बेबस हिंदुओं की रक्षा और मुसलिम दंगाइयों से हिसाब चुकाने का फैसला किया। कलकत्ता की एक बस्ती बेलियाघाट में अखाड़ा चलाने वाला जुगल चंद्र घोष खुद एक पहलवान था। बस्ती के युवाओं पर उसकी जबरदस्त धाक थी। पाकिस्तानी मूल की मशहूर ब्रिटिश इतिहासकार और ऑक्सफोर्ड में प्रो. यास्मीन खान ने अपनी पुस्तक 'विभाजन : भारत और पाकिस्तान का उदय' के पृष्ठ संख्या 70 पर जुगल चंद्र घोष के दर्द और गुस्से का वर्णन करते हुए लिखा है कि—

"मैंने बेशुमार लाशें देखीं, हिंदुओं की लाशें। एक जगह चार ट्रक खड़े हुए थे, सभी में कम-से-कम तीन फीट ऊँचाई तक लाशें भरी हुई थीं। गुड़ की बोरियों की तरह वो ट्रकों पर लदे पड़े थे और उनसे खून टपक रहा था। इस पूरे दृश्य ने मेरे ऊपर बहुत बुरा असर डाला था।"

जुगल ने पूरे बेलियाघाट में ऐलान कर दिया कि अब हिंदुओं की हत्या का

बदला लिया जाएगा। उसके लड़कों ने आसपास के पूरे इलाके में मुसलिम लीग के कार्यकर्ताओं को ठिकाने लगाना शुरू कर दिया। छोटे कद का गोपाल पाठा तो जुगल से भी दो कदम आगे निकल गया। उसने सुहरावर्दी और मुसलिम लीग की बिछाई पूरी बिसात को उलट दिया। यही वजह है कि सात दशक के बाद भी कलकत्ता के लोग उसे नहीं भूले हैं। आज भी कुछ बंगाली उसे 'कोलकतार रखकरता' यानी कोलकाता का रखवाला कहते हैं। यास्मीन खान ने गोपाल पाठा के बारे में लिखा है—

"कलकत्ता के कुछ बड़े गैंगस्टर की तरह गोपाल पाठा की भी धाक थी। सड़कों पर लोग उससे डरते थे। नौजवान उसे 'बहादुर' और 'बाहुबली' जैसे उपनामों से पुकारते थे। दंगों में उसने कई सौ या उससे भी ज्यादा लोगों का सफाया किया था। गोपाल पाठा ने यह सब याद करते हुए कहा था कि देश के लिए यह बड़ा ही नाजुक समय था। हमने सोचा कि अगर यह पूरा इलाका पाकिस्तान बन गया तो बड़ी मुश्किल होगी। इसलिए मैंने अपने सभी आदमियों को बुलाया और कहा कि अब पलटवार करने का समय आ गया है।"

गोपाल पाठा ने इसे अपना राष्ट्रधर्म माना। उसका कहना था कि "हम आम रिक्शावालों, खोमचेवालों, औरतों और बच्चों को क्यों मारते? आखिर उनका राजनीति से क्या लेना-देना था? हमने सिर्फ उन्हें मारा जिन्होंने हम पर हमला किया था।"

हिंदुओं के इस प्रतिकार में गोपाल पाठा और जुगल चंद्र घोष जैसे स्थानीय दबंगों को बिहार और यू.पी. के रहने वाले लोहार, मजदूर, खलासी और खोमचेवालों का भी भरपूर साथ मिला। देखते-ही-देखते मुसलिम लीग की बिछाई बिसात उलट गई और हिंदुओं का पलड़ा भारी हो गया। कलकत्ता में जब हिंदुओं के नरसंहार की शुरुआत हुई थी तो सबसे चौंकाने वाली बात थी महात्मा गांधी की चुप्पी। दंगा शुरू होने के बाद उन्होंने 16 अगस्त से 19 अगस्त के बीच कर्नाटक की अन्न समस्या, गोवा की राजनीतिक समस्या, खादी की समस्या और डॉक्टरों को भाषण दिए, यहाँ तक कि जामिया मिल्लिया यूनिवर्सिटी की स्थापना पर बधाई संदेश भी दिया, लेकिन कलकत्ता की हिंसा पर उनका एक भी तीखा बयान सामने नहीं आया। आखिरकार जब हिंदुओं का पलड़ा भारी हो गया तो गांधी ने 19 अगस्त, 1946 को पहली बार कलकत्ता की हिंसा का जिक्र करते हुए उसे 'मुर्दों का शहर' बताया। इसके बाद 2 सितंबर, 1946 को गांधी ने अपने अखबार 'हरिजन' के लिए 'जहर की काट' नाम से एक लेख में लिखा—

"अगर कलकत्ता के सारे हिंदू अपने विवेक का इस्तेमाल करते हुए बहादुरी

से मर–मिटते तो वे न केवल हिंदू धर्म को, बल्कि पूरे हिंदुस्तान को बचा लेते। इससे हिंदुस्तान में इस्लाम भी शुद्ध हो जाता।"

गांधी का मानना था कि कलकत्ता के हिंदुओं को बदला लेने के बजाय अहिंसा का पालन करते हुए मर जाना चाहिए था। उधर कलकत्ता में दंगे करवाकर जिन्ना यह साबित करने में सफल रहे थे कि अगर उन्हें उनका हक नहीं दिया गया तो वो देश में गृहयुद्ध करवा सकते हैं। हालाँकि यह भी एक कड़वा सच था कि जिन्ना की इस खूनी जिद की वजह से इन दंगों में कई मुसलमान भी मारे गए थे। इसलिए इस बार 'बंगाल का कसाई' सुहरावर्दी इस गलती को नहीं दोहराना चाहता था। उसने एक नया खूनी प्लान बनाया, जिसमें मुसलमानों की जान जाने का कोई खतरा नहीं था। सुहरावर्दी ने अब कलकत्ता से 400 किलोमीटर दूर एक एक ऐसी जगह चुनी थी, जहाँ हिंदुओं की संख्या सिर्फ 20 प्रतिशत थी और उस जगह का नाम था 'नोआखाली'।

संदर्भ सूची

- देश विभाजन का खूनी इतिहास, जस्टिस जी.डी. खोसला, पृ. 59
- Report to Viceroy Lord Wavell by Governor Sir Frederick Burrows.
- भारत में ब्रिटिश राज के अंतिम दिन (लियोनॉर्ड मोसले), पृ. 35
- 1946 : The Great Calcutta Killings & Noakhali Genocide, Dr. Dinesh Chandra Sinha & Ashok Dasgupta, p. 88.
- देश विभाजन का खूनी इतिहास, जस्टिस जी.डी. खोसला, पृ. 68
- विभाजन : भारत और पाकिस्तान का उदय, यास्मीन खान, पृ. 70
- विभाजन : भारत और पाकिस्तान का उदय, यास्मीन खान, पृ. 71
- संपूर्ण गांधी वाङ्मय, खंड 85, पृ. 230

□

3
नोआखाली फाइल

तथ्यों, तर्कों और सबूतों के साथ द नोआखाली फाइल प्रस्तुत है। नोआखाली में हिंदुओं पर जो अत्याचार हुए, वो हमारी आने वाली पीढ़ियों को पता होना चाहिए। उन्हें पता होना चाहिए कि नोआखाली में पहले हिंदू आदमियों को काटा गया और फिर उनकी महिलाओं का उनके ही पति के हत्यारों के साथ कलमा पढ़वाकर निकाह करवाया गया। हजारों हिंदुओं का धर्मांतरण कर उन्हें गाय का मांस खिलाया गया। छोटी-छोटी हिंदू बच्चियों की शादी 60-60 साल के बूढ़े मौलवियों से कर दी गई और तो और हिंदुओं की अंतरात्मा को कुचलने के लिए मुसलमान बनाने के बाद चचेरे भाई-बहनों का आपस में निकाह तक करवाया गया। नोआखाली की दास्ताँ सुनकर हर भारतीय के रोंगटे खड़े हो जाएँगे।

16 अगस्त, 1946 को 'डायरेक्ट एक्शन डे' पर कलकत्ता में मुसलिम लीग के मुख्यमंत्री सुहरावर्दी ने अपने मुसलिम गुंडों के जरिए हिंदुओं का कत्लेआम मचाया था, लेकिन कलकत्ता में हिंदू ज्यादा थे, इसलिए तीन दिन के अंदर ही हिंदुओं ने अपने ऊपर हुए अत्याचार का हिसाब चुकाना शुरू कर दिया। लिहाजा इसी बात से सबक लेते हुए सुहारावर्दी ने एक नया प्लान बनाया। उसने हिंदुओं की लाशें बिछाने के लिए इस बार कलकत्ता से 400 किलोमीटर दूर बसे नोआखाली को चुना। नोआखाली में मुसलमानों की तादाद 80 फीसदी थी, वहीं हिंदू महज 20 प्रतिशत थे। लेकिन आबादी में कम होने के बाद भी हिंदू इस इलाके पर अपना अच्छा प्रभाव रखते थे। ठीक उसी तरह जिस तरह का प्रभाव कश्मीर में कश्मीरी पंडितों का था। नोआखाली के सारे बड़े जमींदार, वकील, डॉक्टर, अध्यापक, दुकानदार और बड़े किसान हिंदू थे। वहीं मुसलमानों की आबादी के अंदर मुल्ला और मौलवियों की संख्या बहुत ज्यादा थी।

गांधी के पर्सनल सेक्रेटरी प्यारेलाल नैयर ने 'महात्मा गांधी : पुर्णाहुति' के खंड-2 में लिखा है कि "नोआखाली में जितने मौलाना और मुल्ला हैं उतने

भारत के किसी और हिस्से में नहीं हैं, यहाँ हर एक गाँव में एक या दो हाजी होते हैं।" इन कट्टरपंथी मुसलमानों का सबसे बड़ा नेता था पीर गुलाम सरवर···! जो कलकत्ता के दंगों के बाद से ही एक बड़ी साजिश बुनने में लगा था और इसे अंजाम देने के लिए उसने दिन चुना 10 अक्तूबर, 1946···! इस दिन बंगाली हिंदुओं का एक बड़ा त्योहार था जिसमें धन की देवी लक्ष्मी की पूजा की जाती है। ठीक इसी दिन गुलाम सरवर ने एक मसजिद के पास 20 हजार मुसलमानों की सभा की। जहाँ उसने चीखते हुए लोगों से कहा—

भाइयो! जो सारा अच्छा चावल तुम उगाते हो, उसे कौन खाता है? उसे हिंदू खाते हैं···भाइयो, हम मुसलमान पतले और कमजोर क्यों होते हैं? क्योंकि हमें भरपेट खाना नहीं मिलता है···भाइयो, हिंदू आदमी मोटे और उनकी औरतें सुंदर क्यों होती हैं? क्योंकि उन्हें सबसे अच्छा खाना मिलता है। वही खाना जो हम उगाते हैं।

पीर गुलाम सरवर का भाषण (10 अक्तूबर, 1946)

गुलाम सरवर के इस जहरीले भाषण को सुनकर 'अल्लाह-हू-अकबर' और 'लड़ के लेंगे पाकिस्तान' और 'हिंदू रक्त चाई' (हिंदुओं का खून चाहिए) जैसे नारे गूँजने लगे। गुलाम सरवर के बाद ठीक वैसा ही भाषण 1990 की जनवरी में कश्मीर की मसजिदों में दिए गए, वहाँ भी उसी तरह हिंदू कश्मीरी महिलाओं के बारे में भाषण दिए गए।

नोआखाली में बंगाली हिंदू औरतों के लिए अपमानजनक भाषा का इस्तेमाल किया गया। मुसलमानों का यह जलसा अब जुलूस में बदल गया। इस उन्मादी, बर्बर और हिंसक जुलूस का पहला निशाना बना साहापुर का बाजार जहाँ हिंदुओं की सारी दुकानें जला दी गईं। इसके बाद भीड़ ने नारायणपुर के जमींदार सुरेंद्रनाथ बोस के घर पर हमला बोला। इस हमले का दर्दनाक वर्णन जस्टिस जी.डी. खोसला ने अपनी पुस्तक 'Stern Reckoning' में किया है जिसका हिंदी अनुवाद 'देश विभाजन का खूनी इतिहास' के पृष्ठ संख्या 82 के अनुसार मुसलमानों ने सुरेंद्र बाबू के घर में आग लगा दी। जब घर जलने लगा तो सुरेंद्र बाबू ने छत से छलाँग लगा दी। वे सीधे भीड़ के सामने ही गिरे। उन्मादी मुसलमानों ने उनके शरीर के टुकड़े-टुकड़े करके आग के हवाले कर दिया और उनका कटा हुआ सिर पीर गुलाम सरवर के पास ले गए, जो पास में ही खड़ा हुआ था।

जिहादी भीड़ उसके बाद इलाके के सबसे बड़े वकील राय साहेब राजेंद्र लाल चौधरी के घर पहुँच गई। जहाँ बाबू राजेंद्र लाल का भरा-पूरा परिवार रहता था। उनके घर के आसपास हिंदुओं का पूरा मुहल्ला था। इनमें से भी कई लोगों

ने चौधरी साहब के घर में शरण ले रखी थी। जब भीड़ ने उनके घर में आग लगा दी तो पूरा परिवार छत पर चढ़ गया। एक कमरे की छत ढह गई जिसकी वजह से परिवार के कुछ लोग नीचे आग में गिरकर मृत्यु को प्राप्त हो गए। इसके बाद क्या हुआ, इसका वर्णन जस्टिस जी.डी. खोसला ने कुछ इस तरह से किया है—

"दंगाइयों ने एक नारियल का पेड़ काटा और सीढ़ी की तरह उसका इस्तेमाल कर छत पर चढ़ गए। एक-एक करके पूरे परिवार को नीचे लाया गया। पहले मर्दों को क्रूरता से काटा गया और फिर औरतों को गुलाम सरवर के सामने पेश किया गया। इन औरतों को किसी जीते गए इनाम की तरह दंगाइयों ने आपस में बाँट लिया और फिर इनके साथ सामूहिक बलात्कार किए गए।"

मुसलिम दंगाइयों ने न सिर्फ उच्च घरानों की हिंदू औरतों को अपना निशाना बनाया, बल्कि दलित महिलाओं पर भी कोई रहम नहीं किया। नोआखाली के हर गाँव में यही सब हुआ। पहले हिंदू परिवार पर सैकड़ों मुसलमानों की भीड़ हमला करती। परिवार के कुछ पुरुषों को काट दिया जाता और जो बच जाते उन्हें उनकी औरतों और बच्चों के साथ मौलवी के पास ले जाया जाता। बंगाल के गवर्नर सर फैड्रिक बरोज ने 8 नवंबर, 1946 को वायसरॉय को भेजी अपनी रिपोर्ट में लिखा था कि—

"पहले हिंदुओं को कलमा पढ़वाया जाता और फिर गाय का मांस खिलाया जाता था। इसके बाद औरतों के शरीर से सभी हिंदू चिह्नों, जैसे—सिंदूर, बिंदी, चूड़ियों को उतार दिया जाता था। वहीं पुरुषों को लुंगी और जालीदार टोपी पहनने का हुक्म दिया जाता। इसके बाद इनके हिंदू नामों के बदले इन्हें मुसलिम नाम दिए जाते और उन्हें बाकायदा रजिस्टर में दर्ज किया जाता। इन पर कई दिन तक लगातार नजर रखी जाती थी कि ये लोग रोज पाँच वक्त की नमाज पढ़ रहे हैं और गाय का मांस खा रहे हैं कि नहीं।"

यहाँ तक कि रोज एक मौलवी कई घंटों तक इन्हें कुरान और इस्लामी कानून की शिक्षा भी देता था। नोआखाली का हर हिंदू अंदर से टूट जाए, इसके लिए उनके हाथों से गाय कटवाई जाती थी। हिंदुओं के आत्मसम्मान को ठेस पहुँचाने के लिए उनकी लड़कियों की शादी मुसलमानों से करवाई जा रही थी। इन जबरन शादियों का कोई नियम-कायदा नहीं था। कभी हिंदू जमींदार की बेटी की शादी किसी मुसलिम मल्लाह से कर दी जाती तो कभी 14 साल की हिंदू लड़की का निकाह किसी 55 साल के बुड्ढे के साथ कर दिया जाता। ये सब बातें नोआखाली दंगों की जाँच के लिए बने कमीशन ने दर्ज की हैं। लेकिन बंगाल के रिसर्चर शांतनु सिन्हा ने जो किस्सा अपनी बुकलेट 'नोआखाली-नोआखाली'

में बताया है, उससे दर्दनाक कहानी कोई और हो ही नहीं सकती जिसमें एक हिंदू नौजवान को पहले तो जबरन मुसलमान बनना पड़ा और फिर अपनी चचेरी बहन को बचाने के लिए उसे उसके साथ ही शादी करनी पड़ी। उस नौजवान ने बताया था—

"मुसलमानों ने कहा कि हमारे घर की लड़की को किसी मुसलमान से शादी करनी पड़ेगी। मेरी एक चचेरी बहन बहुत सुंदर थी। गाँव के कई मुसलमान उससे शादी करने के लिए उत्सुक थे। गाँव की मुसलिम लीग का अध्यक्ष भी उससे शादी करना चाहता था। वह 60 साल का था और मेरी चचेरी बहन की उम्र महज 15 साल थी। इससे बचने के लिए हमने एक योजना बनाई। मैंने मौलवी से कहा, "मैं खुद अपनी चचेरी बहन से शादी करना चाहता हूँ। चूँकि मैं अब मुसलिम बन गया हूँ तो इस्लामी कानून के मुताबिक अपनी चचेरी बहन से शादी की जा सकती है। सौभाग्य से मौलवी मान गया और सात दिनों तक मैंने और मेरी चचेरी बहन ने पति-पत्नी की तरह रहने का नाटक किया। बाद में जाकर सेना ने हमें उनसे मुक्त करवाया।"

सोचिए! एक भाई को अपनी बहन की इज्जत बचाने के लिए किस तरह से अपने आत्मसम्मान को गिरवी रखना पड़ा। कई मामलों में मुसलिम पुरुष ही नहीं उनके घर की औरतें भी उनके पाप में हिस्सेदार थीं। ऐसा ही एक किस्सा बयाँ किया है प्रो. निर्मल कुमार बोस ने जो गांधी के साथ पूरे चार महीने तक नोआखाली में रहे थे। प्रो. बोस दुनिया के जाने-माने एंथ्रोपोलॉजिस्ट भी थे। उन्होंने अपनी पुस्तक 'My Days with Gandhi' में जो लिखा है उसे पढ़कर इंसानियत पर से भरोसा उठ जाता है, प्रो. बोस ने अपनी पुस्तक के पृष्ठ संख्या 146 पर लिखा है—

"एक अपहृत लड़की ने हमारे सामने अपनी आपबीती सुनाई। मुझे सबसे ज्यादा आश्चर्य इस बात का था कि जिस मुसलिम परिवार में उसे ले जाया गया था, वहाँ की महिलाओं ने एक बेबस लड़की को अपने सामने घसीटे जाने का आनंद लिया। उन्होंने अपने पुरुषों को रोकने के बजाय उस लड़की को इस बात के लिए प्रेरित किया कि वह उन जैसी बन जाए।

धीरे-धीरे पूरे देश को यह पता चल गया कि नोआखाली में हजारों हिंदू औरतों की इज्जत से खिलवाड़ हुआ है। इस पर पूरे देश में उग्र प्रतिक्रिया हो रही थी, गांधी ने भी 17 अक्तूबर को अपनी प्रतिक्रिया दी और कहा—

"औरतों को मरने की कला सीखनी होगी। बलात्कारी के सामने झुकने से अच्छा है कि वह उससे पहले खुद अपने हाथों से अपना गला घोंटकर या फिर

जीभ को दाँतों में दबाकर मर जाए।"

गांधी के इस असंवेदनशील बयान का पूरे देश में विरोध हुआ, लेकिन गांधी ने इस पर माफी माँगने के बजाय अपने कुतर्कों को अगले दिन और भी ज्यादा मजबूती से सामने रखा। 18 अक्तूबर को गांधी ने अपने विचारों को और अधिक स्पष्ट रूप से रखा, उन्होंने प्रार्थना सभा में कहा—

"कल मैंने कहा था कि बलात्कार से बचने के लिए औरतें अपनी जीभ काटकर या फिर खुद से गला घोंटकर मर जाएँ। लेकिन मुझे डॉ. बिधानचंद्र रॉय और डॉ. सुशीला नैयर जैसे दो डॉक्टरों ने बताया है कि इस तरह से आत्महत्या करना संभव नहीं है। मेडिकल साइंस को तत्काल आत्महत्या करने का एक ही उपाय मालूम है और वो यह है कि जहर की तेज खुराक ली जाए। जिस भी महिला को बलात्कार का खतरा हो, उसे मैं जहर खाने की सलाह दूँगा। हालाँकि मैंने सुना है कि योग क्रिया से भी अपना जीवन समाप्त किया जा सकता है। ऐसा कैसे किया जा सकता है? यह मैं पता लगाने की कोशिश करूँगा। ऐसा नहीं है कि ये बातें मैंने यों ही कह दी हैं। मैंने जो कुछ कहा उस पर मैं विश्वास भी करता हूँ।"

इस बात पर उस दौर में गांधी को काफी विरोध का सामना करना पड़ा। 24 अक्तूबर को दिल्ली में उनकी प्रार्थना सभा में सैकड़ों नाराज हिंदुओं ने जमकर प्रदर्शन किया। गांधी पर इतना दबाव बढ़ गया कि उन्होंने 27 अक्तूबर को यह ऐलान कर दिया कि वो खुद नोआखाली जाएँगे। 6 नवंबर को गांधी नोआखाली के टिपरा पहुँचे, जहाँ उनकी मुलाकात सुचेता कृपलानी से हुई जो बहुत बहादुरी के साथ वहाँ पहले से ही दंगा पीड़ित हिंदुओं के कैंप चला रही थीं। यहाँ गांधी और सुचेता कृपलानी के बीच जो बातचीत हुई, उसे दर्ज किया है। सुचेता के पति और कांग्रेस के तत्कालीन अध्यक्ष आचार्य कृपलानी की मशहूर पुस्तक 'Gandhi His Life and Thought' की पृष्ठ संख्या 260 के मुताबिक गांधी और सुचेता के बीच कुछ इस तरह बातचीत हुई थी—

गांधी : तुम जो इन्हें (दंगा पीड़ितों को) यहाँ खाना दे रही हो क्या इसके बदले में तुमने इनसे कोई काम लिया?

सुचेता : नहीं बापू, यहाँ सब मुफ्त में दिया जा रहा है।

गांधी : तुम जो कर रही हो वह गलत है। तुम इन्हें इनके स्वाभिमान से वंचित कर रही हो। इन पीड़ितों को केवल काम के बदले मदद दो।

सुचेता : लेकिन बापू यदि कोई लाचार औरत अपनी गोद में बच्चा लिए मेरे पास आती है तो क्या मैं उसे तुरंत भोजन और वस्त्र न दूँ?

गांधी : ऐसे में अपने दिल पर पत्थर रख लो और बदले में उसे कोई काम दो, चाहे वह काम कितना ही छोटा क्यों न हो? इन परिवारों को कैंप में रखने की कोई जरूरत नहीं है।

नोआखाली में कदम रखते ही गांधी ने दो बातें साफ कर दीं, पहली यह कि हिंदुओं को राहत कैंप छोड़कर अपने-अपने गाँवों में जाना होगा और दूसरी यह कि पूरे इलाके से सेना और अतिरिक्त पुलिस बल हटा लिया जाए। वहाँ मौजूद लोगों ने गांधी की इन बातों का विरोध किया। एक युवक ने उन्हें इस पूरे इलाके की स्थिति के बारे में बताया तो गांधी ने उससे क्या कहा इसका वर्णन प्रफुल्ल चंद्र घोष ने अपनी पुस्तक 'Mahatma Gandhi as I Saw Him' में किया है। प्रफुल्ल घोष आजादी के बाद पश्चिम बंगाल के पहले मुख्यमंत्री बने थे। वे अपनी पुस्तक के पृष्ठ संख्या 128 पर लिखते हैं—

"गांधीजी ने उस युवा से नोआखाली में हिंदू और मुसलमानों के जनसंख्या अनुपात के बारे में पूछा तो उस युवक ने जवाब दिया कि हिंदू 20 प्रतिशत हैं और मुसलमान 80 फीसदी हैं। फिर गांधी ने उससे पूछा कि हिंदू और मुसलमानों के बीच जमीनें किस अनुपात में हैं? तो उस युवक ने बताया कि 80 फीसदी जमीन हिंदुओं के पास हैं। तब गांधी ने कहा कि 'यही इस संघर्ष की वजह है', बड़ी आसानी से गांधी ने इस नरसंहार का विश्लेषण कर डाला।"

गांधी ने नोआखाली के मुसलमानों की क्रूरता को उनकी आर्थिक असमानता से जोड़ दिया। कुछ ऐसी ही तुलना पत्रकार बरखा दत्त ने कश्मीरी पंडितों और कश्मीरी मुसलमानों के बीच की थी। खैर, गांधी को यह सोचना चाहिए था कि क्या किसी इलाके में हिंदू अमीर हैं तो क्या उस इलाके के गरीब मुसलमानों को उनके कत्ल करने का लाइसेंस मिल जाता है? इतना ही नहीं, नोआखाली में बड़ी तादाद में दलित नामशूद्रों की आबादी भी थी। ये भी बहुत गरीब थे, लेकिन इसके बाद भी मुसलमानों ने इनका कत्ल किया, इनकी महिलाओं के साथ बलात्कार किए और इनका भी जबरन धर्म-परिवर्तन करवाया। जाहिर है नोआखाली में जो हुआ उसके पीछे आर्थिक असमानता नहीं, बल्कि 'जिहादी मानसिकता' जिम्मेदार थी और यही नोआखाली फाइल का असली सच है।

संदर्भ सूची

- Bengal Governor's Report, 1946
- देश विभाजन का खूनी इतिहास, जस्टिस जी.डी. खोसला, पृ. 82
- देश विभाजन का खूनी इतिहास, जस्टिस जी.डी. खोसला, पृ. 82
- Bengal Governor's Report of 8 November, 1946

- Noakhali-Noakhali, Shantanu Singha, p. 21
- My Days with Gandhi, Nirmal Kumar Bose, p. 146
- संपूर्ण गांधी वाङ्मय, खंड 85, पृ. 474
- संपूर्ण गांधी वाङ्मय, खंड 85, पृ. 475
- Gandhi : His Life and Thought, J.B. Kriplani, p. 260
- Gandhi : As I Saw Him, P.C. Ghosh, p. 128

□

4
पटना फाइल

नोआखाली के मुद्दे को दबाने के लिए मुसलिम लीग ने बिहार दंगों पर हो-हल्ला मचाना शुरू कर दिया था। जिन्ना ने बंगाल की सुहरावर्दी की सरकार को बचाने के लिए बिहार की श्रीकृष्ण सिन्हा सरकार पर निशाना साधना शुरू कर दिया। नेहरू के लिए यह एक मौका था, वे सारी दुनिया को दिखाना चाहते थे कि कांग्रेस और वे खुद कभी धर्मनिरपेक्षता के रास्ते से अलग नहीं हट सकते। लिहाजा नेहरू 3 नवंबर को सरदार पटेल, मुसलिम लीग के नेता लियाकत अली खान और अब्दुर रब निश्तर को साथ लेकर बिहार पहुँच गए। खास बात है कि तब तक मुसलिम लीग भी केंद्र सरकार में शामिल हो गई थी, जिसमें लियाकत अली खान वित्तमंत्री बने थे। बाद में बिहार पहुँचने वाले नेताओं में डॉ. राजेंद्र प्रसाद, आचार्य कृपलानी और मौलाना आजाद भी थे। बिहार पहुँचते ही नेहरू का रौद्र रूप सामने आ गया। उन्होंने दंगा प्रभावित इलाकों के तूफानी दौरे किए। मुसलमानों को ढाढ़स बँधाया और हिंदुओं को खूब खरी-खरी सुनाई। नेहरू ने अपने धर्मनिरपेक्ष 'अवतार' के दर्शन करवाने के लिए अपने ही देशवासियों पर हवाई हमला करने की धमकी दे दी। उन्होंने गया शहर में एक सार्वजनिक सभा में साफ-साफ शब्दों में कहा कि—

सरकार की तरफ से शांति बहाल करने के लिए कड़े कदम उठाए जाएँगे। यदि जवाबी काररवाई बंद नहीं होती है, तो हवाई बमबारी का सहारा लिया जाएगा। सरकार किसी भी कीमत पर शांति व्यवस्था बनाए रखेगी।

नेहरू ने जब से जनता पर हवाई बमबारी करने की धमकी दी थी तब से पुलिस और फौज के हौसले बुलंद थे। सिपाही करीब-करीब रोज हर इलाके में दंगाइयों पर गोली चला रहे थे। लेकिन पटना से 40 किलोमीटर दूर नगरनौसा कस्बे में जो हुआ वह भारत के इतिहास में कभी नहीं हुआ था और आजादी के बाद भी आज तक ऐसा कभी नहीं हुआ है। 5 नवंबर, 1946 को मद्रास रेजीमेंट की एक टुकड़ी ने यहाँ हिंदुओं की उत्तेजित भीड़ पर फायरिंग कर दी थी जिसमें करीब 400

हिंदू मारे गए थे। इस खूनी घटना के बाद पूरे बिहार में जबरदस्त आक्रोश फैल गया था। कुछ लोगों का कहना था कि मरने वाले हिंदुओं की संख्या हजार के ऊपर थी, जबकि जवाहरलाल नेहरू का दावा था इस फायरिंग में 50 से 60 हिंदू मरे हैं। बिहार के ज्यादातर हिंदुओं का यह आरोप था कि यह फायरिंग नेहरू के आदेश पर हुई थी, लेकिन नेहरू ने हमेशा इसका खंडन किया।

आइए, सिलसिलेवार तरीके से समझने की कोशिश करते हैं कि क्या यह फायरिंग नेहरू के आदेश पर हुई थी और इसमें कितने लोग मारे गए थे? 400 या फिर 60… ? यह फायरिंग 5 नवंबर को हुई और इसी रात नेहरू ने अपनी बेहद करीबी पद्मजा नायडू को पटना से एक पत्र लिखा। पद्मजा नायडू स्वतंत्रता सेनानी सरोजिनी नायडू की बेटी थीं और ऐसा कहा जाता था कि नेहरू और पद्मजा के बीच बेहद कोमल रिश्ता था। इंदिरा गांधी की आधिकारिक जीवनी लिखने वाली पुपुल जयकर ने भी अपनी पुस्तक में लिखा था कि नेहरू पद्मजा नायडू से शादी करना चाहते थे। नेहरू पद्मजा को अपने दिल की हर बात बता देते थे। खैर, उस रात नेहरू ने पद्मजा को जो पत्र लिखा, उसे आप ध्यान से पढ़िए—

माई डियर,

आज शाम मैं भागलपुर से हवाई मार्ग से लौटा। आने पर मुझे पता चला कि सेना ने यहाँ से कुछ मील की दूरी पर ग्रामीण इलाकों में किसानों की भीड़ पर गोलियाँ चलाईं, जिसमें करीब 400 लोग मारे गए। आमतौर पर इस तरह की खबर ने मुझे डरा दिया होता, लेकिन क्या तुम इस बात पर विश्वास करोगी कि ये सुनकर मुझे बहुत राहत मिली। शायद इसलिए, क्योंकि हम परिस्थितियों के साथ बदल जाते हैं। ताजा अनुभव और भावना की परतें हमारी पुरानी सोच को ढक लेती है।

नेहरू ने खुद माना कि इस फायरिंग में 400 लोग मरे हैं। इतना ही नहीं, अहिंसा का जाप करने वाले नेहरू यह भी कहते हैं कि 400 लोगों के मरने की खबर सुनकर उन्हें 'राहत' मिली। वो यह भी कहते हैं कि "हम परिस्थितियों के साथ बदल जाते हैं।" क्या सत्ता में आने के बाद नेहरू बदल गए थे? उन्होंने अहिंसा का रास्ता छोड़ दिया था? या फिर वो अंग्रेज सरकार की तरह ही निर्मम बन गए थे? नेहरू पद्मजा नायडू को जो आगे लिखते हैं वह और भी चौंकाने वाला है—

हिंदू किसानों की भीड़ ने ऐसा बर्ताव किया है, जो क्रूरता और अमानवीयता की चरम सीमा है। मैं नहीं जानता कि इन किसानों ने कितने लोगों को मौत के घाट उतारा है, लेकिन तय है कि यह एक बड़ी संख्या होगी। इन किसानों ने पिछले कुछ दिन तक बिना किसी रुकावट के अपने तरीके से हिंसा की। इसलिए जब यह खबर

आई है कि इन्हें (किसानों को) रोक दिया गया है और उनमें से 400 की मौत हो गई है, तो मुझे लगता है कि यह बैलेंस बहुत कम है।

नेहरू आखिर कहना क्या चाह रहे हैं? क्या वो यह कह रहे हैं कि 400 नहीं, इससे भी ज्यादा किसान मारे जाने चाहिए थे, तब जाकर बैलेंस बराबर होता? न सिर्फ पद्मजा नायडू के सामने, बल्कि हर मंच पर नेहरू सेना की फायरिंग को सही सिद्ध करने में जुटे थे। नेहरू बार-बार यह सफाई दे रहे थे कि न तो उन्होंने फायरिंग के आदेश दिए थे और न ही मरने वालों की संख्या 400 है। हालाँकि सरदार पटेल को लिखे एक पत्र में भी नेहरू ने माना था कि फायरिंग में 400 लोग मारे गए हैं। उधर बिहार के हिंदू नेहरू की बात पर विश्वास करने को तैयार नहीं थे। 'नगरनौसा फायरिंग' से खराब हुई अपनी छवि को सुधारने के लिए नेहरू ने एड़ी-चोटी का जोर लगा दिया। उन्होंने बिहार के तत्कालीन मुख्यमंत्री श्रीकृष्ण सिन्हा को 19 नवंबर को एक पत्र में लिखा कि—

मुझे बड़ी संख्या में पत्र मिले हैं, जिनमें यह कहा जा रहा है कि मेरे कहने पर बिहार सरकार ने फायरिंग करवाई है। अखबारों ने भी इस बारे में बहुत कुछ लिखा है। मुझे लगता है कि आपको मेरे बिहार आने और फायरिंग के बारे में बयान जारी करना चाहिए। मुझे बताया गया था कि मरने वालों की संख्या 250 से ज्यादा नहीं होगी। यह आँकड़ा किसी भी तरह से बड़ा नहीं है। जहाँ तक मेरी बात है, तो आप यह बताएँ कि मैं आपके निमंत्रण पर बिहार में आया था और मैंने आपके कार्य या फैसलों में किसी भी तरह का हस्तक्षेप नहीं किया। जहाँ तक फायरिंग की बात है तो मेरा इससे कोई लेना-देना नहीं था।

अब आप नेहरू की बातों पर फिर से ध्यान दीजिए...नेहरू बिहार के मुख्यमंत्री पर यह दबाव बना रहे हैं कि वो यह स्पष्ट करें कि "नेहरू ने इस फायरिंग का आदेश नहीं दिया था।" वे यहाँ 19 नवंबर को खुद मान रहे हैं कि मरने वालों की संख्या 250 है, लेकिन वहीं 6 दिन बाद 25 नवंबर को मेरठ में पार्टी के अधिवेशन में नेहरू ने मरने वालों की संख्या 50 से 60 बताई।

महान् कवि रामधारी सिंह 'दिनकर', जिन्हें 'राष्ट्रकवि' के नाम से भी जाना जाता है, नेहरू के बेहद करीबी थे। नेहरू ने ही उन्हें 1952 में राज्यसभा का सदस्य बनाया था। खुद दिनकर ने माना था कि नेहरू उन्हें अपने मंत्रिमंडल में शामिल करना चाहते थे। आजादी के बाद नेहरू के राष्ट्रव्यापी दौरों में दिनकर अकसर उनके साथ रहते थे। रामधारी सिंह 'दिनकर' ने अपनी मशहूर पुस्तक 'लोकदेव नेहरू' में नगरनौसा फायरिंग के बारे में लिखा है कि—

1946 में जब बिहार में सांप्रदायिक दंगे शुरू हुए तो पंडित नेहरू पटना

आए थे। वे ज्यादातर अपनी ही देख-रेख में फौजियों से काम ले रहे थे। एक दिन नगरनौसा नाम के गाँव में फौजियों ने सैकड़ों हिंदुओं को गोली मारकर मौत के घाट उतार दिया। इस समाचार से पटना में बड़ी नाराजगी फैल गई। शाम को पंडितजी जब नौजवानों के बीच भाषण देने को सिनेट हॉल पहुँचे, तब लड़कों ने उनका कुर्ता फाड़ डाला और उनकी टोपी उड़ा ली।

राष्ट्रकवि रामधारी सिंह 'दिनकर' के इन शब्दों को पढ़कर दो बातें साफ होती हैं। पहली यह कि बिहार दंगों के दौरान नेहरू अपनी देख-रेख में सेना से काम ले रहे थे और दिनकर दूसरी बात यह लिखते हैं कि नगरनौसा में फायरिंग में सैकड़ों हिंदू मारे गए थे। दिनकर ने यह भी सच लिखा है कि इस फायरिंग से लोग इतना नाराज हुए थे कि उन्होंने पटना के सिनेट हॉल में नेहरू पर हमला बोल दिया था। वह तो भला हो जयप्रकाश नारायण का कि उन्होंने नेहरू को भीड़ के चंगुल से छुड़ाया और फिर जैसे-तैसे उस दिन सभा हुई।

वह जहाँ भी गए उन्होंने बिहार के हिंदुओं को डाँटा, लताड़ा, उलाहने दिए, अपमानित किया, धमकियाँ दीं और कई बार पिटाई भी की। ऐसा लग रहा था कि नेहरू हिंदुओं का पक्ष सुनना ही नहीं चाहते हैं और यदि कोई हिंदू अपनी बात कहने की कोशिश करता तो नेहरू का क्रोध में 'तीसरा नेत्र' खुल जाता। ऐसे ही एक किस्से का वर्णन बालशास्त्री हरदास ने अपनी पुस्तक 'What I saw in Bihar' में किया है। 1947 में प्रकाशित हुई इस पुस्तक में बिहार दंगों का आँखों-देखा हाल लिखा गया है। इस पुस्तक के अनुसार—

एक बार जब एक हिंदू ने नेहरू से सवाल पूछ लिया तो वह उसे मारने के लिए दौड़े। नेहरू की लात खाने के डर से वह भागते हुए नदी में कूद गया। उतावले नेहरू ने भी उसका पीछा करते हुए नदी में छलाँग लगा दी और तैरना शुरू कर दिया। किनारे पर खड़े हजारों हिंदू और पुलिस अधिकारी इस हास्यास्पद दृश्य को क्रोध और अपमान के साथ देख रहे थे।

सोचिए, देश की अंतरिम सरकार का प्रधानमंत्री एक आम हिंदुस्तानी को मारने के लिए नदी में कूद गया वह भी हजारों लोगों के सामने। उन दिनों बिहार में लोग नेहरू से इसलिए भी नाराज थे कि वह मुसलमानों को बचाने बिहार तो आ गए, लेकिन नोआखाली नहीं गए जहाँ हिंदुओं पर बिहार के मुसलमानों की तुलना में बहुत ज्यादा अत्याचार हुए थे। बिहार के दंगे ज्यादा दिनों तक नहीं चले और 8 नवंबर को पूरी तरह शांति स्थापित हो गई। इसके दो कारण थे। पहला यह कि नेहरू की देख-रेख में बिहार सरकार ने पूरी ताकत का इस्तेमाल किया था और दूसरी वजह यह थी कि बिहार दंगों के विरोध में गांधी ने अर्ध-अनशन का ऐलान करते

हुए बकरी का दूध और अन्न त्याग दिया था। 6 नवंबर को अपने इस अर्ध-अनशन का ऐलान करते हुए एक खुले पत्र में गांधी ने पूरे बिहार को 'पापी' कहा था। हैरत की बात है कि बिहार के कुछ हजार हिंदुओं की गलती पर गांधी ने बिहार के सभी हिंदुओं को 'पापी' कह दिया, लेकिन कलकत्ता और नोआखाली में मानवता के चीथड़े उड़ानेवाले मुसलमानों के लिए वह बंगाल के सभी मुसलमानों को 'पापी' कहने का साहस कभी नहीं दिखा पाए।

संदर्भ सूची

- Selected Works of Jawaharlal Nehru, Series 2, Vol. 1, p. 69
- Selected Works of Jawaharlal Nehru, Series 2, Vol. 1, p. 65
- Selected Works of Jawaharlal Nehru, Series 2, Vol. 1, p. 65
- Selected Works of Jawaharlal Nehru, Series 2, Vol. 1, p. 94
- लोकदेव नेहरू, रामधारी सिंह 'दिनकर', पृ. 17
- What I Saw in Bihar, Balshastri Hardas, p. 13

□

5

पूर्वी पाकिस्तान फाइल

यह भारत के विभाजन से प्रारंभ हुआ। इससे पहले हिंदुओं ने कलकत्ता और नोआखाली नरसंहार देखा था। अब वे समझ चुके थे कि पाकिस्तान बनने के साथ ही उत्पीड़न, हत्या, बलात्कार और धर्मांतरण होगा। उनके पास भारत में आने के अलावा कोई विकल्प शेष नहीं था।

अधिकांश लोग ढाका, चटगाँव, मैमनसिंह आदि जैसे शहरी कस्बों से अपेक्षाकृत समृद्ध, उच्च जाति के समृद्ध हिंदू थे। वे ज्यादातर जमींदार या उनके कर्मचारी, पेशेवर, शिक्षक और व्यवसायी थे। चूँकि वे राजनीतिक रूप से सतर्क थे, इसलिए वे इस्लामी गणराज्य के तहत भविष्य देख सकते थे। नतीजतन उन्हें भारत आने पर सबसे अच्छे सौदे मिले।

साल 1950

साल 1950 और उसके बाद आने वालों को अपनी महिलाओं को छेड़छाड़, बलात्कार, धर्मांतरण और मुसलमानों से जबरन शादी से बचाने के लिए अपनी जान बचाने के लिए भागना पड़ा। ये मध्यम वर्ग और निम्न वर्ग के लोग थे, जैसे—व्यापारी, बुनकर, कारीगर, मछुआरे, किसान आदि। तब से प्रारंभ हुए पूर्वी पाकिस्तान और बाद में बांग्लादेश में देशव्यापी नरसंहार धार्मिक आधार पर सरकार की मिलीभगत से वर्ष 2001 तक होते रहे। हालाँकि 1950 में हुआ नरसंहार सबसे भयानक था। पूरा हिंदू मध्यम वर्ग हटा दिया गया, जिसने स्थानीय समाज की सांस्कृतिक और व्यावसायिक रीढ़ बनाई थी। गरीब लोगों को भी मानवीय पतन के मामले में प्रताड़ित होना पड़ा, क्योंकि उनके पास शायद ही कोई रोजगार योग्य कौशल था, जो भारत में काम आ सके।

जनवरी 1950 की शुरुआत में कलकत्ता में रिपोर्ट पहुँची कि मुसलमानों के हाथों हिंदुओं का संगठित रूप से उजाड़ना खुलना जिले में शुरू हो गया था। इसकी

शुरुआत जुलूस और पुलिस के बीच झड़प से हुई। विभाजन के समय खुलना एक हिंदू बाहुल्य जिला था। उत्पीड़न ने मारपीट, दंगे, चोटों और कुछ लोगों की मौत का रूप ले लिया था। प्रतिशोध में पश्चिम बंगाल में दंगे शुरू हो गए। इसने पूर्वी पाकिस्तान में हिंदुओं के लगभग प्रलय को और बढ़ा दिया। जल्द ही चटगाँव, मैमनसिंह और सिलहट क्षेत्रों में व्यापक पैमाने पर अशांति फैल गई। विभाजन के बाद अधिकांश हिंदुओं के हथियार छीन लिए गए थे, इसलिए उनकी ओर से कोई जवाबी काररवाई नहीं की जा सकी। ये सभी अत्याचार उच्च पुलिस अधिकारियों की मौजूदगी में किए गए थे। भारत में पश्चिम बंगाल के तत्कालीन मुख्यमंत्री डॉ. बिधानचंद्र रॉय ने वहाँ की अशांति को दबाने के लिए सेना और पुलिस को तैनात किया। हालाँकि पूर्वी पाकिस्तान में ऐसी कोई काररवाई नहीं हुई। इन सबके परिणामस्वरूप भारत में शरणार्थियों की भारी भीड़ उमड़ पड़ी, जिनकी संख्या 10 लाख तक पहुँच गई।

पाकिस्तान रेडियो द्वारा 6 और 7 फरवरी को सीधी काररवाई करने का आह्वान किया—

"भाइयो, आपने भारत और पश्चिम बंगाल में हमारे मुसलमानों भाई पर किए जा रहे अमानवीय अत्याचारों के बारे में सुना है। क्या आप ताकत नहीं जुटाएँगे?" पाकिस्तानी रेडियो ने आगे घोषणा की कि कलकत्ता में 10,000 मुसलमान मारे गए हैं। स्थानीय दैनिक 'पाशबान' ने यह आँकड़ा बढ़ाकर एक लाख कर दिया। पूर्वी पाकिस्तान में सभी हिंदू बंगाली प्रभाव को खत्म करने के लिए 1500 किमी. दूर उनकी सरकार ने सबसे पहले बंगाली लिपि को अरबी शैली में बदलने का प्रयास किया। इस प्रयास में बुरी तरह विफल होने के बाद उन्होंने बंगाली संस्कृति पर हमला करने और उसे नष्ट करने के लिए एक और चाल चली। बंगाली मुसलिम मध्यम वर्ग को खुश करने के लिए हिंदू बुद्धिजीवियों को पाकिस्तान से बाहर निकाल दिया गया। जब तक हिंदुओं को बाहर नहीं निकाला जाता, उनकी आकांक्षाएँ संतुष्ट नहीं हो सकती थीं। इस योजना को अंजाम देने के लिए उन्होंने अपने नेशनल गार्ड में अपराधियों और गुंडों की भर्ती की, जो उनका नागरिक सुरक्षा संगठन था। फजलुल हक फरवरी में अपनी संपत्ति बेचने के लिए कलकत्ता आया था। पूर्वी पाकिस्तान में यह बात फैल गई कि फजलुल हक मारा गया है। परिणामस्वरूप फजलुल हक के गृह नगर में 7000 हिंदू मारे गए।

पूर्वी पाकिस्तान के मुख्यमंत्री नूरुल अमीन ने रेडियो पाकिस्तान पर घोषणा की कि पश्चिम बंगाल से 4 लाख मुसलमान जैसोर खुलना सीमा से पाकिस्तान में घुस आए हैं। डॉ. बी.सी. रॉय ने तुरंत उन्हें विस्तृत जानकारी देने के लिए चुनौती

दी। किंतु इस चुनौती का कोई असर नहीं हुआ, जवाब में पाकिस्तान की ओर से कोई जानकारी नहीं मिली।

20 फरवरी को एक थाने के प्रभारी ने बताया कि एक धनी हिंदू का गोदाम हिंदुओं को शरण देने के लिए अलग रखा गया है। सभी हिंदुओं को अपना कीमती सामान प्रभारी के पास जमा कर देना चाहिए और वहाँ जाकर प्रतीक्षा करनी चाहिए। हिंदुओं ने विनम्रतापूर्वक आज्ञा का पालन किया। कुछ समय बाद 3000 मुसलमानों ने उन पर हमला किया, पुरुषों को महिलाओं से अलग कर दिया और सभी पुरुषों को मार डाला। सभी महिलाओं के साथ क्या हुआ, कोई भी बुद्धिमानी से अनुमान लगा सकता है। गाँव-गाँव, शहर-शहर हिंदुओं की ऐसी ही कहानियाँ थीं। न केवल इनमें, बल्कि भारत में आने वाले लोगों में भी, चाहे वे परिवहन द्वारा हों या पैदल, किसी को भी नहीं बख्शा गया।

डॉ. बी.सी. रॉय ने शरणार्थियों से निपटने के लिए असाधारण उपाय किए। स्टीमर के माध्यम से सुरक्षित यात्रा, विशेष रेलगाड़ियों की व्यवस्था, विशेष विमानों को सेवा में लगाया गया। विभिन्न स्थानों पर चिकित्सा केंद्र खोले गए।

नेहरू-लियाकत समझौता

जब पूर्वी पाकिस्तान से हिंदुओं को उजाड़ने का काम जोरों पर था, पश्चिम बंगाल से मुसलमानों का भी पलायन शुरू हो गया था। शरणार्थी पुनर्वास मंत्री मोहन लाल सक्सेना ने 2 मार्च, 1950 को कलकत्ता में एक बैठक की। उन्होंने भारत सरकार के एक प्रस्ताव पर चर्चा की, जिसमें कहा गया था कि 1950 से पहले के शरणार्थियों को 1950 के बाद के शरणार्थियों से अलग किया जाना चाहिए और पहले के शरणार्थियों को राहत के साथ-साथ पुनर्वास भी दिया जाना चाहिए, लेकिन बाद के शरणार्थियों को केवल राहत दी जानी चाहिए। क्यों ? क्योंकि यह उम्मीद की जा रही थी कि 1950 के बाद के लोग युद्ध समाप्त होने के बाद अपने घर वापस चले जाएँगे। साथ ही पुनर्वास की योजना बनाना असंभव था, क्योंकि आने वाले शरणार्थियों की संख्या का पता नहीं था।

श्यामाप्रसाद मुखर्जी ने संसद् में जनसंख्या के पूर्ण आदान-प्रदान के पक्ष में बात की थी, जबकि नेहरू ने कहा था कि यह भारत की नीतियों के पूरी तरह से खिलाफ है।

1946 से हिंदुओं को उजाड़ने की घटना नेहरू को प्रभावित करने में विफल रही थी, लेकिन बंगाली मुसलमानों के पारस्परिक आंदोलनों ने उनके दिल को छू लिया। उन्होंने 8 अप्रैल, 1950 को दिल्ली समझौते पर हस्ताक्षर करने की

जल्दबाजी की, जिसे व्यापक रूप से नेहरू-लियाकत अली समझौते के रूप में जाना जाता है। इस प्रकार उनके अनुसार बंगाली हिंदुओं की समस्या इस मास्टर स्ट्रोक से हल हो गई थी।

अप्रैल 1948 में भारत और पाकिस्तान के बीच एक सम्मेलन हुआ, जिसके परिणामस्वरूप "अल्पसंख्यकों की समस्याओं के निपटारे के लिए भारत-पाकिस्तान समझौता" हुआ। 1950 के सभी अत्याचार 2 साल से भी कम समय बाद हुए। फिर भी नेहरू ने सोचा कि लियाकत अली के साथ उनका समझौता पूर्वी पाकिस्तान में हिंदुओं की सभी समस्याओं का समाधान कर देगा। पाकिस्तानी सरकार ने समझौते का मजाक उड़ाया। उन्होंने सभी वाणिज्यिक संगठनों को एक परिपत्र भेजा, जिसमें उन्हें किसी भी गैर-मुसलिम को नियुक्त करने से पहले जिला मजिस्ट्रेट की अनुमति लेने के लिए कहा गया। ऐसा प्रतीत होता है कि उन्हें इस्लामी राज्य में आरामदायक जीवन जीने की आकांक्षा नहीं करनी चाहिए। अधिकांश मुसलमानों के पास कारखाने लगाने के साधन नहीं थे। हिंदुओं ने उद्योग लगाने में करोड़ों का निवेश किया था। नौकरशाही ने उनके रास्ते में बाधाएँ डालनी शुरू कर दीं। इस प्रकार ऐसे हिंदुओं के पास पाकिस्तान छोड़ने के अलावा कोई विकल्प नहीं था। हालाँकि पाकिस्तानी शासकों ने उन पर पाकिस्तान के एजेंट होने का आरोप लगाया, जो कभी भी पाकिस्तान को अपनी मातृभूमि के रूप में नहीं देखना चाहते थे। मंत्रियों ने घोषणा की कि केवल मुसलमान ही प्रथम श्रेणी के नागरिक हो सकते हैं, जिससे असुरक्षा और बढ़ गई। इसने मुसलमानों को पुलिस की मदद के बिना हिंदुओं की संपत्ति हड़पने का साहस दिया। और फिर संथार रेलवे हत्याकांड हुआ। उस दुर्भाग्यपूर्ण दिन असम के अमीनगाँव से सियालदह तक असम मेल उत्तर-पूर्वी पाकिस्तान जाती थी, जिसमें अधिकांश यात्री हिंदू थे। ट्रेन रोक दी गई, पाकिस्तान चले गए बिहारी मुसलमानों ने उत्पात मचाना शुरू कर दिया। हिंदुओं को बेरहमी से मार डाला, महिलाओं को उठा लिया और उनके साथ भाग गए। अधिकांश हिंदू मारे गए, कुछ घायल होकर भाग गए। कुछ गंभीर रूप से घायल होकर अस्पतालों में मर गए।

वर्ष 1950 से 1971 तक

पूर्वी पाकिस्तान सरकार ने कुछ कानून बनाए जिन्हें 'शत्रु संपत्ति कानून' के रूप में जाना जाता था और इनका मूल उद्देश्य हिंदुओं को आर्थिक रूप से खत्म करना था।

6 सितंबर, 1965 से पहले भारत में आने वाला कोई भी पूर्वी पाकिस्तानी हिंदू

'शत्रु' था। कोई भी संपत्ति जिसमें किसी शत्रु का कोई भी हिस्सा हो, उसे 'शत्रु संपत्ति' के रूप में वर्गीकृत किया जाना था। सभी शत्रु संपत्ति स्वचालित रूप से सरकार द्वारा नियुक्त संरक्षक के पास निहित होगी और ऐसी संपत्ति के संबंध में कोई लेन-देन की अनुमति नहीं थी।

शत्रु और पाकिस्तानी नागरिक के संयुक्त स्वामित्व वाली किसी भी संपत्ति के मामले में संपत्ति का विभाजन करना होगा और शत्रु के स्वामित्व वाला हिस्सा संरक्षक को सौंप दिया जाएगा। यह नियम भारतीय मुसलिम और पाकिस्तानी नागरिक के संयुक्त स्वामित्व वाली संपत्ति पर लागू नहीं होगा। आमतौर पर किसी भी भारतीय मुसलिम की संपत्ति को शत्रु संपत्ति के रूप में वर्गीकृत नहीं किया जाना था।

इस प्रकार इसका एक आवश्यक परिणाम यह था कि हिंदुओं के अपने जन्मभूमि पर लौटने की कोई भी उम्मीद खत्म हो गई। पूर्वी पाकिस्तानियों को अपने ही हिंदुओं पर भरोसा नहीं था कि वे वफादार नागरिक होंगे। ऐसे प्रावधानों के साथ पूर्वी पाकिस्तानी हिंदुओं ने कानून के समक्ष अपनी समानता खो दी। वे कानूनी तौर पर राज्य की सुरक्षा की माँग नहीं कर सकते थे, जब कोई मुसलिम या पाकिस्तानी उनकी जमीन हड़प लेता था या उनकी महिलाओं के साथ बलात्कार करता था। हिंदुओं को अब एहसास हो गया था कि यहाँ उनके लिए कोई भविष्य नहीं है, अगर उन्हें अपनी महिलाओं की हत्या और बलात्कार से बचना है तो भारत जाना ही सबसे अच्छा विकल्प होगा। धीरे-धीरे और लगातार वे 1956 के बाद से हजारों की संख्या में भारत की ओर पलायन करने लगे। हिंदू अपने ही देश में दूसरे दर्जे के नागरिक बन गए।

उदाहरणार्थ—एक परिवार एक लड़की के अपहरण की शिकायत करता है, जज लड़की की संरक्षकता अपहरणकर्ता को देता है, जब तक कि मामला न्यायालय में विचाराधीन है। हिंदुओं का जबरन धर्म-परिवर्तन, शिकायत, जाँच और हमेशा फैसला यह होता है कि व्यक्ति इस्लाम के ज्ञान से अभिभूत था और इसलिए कोई मजबूरी नहीं थी। एक हिंदू को उसके घर या व्यवसाय से बेदखल कर दिया जाता है, सरकार कोई काररवाई नहीं करती।

जब अयूब खान ने तख्तापलट के जरिए सत्ता हथिया ली, तो हर जगह सेना थी। उन्होंने हिंदुओं को परेशान करना शुरू कर दिया, कहा कि हिंदू सीमा पार से दुर्लभ संसाधनों की तस्करी कर रहे हैं और सेना के लड़के शांति के बदले में उनकी महिलाओं के साथ सोना चाहते हैं। हर जगह अलग-अलग उदाहरण मौजूद हैं और हर एक-दूसरे की तरह ही दिल दहला देने वाला है। पूर्वी पाकिस्तान में रहने की

कोई गुंजाइश नहीं थी और उन्हें भारत के लिए निकलना पड़ा।

1964 में कश्मीर के हजरतबल में अवशेष के रूप में रखे पैगंबर मुहम्मद के बाल की चोरी हुई। इसको लेकर पूर्वी पाकिस्तान में 1000 किमी. दूर हिंदुओं पर हमला किया गया, जिहाद का प्रचार किया गया, पूर्वी पाकिस्तान के गवर्नर के सक्रिय प्रोत्साहन से बड़े पैमाने पर हत्याएँ, बलात्कार और हिंदू संपत्तियों को आग लगाने की घटनाएँ हुईं। यह सब तब भी जारी रहा, जब तक कि बाल मिल नहीं गया और उन्हें वापस नहीं कर दिया गया। यहाँ तक कि हिंदू छात्रों को परीक्षाओं में कम अंक दिए गए।

अनिल चंद्र दास बैंक ऑफ बड़ौदा की स्थानीय शाखा के प्रबंधक थे। वे अपने घर में सुरक्षित थे, इसलिए उन्होंने हिंदू कर्मचारियों को सुरक्षित निकालने के लिए अपनी कार भेजी। उनकी कार को रोका गया, हिंदू कर्मचारियों को नीचे उतरने के लिए कहा गया, उन्हें तब तक बेरहमी से चाकू मारा गया, जब तक कि वे मर नहीं गए।

हिंदुओं के स्वामित्व वाले सभी उद्योगों में तोड़-फोड़ की गई और आग लगा दी गई। यहाँ तक कि ईसाई अल्पसंख्यकों को भी नहीं बख्शा गया जिससे त्रस्त होकर वे कलकत्ता पलायन कर गए। हिंदू नेताओं को अपमानित करके सलाखों के पीछे डाल दिया गया। प्रेरणा के किसी भी स्रोत को जड़ से खत्म कर दिया गया। विश्वविद्यालयों में हिंदू छात्रावासों पर पत्थर फेंके गए, उनके नेताओं को बाहर निकालकर मार डाला गया।

वर्ष 1971

1970 तक जनरल याह्या खान ने अयूब खान की जगह ले ली थी। उन्होंने दिसंबर 1970 में आम चुनावों की घोषणा की। चुनावों में मुजीब की अवामी लीग (पूर्वी पाकिस्तान में) ने न केवल संघीय विधानसभा में, बल्कि पूर्वी पाकिस्तान प्रांतीय विधानसभा में भी भारी बहुमत से जीत हासिल की। यह पश्चिमी पाकिस्तान के पंजाबियों को पसंद नहीं आया, जिन्होंने हमेशा पाकिस्तान पर शासन किया था।

25 और 26 मार्च, 1971 की रात को पाकिस्तानी सेना ने पूर्वी पाकिस्तान पर हमला किया, जिसमें बंगाली मुसलमानों के साथ-साथ सभी हिंदुओं को निशाना बनाया गया। पूर्वी पाकिस्तान में अभूतपूर्व पैमाने पर निहत्थे नागरिकों की सामूहिक हत्या हुई। एक करोड़ से अधिक शरणार्थियों ने भारत में शरण ली।

दिसंबर 1971 में जब बांग्लादेश आजाद हुआ, तब भारतीय सेना के एक युवा अधिकारी कर्नल बनर्जी ने एक बंगाली मुसलिम कैप्टन की पत्नी से मुलाकात की

जो बिना किसी निशान के गायब हो गया था। उसने कहा कि पश्चिमी पाकिस्तानी अधिकारियों ने सभी महिलाओं, पत्नियों और बेटियों को कमर तक नंगा कर दिया और शीशे से सजे बार रूम में उन्हें शराब परोसने पर विवश किया गया।

हिंदुओं पर अत्याचार पूरी ताकत से जारी रहे और सेना में सभी पाकिस्तान समर्थक मुसलमान शामिल हो गए, जिनमें भारत से पलायन करने वाले भी शामिल थे। पाकिस्तान के राष्ट्रपति भुट्टो ने पाकिस्तानी सेना की पराजय के कारणों का पता लगाने के लिए न्यायमूर्ति हमूदुर रहमान द्वारा एक आयोग का गठन किया था। आयोग ने अपनी रिपोर्ट में लिखा, "लेफ्टिनेंट कर्नल अजीज अहमद खान ने आयोग को बताया कि जनरल नियाजी ने पूछा कि हमने कितने हिंदुओं को मारा है। मई में हिंदुओं को मारने का लिखित आदेश दिया गया था।"

सबसे क्रूर हमलों में से एक जगन्नाथ हॉल हत्याकांड था। यह ढाका विश्वविद्यालय में गैर-मुसलिम छात्रों मुख्य रूप से हिंदुओं के लिए एक निवास स्थान था। अधिकांश निवासी सीमित साधनों वाले थे। 25-26 मार्च की मध्यरात्रि में टैंकों से हमला किया और साथ ही मोर्टार फायर करना शुरू कर दिया। उन्होंने हॉल की ओर मशीन गन से गोलीबारी भी शुरू कर दी। बचे हुए छात्रों को बाहर आने, सभी लाशों को बाहर निकालने और उन्हें एक पंक्ति में रखने, फिर लाशों के पास लाइन में खड़े होने के लिए कहा गया। फिर उन सभी को मशीन गन से गोली मार दी गई और सभी लाशों को खोदी गई उथली खाई में बुलडोजर से दबा दिया गया।

ढाका छावनी में युवा लड़कियों को इकट्ठा किया गया, उन्हें नग्न अवस्था में कतार में खड़ा किया गया। कुछ ने अपने स्तनों को लंबे बालों और हाथों से छिपाने की कोशिश की। सैनिकों ने उनके बालों को एक तरफ किया उन्हें 'देखने के लिए' कहते हुए अपने हाथ नीचे करने के लिए मजबूर किया। फिर लड़कियों को चुना गया, एक बार नहीं, दो बार नहीं, बल्कि अनगिनत बार और अनगिनत सैनिकों के लिए जब तक कि लड़कियाँ बेहोश न हो जाएँ। फिर उनके स्तन काट दिए गए, योनि में संगीन से वार कर उन्हें मार दिया गया।

कुछ सुंदर लड़कियों को अगले दिन फिर से प्रदर्शन के लिए रखा गया था। इनमें से ज्यादातर जो बच गईं, वे गर्भवती हो गईं। जब भारतीय सेना पहुँची तो उन्होंने खाइयों में नग्न महिलाओं को मृत या बेहोश पाया। पूरा ढाका शहर एक क्रूर दुःस्वप्न में बदल गया, चारों ओर लाशों की दुर्गंध फैली थी।

जब तक उन्हें पता चला कि अब भारतीय सेना आ जाएगी और युद्ध हार जाएँगे, तब तक पाकिस्तानी सेना ने सभी बुद्धिजीवियों और पेशेवरों को खत्म करने का प्रयास किया। उनका विचार नए गणराज्य को उसकी पूरी बौद्धिक शक्ति से

वंचित करना था। इस पूरे प्रकरण में अमरीकी राष्ट्रपति निक्सन और उनके सुरक्षा सलाहकार हेनरी किसिंजर पाकिस्तानी सेना के पीछे मजबूती से खड़े रहे और उन्हें हथियार और सैन्य आपूर्ति प्रदान की।

भारत की सेनाओं को डराने के लिए बंगाल की खाड़ी में 7वें बेड़े को तैनात किया गया था, लेकिन हमारी सेना ने उनकी चाल को पूरी तरह से नाकाम कर दिया और दिसंबर 1971 तक नए राष्ट्र बांग्लादेश का जन्म हुआ।

1971 और उसके बाद

दिसंबर 1971 तक पूर्वी पाकिस्तान आजाद हो गया और बांग्लादेश नामक एक नया गणराज्य बन गया। अवामी लीग के शेख मुजीबुर रहमान पहले प्रधानमंत्री थे और उन्होंने धर्मनिरपेक्षता और धार्मिक सहिष्णुता की अपनी नई नीति की घोषणा की। हिंदुओं का जीवन पहले से बेहतर था, किंतु समानता और सहिष्णुता में अभी भी कमी थी। जैसे-जैसे नया देश विभिन्न शासनों के तहत आगे बढ़ा, हिंदुओं का जीवन अच्छा या बुरा होता गया। जब अवामी लीग सत्ता में थी, तो वे बेहतर थे, किंतु जब बांग्लादेश नेशनल पार्टी (बी.एन.पी.) सत्ता में आई, तो वे पाकिस्तानी शासन की तरह उतने ही बुरे थे। जब भी सेना का तख्तापलट हुआ और जनरलों ने सत्ता सँभाली, तो स्थिति पाकिस्तान जैसी हो गई। ऐसे दौर में अत्याचारों की कहानियाँ अनगिनत हैं।

2001 में बांग्लादेश में आम चुनाव हुए। बी.एन.पी. पार्टी फिर से सत्ता में आई। सभी हिंदू एक साथ अवामी लीग को वोट देने वाले थे। इस बार बी.एन.पी. की रणनीति यह थी कि कोई भी हिंदू वोट न दे, ताकि वे खुद जीत सकें। चुनाव से पहले ही उन पर अत्याचार शुरू हो गए थे। हिंदुओं को उनके घरों से निकाल दिया गया। उन्हें धमकी दी गई कि अगर वे वोट देने के लिए अपने घर से बाहर निकले तो उन्हें गंभीर परिणाम भुगतने होंगे। इस्तेमाल किए गए तरीके पहले किए गए अत्याचारों से काफी मिलते-जुलते थे। बांग्लादेश में हर जगह खौफनाक कहानियों के कई उदाहरण मौजूद हैं। उस प्रशासन ने कभी किसी शिकायत पर काररवाई करने की जहमत नहीं उठाई।

□

6

रजाकार फाइल

ब्रिटिश काल में हैदराबाद निजाम द्वारा शासित एक अलग राज्य था। इसकी सीमाएँ वर्तमान तेलंगाना से लेकर उत्तरी कर्नाटक और औरंगाबाद सहित मराठवाड़ा क्षेत्र तक फैली हुई थीं। निजाम वस्तुत: रिजवी के हाथों की कठपुतली बन गया था, जिसने रजाकार नामक एक कट्टरपंथी मिलिशिया को संगठित किया था।

निजाम के हैदराबाद में मुसलमानों की आबादी 13 प्रतिशत थी। हालाँकि उन्हें राजपत्रित सरकारी नौकरियों का 77 प्रतिशत हिस्सा मिला। उच्च स्तर के सरकारी अधिकारियों में से 88 प्रतिशत और निचले स्तर के 82 प्रतिशत अधिकारी मुसलमान थे। दूसरी ओर हिंदू न केवल सरकार में, बल्कि पूरे हैदराबाद में हाशिए पर थे।

1891 में हिंदू आबादी का 90.53 प्रतिशत थे। 1911 में जब उस्मान अली खान सत्ता में आए, तो हिंदू घटकर 86.25 प्रतिशत रह गए। घटने का क्रम इसी तरह चलता रहा, अतएव उनके शासनकाल के अंत में हिंदू घटकर 80 प्रतिशत से कम रह गए। उनकी आबादी को कम करने के लिए निजाम ने 8 लाख अरब और अफगानों को आयात किया और उन्हें राज्य के सभी लाभ दिए गए। ये विदेशी ही थे जो निजाम की सेना का एक बड़ा हिस्सा थे।

निजाम ने जबरन धर्म-परिवर्तन में सक्रिय भूमिका निभाई। जेलों में बंद अपराधियों को धर्म-परिवर्तन करके रिहा होने का विकल्प दिया गया। जेल से बाहर आने के लिए धर्म-परिवर्तन करने वाले ये अपराधी अंतत: रजाकार बन गए।

हिंदुओं को उन इलाकों में मंदिर बनाने या उनकी मरम्मत करने से रोका गया, जहाँ मुसलमान रहते थे। हिंदू मंदिरों को अकसर अपवित्र किया जाता था, लेकिन अपराधियों का पता शायद ही कभी लगाया जाता था, उन्हें कभी सजा नहीं दी जाती थी। हिंदू धार्मिक शिक्षकों को प्रवचन देने से मना किया गया था, जबकि मुसलिम धर्मगुरु, इत्तेहाद के सदस्य और दीनदार हिंदुओं के धर्म-परिवर्तन का जोरदार अभियान चलाते थे।

निजाम द्वारा स्थापित उस्मानिया विश्वविद्यालय में हिंदू छात्रों को धोती और कुर्ता पहनने से मना किया गया था और उन्हें मुसलिम छात्रों को स्वीकार्य पोशाक पहननी थी। उन्हें जन्माष्टमी जैसे हिंदू त्योहार मनाने की अनुमति नहीं थी। छात्रों को 'वंदेमातरम' गाने से मना किया गया था और जो इसे गाते थे उन्हें माफी माँगने या निष्कासन का सामना करने के लिए मजबूर किया जाता था। यह स्कूलों में भी किया जाता था। हैदराबाद के कॉलेजों और स्कूलों से करीब 1200 छात्रों को निकाल दिया गया। वहीं दूसरी ओर ईद त्योहार भी बड़े उत्साह से मनाए गए।

1927 में हैदराबाद में निजाम की सलाह पर एक दल बनाया गया जिसका नाम रखा गया मजलिस-ए-इत्तेहादुल-मुसलिमीन यानी एम.आई.एम.! 1927 में इस एम.आई.एम. का उद्देश्य था हैदराबाद रियासत का पूरी तरह से इस्लामीकरण! जिन्ना की मुसलिम लीग के साथ मिलकर एम.आई.एम. ने हैदराबाद में पाकिस्तान के विचार को इतना खाद-पानी दिया कि एक दिन यह आजाद भारत की सबसे बड़ी समस्या बन गया।

रजाकारों का गठन 1938 में एम.आई.एम. नेता बहादुरयार जंग द्वारा किया गया था। इनकी खूनी करतूतों की कहानी शुरू हुई 1944 में जब इस एम.आई.एम. की कमान कासिम रिजवी के हाथों में आ गई।

रिजवी के नेतृत्व के दौरान रजाकारों को हैदराबाद में मुसलिम शासन बनाए रखने और भारत में एकीकरण का विरोध करने के लिए तैनात किया गया था। भारतीय संघ के भीतर सबसे बड़ी रियासतों में एक हैदराबाद थी, जो मुसलिम निजाम द्वारा शासित एक हिंदू बहुल क्षेत्र था।

एम.आई.एम. की कमान लेते ही कासिम रिजवी भारतीय उपमहाद्वीप के इतिहास में सबसे कट्टरपंथी खूनी नेता के तौर पर दर्ज हो गया। रजाकार एक कट्टर इस्लामी समूह था और उसे यह गुमान था कि मुसलमान हिंदुओं पर हुकूमत करने के लिए बने हैं और इस देश में एक दिन इस्लामी शासन वापस आएगा। करीब डेढ़ लाख रजाकारों की सेना, जिसमें ज्यादातर एम.आई.एम. के कार्यकर्ता थे ने हैदराबाद रियासत में करीब दो लाख हिंदुओं की हत्या की। जब बाकी का पूरा देश आजाद हो गया तब हैदराबाद रियासत में रहने वाले हिंदुओं को जजिया कर देना पड़ता था। मुगलिया दौर का यह जजिया कर 1947 के दौर में एम.आई. एम. के कार्यकर्ता हिंदुओ से वसूलते थे। इतना ही नहीं, हैदराबाद के इलाकों से गुजरने वाली ट्रेनों पर आए दिन हमला होता और हिंदू यात्रियों की हत्याएँ भी की जातीं और यह सब कुत्सित एम.आई.एम. के कार्यकर्ता करते थे।

हैदराबाद को मुसलिम बहुल प्रांत बनाने के प्रयास में रजाकार हिंदुओं के बड़े

पैमाने पर इस्लाम में धर्मांतरण के लिए प्रतिबद्ध थे। रजाकार गाँव-गाँव गए और कई हिंदू ग्रामीणों की सामूहिक हत्या, बलात्कार और अपहरण किया।

एक घटना तेलंगाना के एक गाँव 'पीर बैरनपल्ली' की है जो रजाकारों के निशाने पर था। जिहादियों ने तीन बार हिंदू निवासियों को सामूहिक रूप से धर्म-परिवर्तन करने के लिए गाँव में प्रवेश करने की कोशिश की थी, लेकिन वह असफल रहे क्योंकि निवासियों ने आक्रमणकारियों का हथियारों से पीछा किया।

कासिम रिजवी के नेतृत्व में रजाकार बधुगमा के त्योहार के दौरान अपने चौथे प्रयास में निजाम की मदद से गाँव में घुसपैठ करने में कामयाब हो गया। गाँव की सीमा पर मिट्टी का एक किला था जिसे गाँववालों ने जिहादियों से बचने के लिए उपयोग किया। रजाकारों ने सभी गार्डों को पॉइंट ब्लैंक रेंज पर गोली मार दी और निहत्थे ग्रामीणों का कत्ल-ए-आम करना शुरू कर दिया। गाँव के परिसर में प्रवेश करने पर रजाकारों ने हिंदू लड़कियों के साथ दुर्व्यवहार किया, हिंदू लड़कियों के कपड़े उतार दिए और उन्हें नग्न घुमाया। इसके बाद उन्हें इस्लामी स्टेट के प्रति समर्पण और आत्मसमर्पित के संकेत में उन्हें अपने धुन पे नचाया, पुरुषों को गोली मारकर हत्या कर दी गई। हिंदू महिलाओं के साथ बेरहमी से बलात्कार किया गया। कई ग्रामीणों ने आतंक से बचने के लिए कुएँ में छलाँग लगा दी। कई मंदिरों को भी रजाकारों ने लूटा था।

'बैरमपुल्ली' उस गाँव में से एक है, जिसे रजाकारों ने लूट लिया और जला दिया। स्थिति की वास्तविकता का खुलासा निजाम की परिषद् के सदस्य जे.बी. जोशी ने किया और 1948 में इस्तीफा दे दिया। अपने इस्तीफे में उन्होंने कहा था कि जालना औरंगाबाद की कानून व्यवस्था पूरी तरह से टूट गई थी। लूटपाट, हत्या, बलात्कार और महिलाओं के साथ छेड़छाड़ में रजाकारों के शामिल होने की घटनाएँ आम बात थीं।

जोशी ने कहा कई हिंदुओं ने राज्य के बाहर शरण माँगी थी। उन्होंने आगे कहा—ब्राह्मण मारे गए और उनकी आँख निकाल दी, महिलाओं के साथ बलात्कार किया गया था। बड़ी संख्या में लोगों को जला दिया गया था। मेरा हृदय व्याकुल हो उठा। इन परिस्थितियों में अपने नाम का उपयोग ऐसी सरकारों को नहीं करने देना चाहता था, जो हृदय विदारक अत्याचार रोकने के लिए शक्तिहीन हो। राज्य के अंदर का आतंकवाद केवल कांग्रेसियों या हिंदुओं के खिलाफ नहीं था। रजाकारों से सहमत नहीं होने वाले मुसलमानों को भी निशाना बनाया गया था।

1947 में विजयादशमी के दिन जब महिलाएँ बथुकम्मा उत्सव मना रही थीं और वाडी स्टेशन पर ट्रेन में चढ़ रही थीं, तो उन्हें गंडालपुर में क्रूरता से बाहर

निकाला गया और उन्हें जबरन ट्रकों में भरकर पास के पुलिस स्टेशन ले जाया गया। पुलिस स्टेशन में महिलाओं के कपड़े उतारे गए, उन्हें बार-बार पीटा गया और उन्हें नाचने के लिए मजबूर किया गया।

9-10 मई, 1948 को करीब 2,000 रजाकार गोर्ता के हिंदू गाँव में घुस आए और मंदिरों को अपवित्र किया और लोगों को उनके घरों से बाहर निकाला और उनका कत्लेआम शुरू कर दिया। रजाकारों ने अपने उत्पात में बच्चों और गर्भवती महिलाओं को भी नहीं बख्शा। निजाम के अधीन हैदराबाद राज्य में हिंदुओं पर हुए अत्याचारों की ये कुछ झलकियाँ हैं।

सरकार के आधिकारिक आँकड़ों के अनुसार रजाकारों ने भारत में शामिल होने की इच्छा रखने वाले हिंदुओं और उदारवादी मुसलमान दोनों सहित 4,000 लोगों की हत्या की गई, लगभग 50 गाँव की पुलिस चौकी को नष्ट कर दिया गया और लगभग 200 ग्राम प्रधान की हत्या कर दी गई।

दलितों को प्रेरित कर मुसलमान बनाया गया और यह बात बाबा साहेब आंबेडकर ने भी महसूस की थी। जब देश आजाद हो गया था तो हैदराबाद में रह रहे दलितों की बात करते हुए जो कहा था उसे देश भर के दलितों को सुनना चाहिए। आंबेडकर ने हैदराबाद के दलितों के बारे में जो भी कहा वो 'डॉक्टर आंबेडकर जीवन चरित्र' नाम की पुस्तक में पढ़ सकते हैं।

डॉ. आंबेडकर ने कहा—"मैं चाहता हूँ पाकिस्तान और हैदराबाद रियासत के मुसलमानों पर भरोसा करने से दलित समाज का विनाश होगा, दलित वर्ग हिंदू समाज से नफरत करता है इसलिए मुसलमान हमारे मित्र हैं। यह मानने की बुरी आदत दलितों को लग गई है, जो कि अत्यंत घातक है, मैं प्रधानमंत्री नेहरू से माँग करता हूँ कि पाकिस्तान और हैदराबाद के दलित वर्ग के लोगों को हिंदुस्तान में लाने के लिए भारत सरकार तुरंत प्रबंध करे।"

विचार कीजिए, डॉ. आंबेडकर किस तरह चिंतित थे हैदराबाद के दलितों के लिए…!

करीब-करीब 1.5 लाख से 2 लाख हिंदू 1945 से 1948 के बीच में मारे गए, दुर्भाग्य यह है कि देश में इसकी चर्चा नहीं होती है। ये नरसंहार इसलिए किसी की नजर में नहीं आए क्योंकि इसमें एक साथ एक दिन में इतनी हत्याएँ नहीं होती थीं, रोज धीरे-धीरे एक सुनियोजित तरीके से यह कुकृत्य किया गया।

'October Coup–A Memoir of the Struggle for Hyderabad.' पुस्तक के लेखक मुहम्मद हैदर ने लिखा है कि जब उन्होंने कासिम रिजवी से पूछा—"आखिर, यह कहाँ तक सही है कि हैदराबाद रियासत के 20 फीसदी

मुसलमान बाकी 80 फीसदी हिंदुओं पर राज करें?" इस सवाल पर घमंडी कासिम रिजवी ने कहा—"हैदराबाद में हम मुसलमान भले ही सिर्फ बीस फीसदी हैं लेकिन हमारे निजाम ने यहाँ 200 साल राज किया है तो इसका एक ही मतलब है कि हम मुसलमान सिर्फ राज करने के लिए ही बने हैं और देखना एक दिन ऐसा भी आएगा, जब मुसलमान इस पूरे देश पर राज करेंगे।"

वहीं पी.वी. काटे अपनी पुस्तक Marathwada Under the Nizams में लिखते हैं—"कासिम रिजवी की एक ही सोच थी कि मुसलमान हिंदुओं को गुलाम बनाकर रखें।" 1948 में रिजवी गिरफ्तार हुआ, इसके बाद 'ऑपरेशन पोलो' हुआ, तब जाकर हैदराबाद का भारत में विलय हुआ।

□

7

मरीचझापी फाइल

एक ऐसा द्वीप जिसे समय द्वारा भुला दिया गया। जहाँ हजारों महिलाएँ और पुरुष अपनी जमीन बसाने की कोशिश कर रहे थे। तत्कालीन सरकार के अधिकारियों ने उन्हें इधर-उधर खदेड़ दिया, जिन्होंने कहा कि अगर ये शरणार्थी सफल हो गए तो परिस्थिति बेकाबू हो जाएगी। वह जगह थी मरीचझापी।

जब बंगाल का विभाजन हुआ और वह पूर्वी पाकिस्तान बन गया, तो वहाँ से हिंदू शरणार्थी बंगाल में आने लगे। यहाँ से उन्हें मध्य भारत के शिविरों में भेज दिया गया। इस तरह धरती पर सबसे बड़ा पलायन शुरू हुआ। सबसे पहले जो लोग आए वे दलित नहीं, बल्कि उच्च जाति के हिंदू थे। दलित अपनी आजीविका के लिए अपनी जमीन से पूरी तरह जुड़े हुए थे और उनके पास बाहर निकलने के लिए पर्याप्त साधन नहीं थे।

1947 से शुरू हुआ धीमा पलायन 1970 तक चलता रहा। इस बड़े पैमाने पर आए लोगों ने बंगाल की सरकारी मशीनरी को तहस-नहस कर दिया। बाद के शरणार्थी निचली जाति के थे जिन्हें जबरन दंडकारण्य के शिविरों में भेज दिया गया था। जीवन अलग था, भूमि खेती के लिए अनुपयुक्त थी, मौसम भी अलग था, गर्मियाँ गर्म और सर्दियाँ ठंडी होती थीं और वे अलग-अलग भाषाएँ बोलते थे। दंडकारण्य विकास प्राधिकरण (DDA) की स्थापना की गई और शरणार्थियों को सड़क निर्माण और कृषि भूमि के विकास पर काम पर लगाया गया। कुछ ने खुद को इस वातावरण में ढाल लिया और कुछ नहीं कर सके। वे बंगाल वापस जाने के लिए तरस रहे थे, जिसे वे अपनी मातृभूमि मानते थे, जहाँ की भाषा और संस्कृति भी वही थी। शिविर के अधिकारी शत्रुतापूर्ण थे। शरणार्थी दिन-रात कड़ी मेहनत करते थे, किंतु सरकार की ओर से उन्हें बहुत कम वेतन मिलता था।

हो सकता है कि बाबुओं ने ठगी की हो, लेकिन उन्हें बहुत कम वेतन दिया जाता था। जब शरणार्थियों ने विरोध किया, तो उनकी माताओं और बहनों को दुष्ट

लोगों ने उठाकर उनका शोषण किया। कांग्रेस के शासन के दौरान वामपंथी दल विपक्ष में थे और उन्होंने विरोध किया कि शरणार्थियों को बंगाल में ही समाहित किया जाना चाहिए। इस आवाहन में ज्योति बसु सहित अन्य वामपंथी नेता शामिल थे। कुछ लोग दंडकारण्य भी गए और शरणार्थियों को आश्वासन दिया कि जब वामपंथी सत्ता में आएँगे, तो उन्हें वापस बंगाल लाया जाएगा और वहाँ समाहित किया जाएगा।

जून 1977 में नई सरकार सत्ता में आई। अब सरकार के नेता अपना वादा भूल गए। पश्चिम बंगाल में दंडकारण्य शरणार्थियों के पुनर्वास में किसी की दिलचस्पी नहीं थी। कई शरणार्थियों ने पुनर्वास मंत्री राधिका बनर्जी को एक याचिका भेजी। उन्होंने कहा कि अगर सरकार अपने वादे को पूरा करने के लिए कुछ नहीं करती है तो वे खुद ही लौटने को मजबूर हो जाएँगे। कुछ महीनों के इंतजार के बाद मार्च 1978 में 1.5 लाख से अधिक शरणार्थी बंगाल के हसनाबाद रेलवे स्टेशन के लिए रवाना हुए। जब वे वहाँ पहुँचे तो पुलिस हरकत में आई, उन्हें ट्रेनों से नीचे उतारा गया और उन्हें वापस उनके शिविरों में भेजने की व्यवस्था की गई। यह प्रयास पूरी तरह सफल नहीं हुआ।

शत्रुता की परवाह न करते हुए हजारों महिलाएँ, पुरुष और बच्चे 18 अप्रैल, 1978 को सुंदरबन में मरीचझापी द्वीप पर पहुँचे। आने वाले महीनों में और लोग भी उनके साथ शामिल हुए। इस द्वीप की खोज शरणार्थी नेताओं ने की थी। उन्होंने बसने के लिए उपयुक्त स्थान के लिए सुंदरबन की खोज की थी। सुंदरबन का कुछ हिस्सा पूर्वी पाकिस्तान (अब बांग्लादेश) में है, इसलिए यह स्थान बसने के लिए ज्ञात स्थानों में से था।

सरकार की कोई मदद न मिलने पर शरणार्थियों ने वीरान भूमि को एक संपन्न गाँव के पारिस्थितिक तंत्र में बदल दिया। कई महीनों तक उन्होंने इस द्वीप को रहने की जगह बनाने के लिए कड़ी मेहनत की। इन 18 महीनों के दौरान सरकार ने उन्हें बेदखल करने की कई बार कोशिश की। शरणार्थियों को कभी भी सरकारी पैसा नहीं चाहिए था, न ही वे दूसरों की संपत्ति पर कब्जा करना चाहते थे।

सबसे पहले लोगों को नदी के उस पार जाकर भोजन, पानी और व्यापार करने एवं जरूरत की चीजें इकट्ठा करने से रोका गया। 18 दिनों तक किसी भी तरह की आवाजाही पर पूरी तरह से रोक लगी रही। मजबूरी में लोगों ने ऐसा खाना शुरू कर दिया जो जहरीला हो सकता था। इसलिए इस फूड पॉइजनिंग के कारण कई बच्चे मर गए। एक जीवित बचे व्यक्ति ने बताया, 'खूब कोष्टो'। जब लोगों ने दूसरी तरफ जाने की कोशिश की तो पुलिस ने उन पर आँसू गैस और गोलियों से

हमला किया। गैस की वजह से आँखें जल गईं। महिलाओं के साथ बलात्कार किया गया। किंतु पुरुषों के पास हथियार के तौर पर सिर्फ लाठियाँ थीं। एक व्यक्ति ने इस तरह समझाया कि "हमारे अंदर कुछ टूट गया। पुलिसवाले हथियारबंद नावों में सवार थे। हम किनारे पर थे। हमारे पास सिर्फ पेड़ों की मोटी टहनियाँ थीं जो हमारी रक्षा कर सकती थीं और भाले की तरह इस्तेमाल करने के लिए धारदार लाठियाँ। हमने उन्हें उन कमीनों पर फेंका जिन्होंने हमारी महिलाओं के साथ दुष्कर्म किया था। इस अचानक जवाबी हमले से वे हैरान रह गए, जिससे हमें अपनी नावों को नदी में ले जाने का मौका मिल गया।" उनमें से लगभग 400 लोग थे, जो डूबती महिलाओं, पुरुष और बच्चों को बचाने के लिए नावों पर सवार हुए। पुलिस ने गोलीबारी शुरू कर दी। कुछ लोग नावों में चढ़ने से पहले ही गोली लगने से घायल हो गए। बचे हुए लोगों में से एक कहता है, "लेकिन हम रुकने के मूड में नहीं थे।" वे आगे कहते हैं, "हममें से कुछ लोगों ने डूबती महिलाओं को उठाया और मरीचझापी वापस चले गए। शेष लोग, जिनमें मैं भी शामिल था, कुमिरमारी (नदी के दूसरे किनारे पर बसा गाँव) गए और गाँववालों से खाने के लिए अनाज माँगा। उनमें से ज्यादातर लोग अपने घरों में छिपे हुए थे, उन्हें डर था कि हम पुलिस का साथ देने के कारण उन पर हमला कर देंगे। वे हमारे लिए अपने दरवाजे खोलने में झिझक रहे थे।" शरणार्थियों ने एक योजना बनाई। एक नाव में सभी जरूरी सामान और कम आदमी भरे जाएँगे। दूसरी नाव जो इस नाव की रक्षा करेगी और उस पर दूसरे आदमी सवार होंगे, जिनके पास हथियार होंगे। वे जानते थे कि अगर पुलिस ने गोली चलाई तो वे मर जाएँगे, लेकिन वे मरीचझापी के लोगों के लिए बलिदान देने को तैयार थे। यह सिलसिला बार-बार जारी रहा, लेकिन पुलिस ने गोली नहीं चलाई। इसके बजाय उन्होंने नावों पर बंदूकें तान दीं, ताकि लोग डूब जाएँ। लेकिन शरणार्थियों की योजना सफल हो रही थी। दोपहर में अतिरिक्त बल पहुँचे और वे नदी में बिखर गए। लोगों ने उन्हें देखा और उन्होंने कहा, "अगर हमें मरना ही है तो सम्मान के साथ मरें।" पुलिस ने नावों में बैठे लोगों के साथ-साथ कुमिरमारी के तट पर मौजूद लोगों पर भी गोलियाँ चलाईं। कुछ लोग मर गए और घायल लोग चीखने लगे। लोगों को अंधा करने के लिए आँसू गैस का इस्तेमाल किया गया। उस दिन पुलिस के अलावा सत्ताधीश पार्टी के कार्यकर्ता भी मरीचझापी में उतरे। उन्होंने शरणार्थियों पर गोलियाँ चलाईं और उन्हें मार डाला, महिलाओं के साथ बलात्कार किया, उन्हें लूटा। यह सब पूरे दिन चलता रहा। पुलिस ने बच्चों को भी नहीं बख्शा। 15 स्कूली बच्चों पर संगीनें फेंकी गईं। उनकी खोपड़ी कुचल दी गई। वे सरस्वती पूजा के लिए स्कूल में एकत्र हुए थे। पुलिस ने जाने से पहले सरस्वती की मूर्ति भी

तोड़ दी। पुलिस ने लोगों को बेरहमी से मार डाला। यहाँ तक कि मृतकों के शवों को भी नदी से निकालकर कहीं और दफना दिया गया, जिससे सारे सबूत मिट गए।

द्वीप से सभी शरणार्थियों को निकाल दिया गया था। यह सब मई 1979 के मध्य में हुआ, जब स्वतंत्र भारत में अब तक दर्ज सबसे खराब मानवाधिकार उल्लंघनों में से एक में तत्कालीन बंगाल सरकार ने द्वीप से लगभग 10,000 लोगों को जबरन बेदखल कर दिया। अनगिनत लोग मारे गए, जिनमें से लगभग 7,000 महिलाएँ, पुरुष और बच्चे मारे गए। जबकि सरकार ने संख्या को 10 या 20 में सीमित कर दिया।

सरकार का स्पष्टीकरण तत्कालीन परिस्थितियों पर आधारित था। हालाँकि शरणार्थियों ने इसे सरकार द्वारा विश्वासघात के रूप में देखा क्योंकि वे निम्न जाति, गरीब, हाशिए पर पड़े, बंगाली पिछड़ी जाति के थे। सरकार के लोग उच्च जाति के थे, भले ही वे वर्गहीन समाज का समर्थन करते थे।

विकसित देशों में ऐसी स्थिति में जाँच की जाती है और जिम्मेदार राजनेताओं को दोषी ठहराया जाता है। मरीचझापी मामले में न तो कोई जाँच हुई और न ही कोई सजा हुई। आखिरकार मरीचझापी के निवासियों पर ढाए गए अत्याचारों को कोई भी उचित नहीं ठहरा सकता।

□

8

कश्मीर फाइल

भारत और भारतीयों की गौरवशाली सांस्कृतिक विरासत कश्मीर जिसे ब्रह्म ऋषि कश्यप ने अपने तपोबल से पृथ्वी के स्वर्ग के रूप में स्थापित किया। कश्मीर जिसे ज्ञान की देवी शारदे की भूमि माना जाता है, कश्मीर जिसे शंकराचार्य, चरक, भरत आदि महान् पंडितों ने अपने तप, कर्मों और अपने ज्ञान से संस्कृति और विज्ञान का केंद्र बनाया और भारत को विश्वगुरु के रूप में स्थापित किया।

कश्मीर की भारत में इतनी महत्ता थी कि काशी में जब भी यज्ञोपवीत होता था, तो बच्चों को कहा जाता था कि आप काशी में पहले विद्या अर्जन कीजिए और फिर उसके बाद कश्मीर जाइएगा, क्योंकि कश्मीर का विद्या अर्जन काशी से भी उत्कृष्ट माना जाता था। तो फिर कैसे इस महान् सभ्यता का पतन हुआ।

कश्मीर में कोई नया मंदिर नहीं बनेगा और जो बने हैं उनका जीर्णोद्धार नहीं किया जाएगा। कोई हिंदू घोड़े पर नहीं चढ़ेगा, कोई हिंदू किसी भी तरह के अस्त्र-शस्त्र नहीं रखेगा, हीरे की अँगूठी नहीं पहनेगा। हिंदू मुसलिम इलाके में घर नहीं बना सकता और श्मशान कब्रिस्तान के पास नहीं होगा। कोई भी हिंदू 'मुसलमान गुलाम' नहीं खरीदेगा। अगर कोई मुसलिम यात्री किसी हिंदू के धार्मिक स्थान या घर में रहने की इच्छा किसी समय करता है तो उसे मना नहीं किया जा सकता। यह सब बातों का कुछ अंश मात्र है कश्मीर पर लागू किए गए उस कानून की, जिसे कश्मीर में 'पैक्ट ऑफ उमर' या 'जिम्मा' कहा जाता है।

यह बात इसलिए आवश्यक हो जाती है कि हमारे तथाकथित बुद्धिजीवी हमें बताते आए हैं कि 1990 में कश्मीर में जो हुआ वह दो समुदायों के बीच सामाजिक और आर्थिक विषमता से पैदा हुआ संघर्ष था, जिसमें नुकसान दोनों पक्षों का हुआ।

यह हमारा दुर्भाग्य है कि आज भी बहुत कम लोगों को कश्मीर के इतिहास के बारे में पता है और अगर लोग कश्मीर के इतिहास की बात करते भी हैं तो संभवतः आजादी के कुछ पूर्व या 1989-90 के नरसंहार/निष्कासन के आधुनिक इतिहास

की बात करते है। वास्तव में 1989-90 में कश्मीरी हिंदुओं का जो निष्कासन था, वह कश्मीर का सातवाँ निष्कासन था।

1990 की त्रासदी के पीछे के कारण

क्या कारण रहे होंगे जिनके कारण आजाद भारत में सत्ता भारतीयों के हाथ में होते हुए भी इतना बड़ा हिंदू नरसंहार हुआ और जब यह हो रहा था तो देश की सत्ता क्या कर रही थी ?

कोई बताता है कि इसके पीछे का कारण 1987 का कश्मीर में हुआ विधानसभा चुनाव था जिससे कट्टरपंथियों को बल मिला। कोई कहता है कि पाकिस्तान के इशारों पर यह खेल खेला गया।

कुछ बुद्धिजीवी इसे कश्मीरी मुसलमान और हिंदुओं के बीच आर्थिक असमानता बताते है। किंतु इस खूनी खेल के पीछे का सबसे बड़ा कारण इस्लामिक कटरपंथियों का 'गजवा-ए-हिंद' के उद्देश्य से खेला गया बहुसंख्यकवाद का घिनौना खेल था, जिसने हजारों हिंदुओं को उन्हीं के देश में बेघर कर दिया, हजारों हिंदुओं को अपने घरों की बेटियों और माताओं को सामूहिक दुष्कर्मों से बचाने के लिए रातोरात अपना सबकुछ छोड़कर खुले आसमान में रहने पर मजबूर कर दिया।

रलिव, गलिव, चलिव

अर्थात् अपना धर्म बदल के मुसलिम बनो, मरो या छोड़ के भाग जाओ। यह सिर्फ कुछ शब्द नहीं यह वह नारा है, जिससे प्रेरित होकर 1990 में दरिंदों ने कश्मीरी पंडितों के रूप में कश्मीर का खून कर दिया। मसजिदों के लाउडस्पीकर से लेकर कश्मीर में रह रहे हिंदुओं के घरों की दीवारों पर 1990 में हर जगह एक ही बात लिखी, सुनी और कही गई—"रलिव, गलिव, चलिव"।

भारत जैसे देश में जहाँ महिलाओं को देवी के अनेक रूपों में पूजा जाता है, उसी देश में 1990 में माता सरस्वती की तरह पावन उन कश्मीरी हिंदू महिलाओं के साथ इस्लामिक कट्टरपंथियों ने सामूहिक दुष्कर्म किए।

भीड़ द्वारा मृत कश्मीरी हिंदुओं का जनेऊ उतारकर उन्हें सामूहिक रूप में जलाना एक भद्दा प्रदर्शन नहीं तो और क्या हो सकता मन में काफिरों के लिए पल रही नफरत के अलावा। मृत शरीरों को जब पेड़ों से बाँध नंगा नाच किया गया और भीड़ जश्न मना रही थी तो यह जश्न कश्मीरी हिंदुओं से खाली हुए कश्मीर का जश्न नहीं, यह जश्न था—पौराणिक सांस्कृतिक सभ्यता से आजादी का था।

विवेक अग्निहोत्री द्वारा निर्देशित फिल्म 'कश्मीर फाइल्स' में जो दरिंदगी

कश्मीरी हिंदुओं पर दिखाई गई, वह वास्तव में जो हुआ उसका 10 प्रतिशत भी नहीं है।

दुःखद बहिर्गमन दिवस

19 जनवरी, 1990—यह तारीख एक आम भारतीय के लिए बेशक भले ही किसी अन्य तारीख जैसी हो, लेकिन कश्मीरी पंडितों के लिए यह महज एक तारीख नहीं। इस तारीख से जुड़े हैं कश्मीरी पंडितों के दर्द, जिन मसजिदों से अजान की आवाजें आती थीं उन मसजिदों से हिंदू विरोधी नारे गूँज रहे थे। जिन अखबारों से जानकारियाँ मिलती थी, उनका उपयोग कश्मीरी हिंदुओं को डराने के लिए हो रहा था। मसजिदों और स्थानीय समाचार-पत्रों, जैसे—'अल सफा' के माध्यम से दी जा रही धमकियों में कश्मीरी हिंदुओं को बस दो रास्ते दिए गए या तो 48 घंटे में कश्मीर छोड़ दें या मुसलिम बन जाएँ या फिर इस्लाम का कहर देखने के तैयार रहें। कश्मीर की हर मसजिद से हिंदू विरोधी नारे लग रहे थे—

"जालिमो, ओ काफिरो, कश्मीर हमारा छोड़ दो।"

"कश्मीर में अगर रहना है तो अल्ला हु अकबर कहना है।"

"मुसलमान जागो, काफिरो भागो"

"कश्मीर बनावो पाकिस्तान, बताव वराइए, बटनेव सां" मतलब कश्मीर बनेगा पाकिस्तान हिंदू औरतों के साथ और मर्दों के बिना।

"यहाँ क्या चलेगा, निजाम-ए-मुस्तफा"

कितना खतरनाक मंजर हो सकता है, अभी जिस घर में हम रह रहे हैं, अपने आपको महफूज महसूस करते हैं, जहाँ हमारी नौकरी है, जहाँ रिश्तेदार व घर परिवार हैं, वहीं से आपको निकाल दिया जाए या आपको वहाँ से जाने के लिए मजबूर किया जाए, अपने उन्हीं घरों में आपको अपनी औरतों की इज्जत बचाने का डर रहे और आपको अपने ही देश के एक हिस्से से अपने घरों को छोड़कर दूसरे शहर में जाकर टेंटों में शरणार्थी की तरह रहना पड़े···!

कश्मीरी हिंदुओं के साथ जो हुआ उसे सुनकर आज इतने साल बाद भी रूह काँप जाती है। राज्य में कहने को तो राष्ट्रपति शासन लागू कर दिया गया था, परंतु दिल्ली में बैठे सत्ताधीशों ने सेना के हाथ बाँध रखे थे। ऐसी परिस्थिति में चार लाख से ज्यादा हिंदुओं ने रातोरात अपना घर छोड़ा और खुले आसमान के नीचे टेंटों में जम्मू में रहना पड़ा। 20 हजार से ज्यादा हिंदुओं के घर जला दिए गए। बहुत से घरों पर मुसलमान पड़ोसियों ने या तो लूटपाट की या उन पर अपना कब्जा कर लिया।

विस्थापित कश्मीरी हिंदुओं की आपबीती

शादी लाल पंडित बताते हैं—वहाँ पोस्टर लगे रहते थे, उन पर लिखा रहता था कि कश्मीरी हिंदू यहाँ से भाग जाओ, अपनी माताओं, बहनों, बेटियों को यहाँ छोड़, मर्द लोग यहाँ से चले जाओ। बहुत से कश्मीरी हिंदुओं को चुन-चुनकर मारा गया, इतनी बेदर्दी से मारा गया कि आज भी वे किस्से याद आ जाते हैं तो काँप उठते हैं।

दलीप पंडित के शब्दों में—1989-90 तो एक आतंकवाद का दौर था, लेकिन उसके बाद भी कितने कश्मीरी हिंदू मारे गए थे, लेकिन आज तक उन पर कोई भी चार्जसीट फाइल नहीं हुई, न ही कोई FIR दर्ज हुई, वे खुले आम मीडिया में बोलते हैं—मैंने 20 को मारा, दूसरा बोलता मैंने 30 को मारा।

कुछ अन्य दर्द बयाँ करती कहानियाँ

टीका लाल टपलू

पेशे से वकील व भाजपा उपाध्यक्ष टीका लाल टपलू की हत्या को 14 सितंबर, 1989 को अंजाम दिया गया। वह कश्मीरी पंडितों में सबसे जाना-माना चेहरा थे। लोग उन्हें लालाजी यानी बड़ा भाई कहते थे। टीका लाल कट्टरपंथ के मंसूबों से वाकिफ थे और जानते थे कि आतंकी उन पर कभी भी हमला बोल सकते हैं। लेकिन बावजूद इसके वह उस दिन अपने घर से बाहर निकल गए। कारण था घर के बाहर एक बच्ची का तेज-तेज रोना। टपलू जब उसके पास गए तो उसकी माँ से पूछा कि वह क्यों रो रही है ? माँ ने बताया कि बच्ची के स्कूल में कोई फंक्शन है और उसके पास पैसा नहीं है, इसलिए वह रो रही है। टीका लाल टपलू ने बच्ची की माँ की सारी बातें सुनीं और अपनी जेब से 5 रुपए निकालकर जैसे ही उन्होंने बच्ची को पकड़ाए, तभी सामने से आतंकी बंदूक लेकर आए और उन्हें गोलियों से भून दिया। इस हत्या से आतंकियों के दो काम पूरे हुए थे। एक तो उनके रास्ते से टीका लाल हमेशा के लिए हट गए थे और दूसरा निजाम-ए-मुस्तफा का जो संदेश वह कश्मीरी पंडितों तक पहुँचाना चाहते थे, वह हर हिंदू के घर पहुँच गया था। इस एक हत्या से हालात इतने तनावपूर्ण हो गए थे कि लोगों ने अपने बच्चों को स्कूल भेजने से मना कर दिया था और कई दिन घरों में बंद रहे थे।

आतंकियों ने नारा दिया—

"यहाँ क्या चलेगा, निजाम-ए-मुस्तफा
ला शरकिया ला गरबिया, इस्लामिया-इस्लामिया;
जलजला आया है कुफ्र के मैदान में
लो मुजाहिद आ गए हैं मैदान में।"

नीलकंठ गंजू की हत्या

कश्मीरी पंडितों की हत्या की शुरुआत साल 1989 से हो गई थी। इसमें सबसे नृशंस हत्या रिटायर्ड जज नीलकंठ गंजू की थी। बीजेपी नेता टीका लाल टपलू की हत्या के सात हफ्ते बाद ही नीलकंठ गंजू की 4 नवंबर, 1989 को श्रीनगर हाई स्ट्रीट मार्केट के पास स्थित हाईकोर्ट के पास गोली मारकर हत्या कर दी गई थी। हत्या के बाद दो घंटे तक उनका शव सड़क पर ही पड़ा रहा था। उनकी हत्या के बाद रेडियो कश्मीर पर एक घोषणा की गई, "अज्ञात हमलावरों ने श्रीनगर के महाराज बाजार में एक पूर्व सत्र न्यायाधीश की गोली मारकर हत्या कर दी।"

गंजू वह शख्स थे, जिन्होंने आतंकी मकबूल भट को फाँसी की सजा सुनाई थी। टपलू के बाद जस्टिस गंजू भी ऐसे कश्मीरी हिंदू बने, जिन्हें आतंकियों ने निशाना बनाया। बाद में जम्मू-कश्मीर लिबरेशन फ्रंट के लीडर और अलगाववादी नेता यासीन मलिक ने इस हत्याकांड की जिम्मेदारी ली थी। इसे आतंकी मकबूल भट की मौत का बदला बताया था। मकबूल भट जम्मू-कश्मीर लिबरेशन फ्रंट (JKLF) का संस्थापक था। उसने 1966 में सी.आई.डी. सब-इंस्पेक्टर अमर चंद की हत्या कर दी। अगस्त 1968 में मकबूल भट को तत्कालीन सेशन जज नीलकंठ गंजू ने फाँसी की सजा सुनाई।

बी.के. गंजू

गंजू पेशे से इंजीनियर थे। 19 मार्च, 1990 को आतंकी बी.के. गंजू की हत्या करने उनके घर पर पहुँचे थे। इन आतंकियों में बिट्टा कराटे भी शामिल था। जब बी.के. गंजू को पता चला कि आतंकी उन्हें मारने के लिए उनके घर आ धमके हैं तो वह जान बचाने के लिए घर की तीसरी मंजिल में रखे चावल के ड्रम में छिप गए। आतंकी गंजू को नहीं खोज पाए। लेकिन उनके मुसलिम पड़ोसी ने आतंकियों को बताया कि वह चावल के ड्रम में छिपे हैं। इसके बाद आतंकियों ने ड्रम पर ताबड़तोड़ गोलियाँ चलाकर उनकी हत्या कर दी थी। यही नहीं, उनके खून से सने चावल उनकी पत्नी को खिलाए थे।

के.एल. गंजू

पेशे से प्रोफेसर गंजू सोपोर एग्रीकल्चर कॉलेज में कार्यरत थे। उनके अधिकतर स्टूडेंट्स मुसलिम थे। 7 मई, 1990 को प्रोफेसर एक जीप में अपनी पत्नी परला गंजू और अपने भतीजे के साथ नेपाल से एक सेमिनार अटेंड करके घर लौट रहे थे। उन्हीं के एक मुसलिम स्टूडेंट ने उनके लौटने की खबर आतंकवादियों को दी और

झेलम ब्रिज पर आतंकवादियों ने उनकी गाड़ी को रोक लिया। गाड़ी से उतारकर उन्हें और उनके भतीजे को गोलियों से भून दिया और ब्रिज से नीचे फेंक दिया। आतंकवादियों ने उनकी पत्नी को अगवा कर लिया और उनके साथ कई दिनों तक सामूहिक दुष्कर्म किया गया। घटना के एक महीने बाद उनकी पत्नी की लाश बहुत ही खराब स्थिति में मिली।

सर्वानंद कौल

अप्रैल 1990 खत्म होने को था। एक रात तीन आतंकियों ने कौल के दरवाजे पर दस्तक दी। परिवार को एक जगह बिठाया और कहा कि सारे गहने-जेवर एक खाली सूटकेस में रख दें। कौल से कहा कि वे सूटकेस लेकर उनके साथ आएँ। घरवाले जब रोने लगे तो उन्होंने कहा, "अरे! हम प्रेमीजी को कोई नुकसान नहीं पहुँचाएँगे। हम उन्हें वापस भेज देंगे।" 27 साल के बेटे वीरेंद्र ने कहा कि पिता को अँधेरे में वापसी में समस्या होगी, तो वे साथ जाना चाहते हैं। आतंकियों ने कहा, "आ जाओ, अगर तुम्हारी भी यही इच्छा है तो!" दो दिन बाद दोनों की लाशें मिलीं तो तिलक करने की जगह को छीलकर चमड़ी हटा दी गई थी। पूरे शरीर पर सिगरेट से जलाने के निशान थे। हड्डियाँ तोड़ दी गई थीं। पिता-पुत्र की आँखें निकाल ली गई थीं। दोनों को फंदे से लटकाने के बाद मृत्यु सुनिश्चित करने के लिए गोली भी मारी गई थी। पिता-पुत्र की लाश 1 मई, 1990 को मिली थी। आज भी कश्मीरी हिंदू इस तारीख को 'शहीदी दिवस' या 'शहादत दिवस' के रूप में मनाते हैं।

सर्वानंद कौल उन कश्मीरी हिंदुओं में से थे जो अपने घर के मंदिर में गीता के साथ-साथ कुरान भी रखते थे और उन्हें विश्वास था कि कश्मीरी मुसलिम उनका कोई नुकसान नहीं करेंगे।

सरला भट

अनंतनाग की रहने वाली सरला एक नर्स थीं। सरला श्रीनगर के सौरा में स्थित शेर-ए-कश्मीर इंस्टीट्यूट ऑफ मेडिकल साइंसेज में काम करती थीं। सरला को 14 अप्रैल, 1990 को उनके मेडिकल इंस्टीट्यूट से जम्मू-कश्मीर लिबरेशन फ्रंट के आतंकियों ने अगवा कर लिया था। अगवा करने के बाद कई दिन तक सरला के साथ बेरहमी से सामूहिक दुष्कर्म किया गया। इसके बाद बेहद क्रूरता के साथ उनके शरीर के टुकड़े कर दिए गए। अगवा करने के पाँच दिन में 19 अप्रैल, 1990 को सरला के शरीर के टुकड़े श्रीनगर के डाउनटाउन में फेंक दिए गए थे।

गिरिजा टिक्कू

गिरिजा टिक्कू कश्मीर के एक सरकारी स्कूल में लाइब्रेरियन का काम करती थीं। उनकी शादी बाँदीपोरा के एक कश्मीरी हिंदू से हुई थी। घाटी में जारी आतंकी घटनाओं के चलते गिरिजा का परिवार जम्मू चला गया था। गिरिजा की भतीजी सिद्धि रैना के मुताबिक 11 जून, 1990 को गिरिजा अपना वेतन लेने घाटी गई थीं। वापस लौटते समय जिस बस से वह यात्रा कर रही थीं, उसे रोक दिया गया। बस से उतारकर गिरिजा को एक टैक्सी में फेंक दिया गया। टैक्सी में 5 आदमी थे (उनमें से एक उनका सहकर्मी भी था)। उन्हें प्रताड़ित किया, उनका बलात्कार किया और फिर आरी से उन्हें जिंदा काटकर उनकी बेरहमी से हत्या कर दी गई।

ऐसी हजारों कहानियाँ हैं और हर कहानी के साथ आतंकियों की हैवानियत पहली वाली से कुछ ज्यादा वीभत्स है।

विभिन्न रिपोर्टों के अनुसार आँकड़े

वर्ष 1990 के फरवरी और मार्च महीने में 1,60,000 कश्मीरी हिंदू अपना सबकुछ पीछे छोड़कर दूसरे राज्य में चले गए इसके अलावा एक रिपोर्ट यह भी कहती है कि कुल 4,00,000 कश्मीरी हिंदुओं ने उस समय कश्मीर से पलायन किया था।

साल 2012 में जम्मू-कश्मीर सरकार ने विधानसभा में रिपोर्ट पेश की जिसके अनुसार पिछले दो दशको में घाटी में 208 मंदिरों को नुकसान पहुँचा है। एक रिपोर्ट के अनुसार 20वीं सदी की शुरुआत में लगभग 10 लाख कश्मीरी हिंदू थे जो वर्तमान में 9,000 से ज्यादा नहीं है।

हिंदुओं को न्याय

देश की आजादी के बाद इस सबसे बड़े पलायन और नरसंहार के पीड़ितों को आज भी न्याय नहीं मिला है और आज भी किसी भी कश्मीरी हिंदू से 1990 की बात करो तो उनकी आँखों से आँसू रुकने का नाम नहीं लेते। हम आज भी एक समाज के रूप में, एक देश के रूप में और एक भारतीय के रूप में इन कश्मीरी हिंदुओं के दोषी हैं।

□

खंड–4

हिंदुओं में स्व का आविर्भाव

1

हिंदू जागरण

हिंदू जागरण की अवधारणा सदियों से चर्चा का विषय रही है। यह एक ऐसा आंदोलन है, जिसका उद्‍देश्य आंतरिक और बाहरी दोनों तरह की चुनौतियों का सामना करते हुए हिंदू आस्था और पहचान को पुनर्जीवित और मजबूत करना है। 'हिंदू जागरण' शब्द का प्रयोग हिंदुओं के बीच विशेष रूप से भारतीय उपमहाद्वीप में धार्मिक और सांस्कृतिक चेतना में वृद्धि के लिए किया जाता है, जो 19वीं शताब्दी के उत्तरार्ध में प्रारंभ हुआ और 20वीं शताब्दी तक जारी रहा।

इस जागरण की शुरुआत को चिह्नित करने वाली कोई एक घटना या तिथि नहीं है, बल्कि इसके उदय में कई कारक हैं—

औपनिवेशिक शासन और सांस्कृतिक उत्पीड़न : हिंदू परिप्रेक्ष्य

भारत में ब्रिटिश शासन ने उपमहाद्वीप के सांस्कृतिक और धार्मिक परिदृश्य पर गहरा और स्थायी प्रभाव डाला। अंग्रेजों ने शासन, कानून और सामाजिक मानदंडों की एक नई प्रणाली शुरू की, जो पारंपरिक हिंदू मूल्यों और प्रथाओं से संघर्षपूर्ण थी।

ब्रिटिश शासन द्वारा हिंदुओं को हाशिए पर रखने के सबसे महत्त्वपूर्ण तरीकों में से एक पश्चिमी शिक्षा और सांस्कृतिक मानदंडों को लागू करना था। अंग्रेजों ने अंग्रेजी माध्यम के स्कूल और विश्वविद्यालय स्थापित किए, जो पश्चिमी मूल्यों और आदर्शों को बढ़ावा देते थे। पारंपरिक भारतीय शिक्षा से पश्चिमी शिक्षा की ओर इस बदलाव ने पारंपरिक हिंदू विद्वानों और संस्थानों की स्थिति में गिरावट ला दी। कई हिंदुओं को महसूस हुआ कि पश्चिमी शिक्षा उनकी सांस्कृतिक पहचान और धार्मिक परंपराओं के लिए खतरा उत्पन्न कर रही है।

ब्रिटिश सरकार ने ऐसी नीतियाँ भी लागू कीं जो सीधे हिंदू धार्मिक प्रथाओं को प्रभावित करती थीं। उदाहरण के लिए अंग्रेजों ने ऐसे कानून बनाए, जो नए मंदिरों

के निर्माण और कुछ हिंदू अनुष्ठानों को प्रतिबंधित करते थे। इसके अलावा ब्रिटिश औपनिवेशिक सरकार हिंदू धार्मिक संस्थानों के आंतरिक मामलों में हस्तक्षेप करती थी, उनके प्रशासन की देख-रेख के लिए ब्रिटिश अधिकारियों को नियुक्त करती थी।

ब्रिटिश शासन का हिंदुओं की सामाजिक और आर्थिक स्थिति पर भी महत्त्वपूर्ण प्रभाव पड़ा। अंग्रेजों ने नई भूमि राजस्व प्रणाली शुरू की जो धनी जमींदारों के पक्ष में थी और कई छोटे पैमाने के किसानों को बेदखल कर देती थी। इससे हिंदू आबादी में आर्थिक कठिनाई और सामाजिक अशांति पैदा हुई।

ब्रिटिश शासन ने हिंदू राष्ट्रवाद के उदय में भी योगदान दिया। कई हिंदुओं को लगा कि उनकी सांस्कृतिक और धार्मिक पहचान ब्रिटिश औपनिवेशिक सरकार से खतरे में है और उन्होंने राष्ट्रवादी आंदोलनों के माध्यम से अपनी परंपराओं को संरक्षित करने का प्रयास किया। भारतीय स्वतंत्रता आंदोलन, जिसने 20वीं सदी की शुरुआत में गति पकड़ी, काफी हद तक हिंदू राष्ट्रवादी भावना से प्रेरित था।

अतएव भारत में ब्रिटिश शासन का उपमहाद्वीप के सांस्कृतिक और धार्मिक परिदृश्य पर गहरा और स्थायी प्रभाव पड़ा। पश्चिमी मूल्यों और प्रथाओं को ब्रिटिशों द्वारा थोपे जाने और हिंदू धार्मिक और सामाजिक मामलों में उनके हस्तक्षेप के कारण हिंदुओं में सांस्कृतिक और धार्मिक हाशिए पर होने की भावना पैदा हुई। इस हाशिए पर होने की वजह से हिंदू राष्ट्रवाद और भारतीय स्वतंत्रता आंदोलन का उदय हुआ।

सामाजिक सुधार आंदोलन से हिंदू जागरण

19वीं सदी भारत में सामाजिक सुधार की सदी थी। जिसने हिंदू समाज को एक नए तरीके से सामाजिक कुरीतियों को दूर करने के लिए प्रेरणा दी। इन सुधार आंदोलनों ने हिंदू चेतना को जगाने और भविष्य के सामाजिक और राजनीतिक परिवर्तनों के लिए आधार तैयार करने में महत्त्वपूर्ण भूमिका निभाई।

सत्यशोधक समाज

24 सितंबर, 1873 को ज्योतिराव फुले द्वारा स्थापित 'सत्यशोधक समाज' ने निचली जाति के हिंदुओं द्वारा सामना की जाने वाली सामाजिक और आर्थिक असमानताओं को दूर करने का प्रयास किया। इसने जातिगत भेदभाव के उन्मूलन की वकालत की और शिक्षा एवं सामाजिक न्याय को बढ़ावा दिया।

आर्य समाज

1875 में स्वामी दयानंद सरस्वती द्वारा स्थापित आर्य समाज ने 'वेदों की ओर लौटो' का आवाहन कर हिंदू धर्म को पुनर्जीवित करने का प्रयास किया। आर्य समाज ने वैदिक शिक्षा को बढ़ावा दिया, खासकर महिलाओं के लिए और सामाजिक समानता के महत्त्व पर जोर दिया। इसने बाल विवाह के उन्मूलन और अस्पृश्यता के निषेध जैसे सामाजिक सुधारों की भी वकालत की।

उपरोक्त सामाजिक सुधार आंदोलनों का हिंदू समाज पर गहरा प्रभाव पड़ा। उन्होंने साझा हिंदू पहचान की भावना पैदा करने में भी मदद की और कई हिंदुओं को सामाजिक और राजनीतिक परिवर्तन हेतु प्रेरित किया।

राजनीतिक राष्ट्रवाद और हिंदू जागरण

भारतीय स्वतंत्रता आंदोलन, जिसने 20वीं सदी की शुरुआत में गति पकड़ी, एक जटिल और बहुआयामी संघर्ष था जिसमें विभिन्न सामाजिक, राजनीतिक और धार्मिक ताकतें शामिल थीं। आंदोलन की सफलता में योगदान देने वाले प्रमुख कारकों में से एक हिंदू चेतना का जागरण था। स्वामी विवेकानंद जैसे कई हिंदू नेताओं ने ब्रिटिश शासन के प्रतिरोध को प्रेरित करने के लिए धार्मिक और सांस्कृतिक विचारों का इस्तेमाल किया।

स्वामी विवेकानंद ने हिंदू धर्म और भारतीय संस्कृति को बढ़ावा देने के लिए दुनिया भर में व्यापक यात्राएँ कीं। उन्होंने तर्क दिया कि हिंदू धर्म एक सार्वभौमिक धर्म है, जो सभी धर्मों के लोगों को आध्यात्मिक मार्गदर्शन और ज्ञान प्रदान कर सकता है। विवेकानंद की शिक्षाओं ने कई हिंदुओं को अपनी धार्मिक और सांस्कृतिक विरासत पर गर्व करने और हिंदू धर्म को शक्ति और प्रेरणा के स्रोत के रूप में देखने के लिए प्रेरित किया।

हिंदू जागरण का महत्त्व

हिंदू जागरण की अवधारणा की जड़ें हिंदू धर्म के प्राचीन ग्रंथों और शास्त्रों में हैं। हिंदू धर्म के सबसे प्रतिष्ठित ग्रंथों में से एक 'श्रीमद्भगवद्गीता' आत्म-साक्षात्कार और अपने वास्तविक स्वरूप के प्रति जागृति के महत्त्व के बारे में बात करती है।

भारत में औपनिवेशिक काल के दौरान हिंदू आस्था और संस्कृति को पश्चिमी साम्राज्यवाद और ईसाई मिशनरी गतिविधियों से कई चुनौतियों का सामना करना पड़ा। कई हिंदुओं ने अपनी विरासत और परंपराओं से अलगाव की भावना महसूस

की। प्रतिक्रियास्वरूप अनेक महापुरुषों के द्वारा जनमानस में हिंदू दर्शन, संस्कृति और आध्यात्मिकता में रुचि का पुनरुत्थान हुआ, साथ-ही-साथ हिंदू पहचान को पुनः प्राप्त करने की इच्छा बलवती हुई।

15 अगस्त, 1947 को अंग्रेजों से भारत को स्वाधीनता मिली। जहाँ एक ओर हिंदू कह रहा था कि हम हजार वर्षों की परतंत्रता से मुक्त हुए, वहीं दूसरी ओर मुसलमानों का कहना था कि उन्हें 200 वर्षों के अंग्रेजी शासन से मुक्ति मिली है। दोनों अंग्रेजों से मुक्त हुए, किंतु दोनों की मुक्ति के मायने अलग-अलग थे।

अंग्रेजों की परतंत्रता से मुक्ति के समय भारत में मुसलमानों का प्रतिशत 24.3 था। इसी प्रतिशतांक में उन्होंने एक अलग देश की माँग कर ली, जिनमें से कुछ नेताओं ने यह कहा कि जो मुसलिम भाई भारत में रहना चाहते हैं वह यहाँ रह सकते हैं। अतः महज 15% मुसलमान ही नवनिर्मित देश पाकिस्तान गए, शेष मुसलमान भारत में ही रहे।

तत्कालीन समय में वीर सावरकर जैसे राष्ट्रवादी नेताओं का अभिमत था कि हिंदू सहस्त्र वर्षों से विदेशी सत्ता का गुलाम रहा, अब जब हिंदू स्वाधीन हुआ है तो भारत के सभी संसाधनों पर पहला हक हिंदुओं का है। किंतु कम्युनिस्ट और नेहरूवादी मानसिकता के लोग भारत में हिंदू शब्द को एक अपशब्द की तरह सिद्ध करने पर तुल गए। उन्होंने भारतीय प्राचीन ज्ञान परंपरा को पुष्पित-पल्लवित करने के बजाय, बचे खुचे भारतीय मूल्यों को ही नष्ट करना आरंभ कर दिया। इसके तहत उन्होंने ब्रिटिश राज से पूर्व मुगलिया शासन को भारतीय इतिहास का स्वर्ण युग सिद्ध करने का षड्यंत्र रचा।

सनातनियों के मन-मस्तिष्क पर यह विचार थोपा गया कि सभी धर्म समान हैं, इसका महिमामंडन सर्वाधिक हिंदू धर्म प्रचारकों एवं उपदेशों द्वारा ही किया गया, किंतु अति बुद्धिजीवी यह भूल गए कि जब हिंदू धर्म का आविर्भाव हुआ, तब सिर्फ और सिर्फ सनातन हिंदुत्व ही था, अन्य कोई मत/पंथ, मजहब नहीं।

'मनुस्मृति' जिसमें हिंदुओं की जीवन पद्धति के विषय में प्रामाणिकता के साथ विस्तृत रूप से बताया गया है, उसे भी एक सुनियोजित षड्यंत्र के तहत एक जाति विशेष की पुस्तक कहकर संबोधित किया गया। वामपंथी षड्यंत्रकारी 'मनुस्मृति' के कुछ संदर्भों को आधे-अधूरे रूप में पेश करते हुए अपनी गलत बात को सही सिद्ध करने का प्रयास करते रहे।

अहिंसा परमो धर्मः का अधूरा पाठ पढ़ाकर हिंदुओं को कमजोर कर दिया गया। हमें कभी नहीं बताया गया कि धर्म रक्षा हेतु शस्त्र उठाना हिंदुओं का कर्तव्य ही नहीं, बल्कि नैतिक जिम्मेदारी है।

मनुस्मृति के आठवें अध्याय का 15वाँ श्लोक जो इस प्रकार है—

धर्म एव हतो हन्ति धर्मो रक्षति रक्षित:।
तस्माद् धर्मं न त्यजामि मा नो धर्मो हतोऽवधीत्॥

अर्थात् यदि आप धर्म को नष्ट करेंगे, तो धर्म आपको नष्ट कर देगा। सुरक्षित धर्म ही आपकी सुरक्षा करेगा। अत: धर्म की यत्नपूर्वक रक्षा करनी चाहिए, अन्यथा धर्म के लोप हो जाने पर हमारा अस्तित्व भी खतरे में आ जाएगा।

हिंदू जनमानस में यह तो बहुत जोर-शोर से प्रचलित किया गया कि 'अहिंसा परमो धर्म:' किंतु यह नहीं बताया गया कि 'धर्म हिंसा तथैव च' अर्थात् मनुष्यता के लिए अहिंसा तो परम धर्म है किंतु धर्म की रक्षा के लिए अगर हिंसा करनी भी पड़े तो उससे पीछे नहीं हटना चाहिए।

□

2

हिंदू एकता

हिंदू धर्म विश्व का सबसे प्राचीन धर्म है, जो अपनी विविधताओं, मान्यताओं और प्रथाओं की बहुलता के लिए जाना जाता है। विश्व भर में एक अरब से ज्यादा धर्मावलंबियों के साथ हिंदू धर्म एक प्रमुख वैश्विक धर्म है, जिसका एक समृद्ध इतिहास और सांस्कृतिक विरासत है। हालाँकि इसके अपार संख्या में धर्मावलंबियों और महत्त्वपूर्ण प्रभाव के बावजूद, हिंदू समुदाय के भीतर हिंदू एकता की अवधारणा के बारे में बहस जारी है। कुछ लोग तर्क देते हैं कि हिंदू धर्म के विकास और संरक्षण के लिए एकता आवश्यक है, जबकि अन्य मानते हैं कि विविधता हिंदू धर्म की ताकत है।

जैसा पिछले अध्याय में हिंदू जागरण की यात्रा में सर्वप्रथम स्वामी दयानंद सरस्वती, जिनकी कालजयी पुस्तक 'सत्यार्थ प्रकाश' (1875) ने हिंदुओं को भौतिक आडंबर और पाखंडरूपी कुरीतियों से बाहर निकलकर हिंदू और हिंदुत्व के बाह्यस्वरूप को जानने हेतु प्रेरित किया। उसके पश्चात् 1893 शिकागो धर्म सम्मलेन में स्वामी विवेकानंद द्वारा वैश्विक जगत् में हिंदू धर्म की विजय पताका फहराकर हिंदुत्व के विराट् स्वरूप को विश्व के पटल पर रखा। केशवराम बलिराम हेडगेवार ने हिंदुओं की एकता को दृष्टि में रखकर 1925 में राष्ट्रीय स्वयंसेवक संघ की स्थापना की।

उपरोक्त तीनों महानुभावों ने हिंदुओं को जाग्रत् कर उनमें एकत्व का बीजारोपण करने का सकारात्मक प्रयास किया, किंतु कहते हैं न कि सकारात्मकता सीमित दायरे में अपना प्रभाव छोड़ती है, बल्कि नकारात्मकता का दायरा असीमित होता है।

आर्य समाज, शिकागो धर्म सम्मलेन और आर.एस.एस. की स्थापना ने हिंदुओं पर सकारात्मक प्रभाव डाला, किंतु हिंदुओं में जागरण की भावना तब

बलवती हुई, जब मुसलमानों द्वारा एक-एक करके पलायन और नरसंहार किया जाने लगा जिसमें मोपला (1921), कोलकाता (1946), नोआखाली (1946) और पटना (1947), जैसे क्षेत्रों में बर्बरता पूर्ण किए गए नरसंहारों से हिंदू कराह उठा, उसी पीड़ा का स्मरण कर कुछ हद तक हिंदू एकजुट हुआ, किंतु पूर्णरूपेण एकता अभी भी शेष है।

स्वाधीनता के पश्चात् भी कई बार हिंदुओं का नरसंहार किया गया, जिसकी विस्तृत चर्चा इस पुस्तक के 5वें खंड में हिंदू नरसंहार के अंतर्गत की गई है।

हिंदू एकता पर दृष्टिकोण

स्वामी विवेकानंद हिंदुओं की एकता के प्रश्न को भली-भाँति समझते थे। उन्होंने धर्म में एकता पर बल देते हुए कहा कि हिंदुओं की एकता के लिए तीन सिद्धांत जोड़ देने चाहिए—

पहला, हमारे पूर्वजों ने प्रकृति के रहस्यमयी प्रश्नों के उत्तर खोज निकाले हैं किंतु हमें यहीं विराम नहीं लेना चाहिए, बल्कि निरंतर और भी प्रश्नों की खोज जारी रखनी चाहिए। दूसरा, हिंदुओं को यदि विभाजन से बचाना है तो जातिभेद के बंधन से मुक्त होना पड़ेगा जिससे हिंदुओं में एकता की भावना बलवती हो। तीसरा, हिंदुओं में फैले अन्य मत/पंथ के अनुयायियों को अपने मत/पंथ के साथ-साथ हिंदुत्व को पुण्यभाव से बाँधना हिंदू धर्म के लिए अति आवश्यक है।

सन् 1923 में वीर सावरकर द्वारा लिखित पुस्तक 'हिंदुत्व' तत्कालीन समय में हिंदुओं की एकजुटता में सार्थक सिद्ध हुई जिसमें हिंदुत्व के राजनीतिक परिप्रेक्ष्य को जातिवाद का खंडन करके पेश किया। उन्होंने मुक्त कंठ से कहा—

"हम लोगों में कुछ ब्राह्मण हैं, कुछ शूद्र या अन्य वर्ण के हैं, परंतु ब्राह्मण हो या चांडाल हम सभी हिंदू हैं, एक ही रक्त के हैं।" वह जाति के स्वरूप को एक अन्य संदर्भ में रखते हुए कहते हैं 'जा' धातु से उत्पन्न इस शब्द का एक ही अर्थ है कि एक ही स्थान पर जन्मे तथा एक ही रक्त और बंधुभाव से जुड़े लोग··· !

डॉ. भीमराव आंबेडकर हिंदू समाज में फैली अस्पृश्यता से भली-भाँति परिचित थे। इस समस्या को आंबेडकर ने जाना, पहचाना और समाज से दूर करने हेतु भरसक प्रयास किया, किंतु जब तत्कालीन समय में समस्या का समाधान नहीं हुआ तो हिंदू धर्म की अन्य उपशाखा बौद्ध मत में उन्होंने 14 अक्तूबर, 1956 को प्रवेश किया, किंतु वे हिंदू धर्म के विरोधी कभी नहीं रहे। उन्होंने सदैव हिंदू धर्म में फैली विसंगतियों की ओर ध्यान आकृष्ट किया। उनका मानना है कि शांति,

मैत्री और न्याय के माध्यम से हिंदुत्व वैश्विक शांति का संदेश देता है, तो बौद्ध मत प्रज्ञा, शील, करुणा के माध्यम से वैश्विक मैत्री का संदेश देता है।

हिंदू एकता के लिए चुनौतियाँ

हिंदू एकता को बढ़ावा देने के प्रयासों के बावजूद ऐसी कई चुनौतियाँ हैं जो एक एकजुट और समावेशी हिंदू समुदाय की प्राप्ति में बाधा डालती हैं। मुख्य चुनौतियों में से एक हिंदू धर्म के भीतर आंतरिक विविधता है, जिसमें विभिन्न संप्रदाय, विचारधाराएँ और क्षेत्रीय प्रथाएँ शामिल हैं। यह विविधता हिंदू धर्म की जटिल और गतिशील प्रकृति का प्रतिबिंब है, लेकिन यह हिंदुओं के बीच एकता हासिल करने के लिए चुनौतियाँ भी पेश करती है।

> कुछ राजनीतिक दलों और नेताओं ने धर्म का राजनीतीकरण कर हिंदू समुदाय के भीतर एकता के लिए चुनौतियाँ खड़ी की हैं। राजनेता अपने क्षणिक लाभ के लिए धार्मिक भावनाओं और प्रतीकों का अनादर करते हैं। हिंदू धर्म को समर्थन जुटाने और चुनाव जीतने के लिए एक उपकरण के रूप में इस्तेमाल करते हैं। स्वाधीनता के समय हिंदू नरसंहार स्वार्थ की राजनीति का परिणाम था।
>
> राजनेताओं द्वारा धार्मिक बयानबाजी और पहचान की राजनीति का उपयोग हिंदू समुदाय के भीतर तनाव उत्पन्न करता है, जिससे सामंजस्यपूर्ण और एकजुट धार्मिक समुदाय बनाने के प्रयासों की गति धीमी पड़ जाती है।

वैश्वीकरण और आधुनिकीकरण के नवीन मूल्य और विचार पारंपरिक हिंदू मान्यताओं और प्रथाओं के साथ टकराव की स्थिति उत्पन्न की। ये बाह्य खतरे हिंदुओं में असुरक्षा और रक्षात्मकता की भावना पैदा करते हैं।

अतएव हिंदुओं के बीच एकता की भावना जागृति एक जटिल और बहुआयामी चुनौती है, जिसके लिए धर्म के भीतर गहरे बैठे विभाजन और तनाव को दूर करने की आवश्यकता है। जाति व्यवस्था, धार्मिक विविधता, क्षेत्रीय मतभेद, राजनीतिक हस्तक्षेप और बाहरी खतरों जैसी बाधाओं पर काबू पाने के लिए हिंदुओं के बीच सहिष्णुता, आपसी सम्मान और समझ को विकसित करने के लिए एक सकारात्मक और ठोस प्रयास की आवश्यकता है। इन चुनौतियों को स्वीकार करके और उनका समाधान करके हिंदू अधिक समावेशी, सामंजस्यपूर्ण और एकजुट धार्मिक समुदाय बनाने की दिशा में अग्रसर हो सकता है।

हिंदू एकता को बढ़ावा देने की रणनीतियाँ

हिंदू एकता के लिए चुनौतियों के बावजूद ऐसी कई रणनीतियाँ हैं, जिन्हें एक अधिक सामंजस्यपूर्ण और समावेशी हिंदू समुदाय को बढ़ावा देने के लिए अपनाया जा सकता है। एक रणनीति हिंदुओं के बीच समानताओं पर जोर देना और हिंदू धर्म के भीतर विश्वासों और प्रथाओं की विविधता का जश्न मनाना है। हिंदू धर्म की साझा सांस्कृतिक और आध्यात्मिक विरासत को उजागर करके हिंदुओं के बीच एकता और एकजुटता की भावना को बढ़ावा देना संभव है।

एक और रणनीति हिंदू धर्म के भीतर विभिन्न संप्रदायों और समुदायों के साथ संवाद और सहयोग में संलग्न होना है। अंतरधार्मिक संवाद और सहयोग को बढ़ावा देकर, विभिन्न समूहों के बीच की खाई को पाटना और हिंदू एकता के अधिक समावेशी और सहिष्णु रूप को बढ़ावा देना संभव है। यह दृष्टिकोण हिंदुओं के बीच आपसी सम्मान और समझ के महत्त्व पर जोर देता है, चाहे उनके मतभेद कुछ भी हों।

इसके अतिरिक्त शिक्षा और जागरूकता हिंदू एकता को बढ़ावा देने में महत्त्वपूर्ण भूमिका निभा सकती है। हिंदू धर्म के इतिहास और विविधता के बारे में व्यक्तियों को शिक्षित करके यह संभव है।

हिंदू एकता को बढ़ावा देने के लिए यहाँ कुछ रणनीतियाँ निम्नवत् हैं—

शैक्षणिक पहल

पाठ्यक्रम सुधार : हिंदू इतिहास, दर्शन और संस्कृति को स्कूल के पाठ्यक्रम में शामिल करें। इससे छात्रों में साझा विरासत और गौरव की भावना को बढ़ावा मिलेगा।

धार्मिक शिक्षा : धार्मिक स्कूलों और सामुदायिक केंद्रों में हिंदू शास्त्रों और परंपराओं के शिक्षण को प्रोत्साहित करें। इससे हिंदू मान्यताओं के लिए समझ और प्रशंसा बढ़ेगी।

अंतरधार्मिक संवाद : हिंदुओं और अन्य धर्मों के बीच संवाद और समझ को बढ़ावा देना। इसे संयुक्त आयोजनों, कार्यशालाओं और शैक्षिक कार्यक्रमों के माध्यम से हासिल किया जा सकता है।

सामुदायिक जुड़ाव

त्योहार समारोह : सामूहिक रूप से हिंदू त्योहारों का आयोजन और उनमें भाग लें। इससे समुदाय और अपनेपन की भावना को बढ़ावा मिलता है।

स्वयंसेवी पहल : हिंदुओं को सामुदायिक सेवा परियोजनाओं में एक साथ भाग लेने के लिए प्रोत्साहित करें। इससे बंधन बनाने और साझा उद्‌देश्य की भावना को बढ़ावा देने में मदद मिल सकती है।

सामाजिक समारोह : हिंदुओं के लिए सामाजिक कार्यक्रम और समारोह आयोजित करें, ताकि वे एक-दूसरे से बातचीत कर सकें और जुड़ सकें। इससे बाधाओं को तोड़ने और एकता की भावना को बढ़ावा देने में मदद मिल सकती है।

सांस्कृतिक संरक्षण

कला और संगीत : भारतीय कला, संगीत और नृत्य के संरक्षण और संवर्धन का समर्थन करें। इससे सांस्कृतिक पहचान और विरासत को बनाए रखने में मदद मिलती है।

भाषा : हिंदी और अन्य भारतीय भाषाओं के उपयोग को बढ़ावा दें। इससे सांस्कृतिक संबंध मजबूत हो सकते हैं और साझा पहचान की भावना को बढ़ावा मिल सकता है।

विरासत स्थल : हिंदू विरासत स्थलों को संरक्षित और सुरक्षित रखें। ये स्थल हिंदू संस्कृति और इतिहास के महत्त्वपूर्ण प्रतीक हैं।

विभाजनकारी मुद्‌दों को संबोधित करना

खुला संवाद : हिंदू समुदाय के भीतर विभाजनकारी मुद्‌दों पर खुला संवाद और बहस को बढ़ावा दें। इससे विवादों को सुलझाने और आपसी समझ को बढ़ावा देने में मदद मिल सकती है।

मध्यस्थता : हिंदू समुदाय के भीतर विवादों को सुलझाने के लिए मध्यस्थता और संघर्ष समाधान तकनीकों के उपयोग को प्रोत्साहित करें।

सहिष्णुता : हिंदू समुदाय के भीतर सहिष्णुता और विभिन्न दृष्टिकोणों के प्रति सम्मान को बढ़ावा दें। इससे विभाजन को रोकने और एकता को बढ़ावा देने में मदद मिलती है।

इन रणनीतियों को लागू करके हम हिंदू एकता को बढ़ावा देने, एक मजबूत और एकजुट समुदाय को बढ़ावा देने और एक अधिक सामंजस्यपूर्ण और शांतिपूर्ण समाज में योगदान देने की दिशा में काम कर सकते हैं।

□□□